本书出版获得中国政法大学“双一流”项目资助

犯罪心理分析

动机与人格

刘建清 / 著

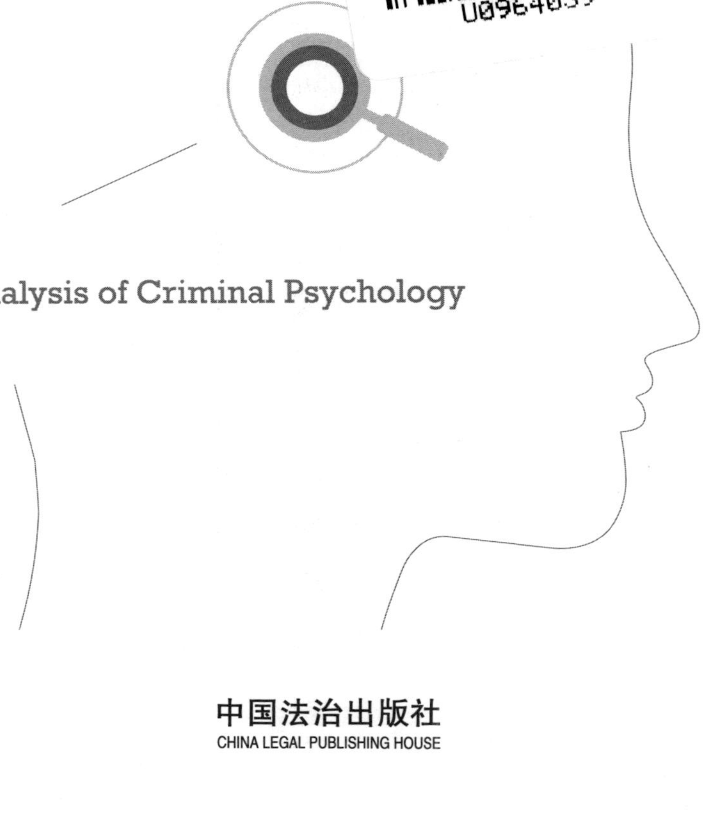

Analysis of Criminal Psychology

中国法治出版社
CHINA LEGAL PUBLISHING HOUSE

前言
Preface

只有真正明白犯罪人想从犯罪行为中得到什么时，我们才有可能更好地把握犯罪与犯罪心理的本质，并更有效地打击犯罪、预防犯罪。

犯罪心理学是研究犯罪心理与犯罪心理对策的应用型学科，也是犯罪科学的有机组成部分。其核心领域是对犯罪动机与犯罪性人格的探索。把握犯罪人心理的关键在于把握犯罪人的犯罪动机与犯罪性人格，它们也是有效地实施各种心理对策的基础。犯罪动机是犯罪心理的核心，是犯罪行为的内在动力系统；犯罪性人格是犯罪动机持续发展的稳定性体现，是犯罪心理的特征系统。犯罪动机与犯罪性人格在本质上具有内在一致性。

“物有其本，事有其源”，犯罪动机与犯罪性人格既是犯罪心理的核心所在，也是犯罪心理分析的本源。本书正是以犯罪动机与犯罪性人格为核心主线，从犯罪心理理论和犯罪心理分析应用两个方面展开，对犯罪心理进行渐进性探索。

犯罪心理理论部分包括：人性与犯罪、犯罪心理学方法论、犯罪心理学流派、犯罪动机、无意识犯罪动机、犯罪性人格。

犯罪心理分析应用部分包括：犯罪人的人身危险性与人格测评技术、职务犯罪心理、原生家庭与犯罪行为、“诈弹”行为人、恋童症与犯罪、精神病态与犯罪、犯罪动机在刑事司法中的应用、虚假供述、对犯罪人的心理学策略，犯罪心理研究中的困惑与反思等。

我们必须勇敢而坦然地正视，犯罪的历史一直伴随着人类文明的进程。犯罪人作为人类的一部分，是一类特殊的人群。同时，对犯罪人的心理探索也是对人类自身心灵深刻的反观与反省。因此，在科学的犯罪心理学知识基础上，在对犯罪心理的上下求索和对自我的深刻审视中，人类理性的光辉将指引着我们沿着道德、法律与文明之路走向更加光明的未来。

刘建清

2024年12月

目录

Contents

人性与犯罪

人类的文明进程中包含着相互争斗、鲜血淋漓的一面，这是一个不可回避的悲惨现实。那么，这种邪恶的力量来自何方？是演化而来的“自私基因”，还是残酷的本性？或者仅仅是个体对社会一种失败的反抗？或是因贫穷、利益争夺、人际冲突而引起？抑或个体单纯的偏执观念、贪婪与欲望所致？

这些正是犯罪心理研究所要面对和探索的问题。

只有真正了解犯罪人想从犯罪行为中得到什么时，才有可能把握犯罪人与犯罪心理的本质。对犯罪动机与犯罪性人格的研究正是这一问题的核心组成部分。犯罪动机是推动行为人实施犯罪行为的内部力量，而犯罪性人格正是犯罪动机持续发挥作用而形成的稳定化的犯罪人心理特征（包括特定结构与功能）。

在这一探索性分析的过程中，对于犯罪人的基本看法，与我们每一个人对人性本质的认识紧密相连。在此，以进化心理学、社会生物学为基础的自私倾向说成为我们进行研究的理论假设与逻辑起点。

关于人性的探讨

对人性的探讨是关于人的心理与行为关系之观念形成的前提，刑法具有其实在的人性基础，对人性的态度也是犯罪心理学中如何看待犯罪人及其行为原因的关键所在。人性观中的人性善恶定位直接影响到对犯罪现象与犯罪人本质特征的思考，因而，对人性进行探索的观点是犯罪动机与犯罪性人格研究的哲学基点与方法论的支点。

人性的哲学问题

人类对于人性善恶问题的探讨已经延续了几千年，它不仅是哲学与伦理学的基本问题，也关系到几乎所有学科的发展。英国哲学家休谟认为："一切科学对于人性总是或多或少地有些关系，任何学科不论与人性离得多远，它们总是会通过这样或那样的途径回到人性。"[①]对于犯罪动机与犯罪性人格的思考不可避免地要联系到人性。虽然人类长久以来一直在苦苦思索着人性的本质，但它的答案依然含糊不清，甚至扑朔迷离。

① ［英］休谟著：《人性论》，关文运译，商务印书馆1980年版，第6页。

人性的二重性

人性问题的复杂性首先来自对人性含义的理解差异。关于人性问题的争论向来具有人的本性与人的本质二层意义。[①]整体而言，人性是人的自然属性与社会属性的统一体，包括人的天性（自然属性）与人的本质特征（社会属性）两个方面。显然，人性的这两个方面存在着很大的差异，它们分别代表了人的不同方面特征。人性首先是人的天性，或者说人的本性，这是区别性评价人的先天性与后天性品质的维度。正所谓“生之谓性”，就是指人的自然倾向，它由生物性、先天性因素决定。而人性中人的本质（或人的本质特征），代表着人的社会文化性，尤其代表社会道德性的真善美等品质，它是区别性评价动物性与社会性品质的维度。人性的二重性意义体现为本文所采取的整体人的观点：犯罪人及其犯罪行为是人的自然属性与社会属性的统一体；对犯罪动机的分析同样特别强调其生物性、社会性与主体心理（认知与情感）的有机统一。

人性理论和支点

纵观人性探讨的历史，可发现其持续地笼罩在对立与争论

① 罗健等:《近年来国内人性问题研究综述》，载《燕山大学学报》（哲学社会科学版）2006年第4期，第13–14页。

的氛围中。对人性及其善恶问题有四种观点：性善说、性恶说、善恶说和非善非恶说。[①]但除了这四种观点之外，也有学者提出了自私倾向说。

性善说

性善说认为，人性本善良。多数学者认为：我国古代的孟子是性善说的集中代表者，主张人天生都有“良心四端”（所谓“仁义礼智”：恻隐之心、羞恶之心、辞让之心、是非之心）。也有学者认为，孟子学说中并没有明确主张“性善论”，而只是主张“性向善论”。“人之初，性本善”并非孟子所言，而是由宋代以来的学者概括出来的（参考了我国台湾地区学者傅佩荣的学术观点）。在现代，性善说在人本主义哲学体系及人本主义心理学中得到了广泛的应用与发展。

性恶说

性恶说主张人性本恶。性恶说起源于古希腊的人文哲学思想，集大成于近代的“天生犯罪人”观点，并体现于现行的法律制度构想之中。人的非正义行为（包括犯罪行为与悖德性的越轨行为）的根源在于人类本性中的恶；人类的本性将永远倾

① 罗健等：《近年来国内人性问题研究综述》，载《燕山大学学报》（哲学社会科学版）2006年第4期，第15页。

向于贪婪与自私，逃避痛苦而追求快乐，然后才会考虑公正与积德。欧洲中世纪思想家奥古斯丁在宗教思想的基础上以“原罪说”表达性恶说，即个人恶性的意志导致犯罪的发生。十七世纪英国自然法学家霍布斯则提出了更为明确而系统的性恶论观点：人生来就自私自利、残暴好斗，犯罪与战争等都是人性的自然表现，只有通过强有力的规范与国家控制才能遏制人性的邪恶。心理学家弗洛伊德与意大利犯罪学家龙勃罗梭也是性恶说的典型代表。弗洛伊德认为人类的犯罪行为与精神疾病同出一源，都是以本能为代表的“原罪”（罪恶感）的表达方式；龙勃罗梭则认定犯罪者是天生具有作恶倾向的习常行为者，是原始野蛮的“返祖”生理特征的自然体现，是“天生犯罪人”。相应地，当今西方占统治地位的刑法思想就是以人本性邪恶（原罪与贪婪本性）理念为出发点而设计刑法以阻却与惩治犯罪人。

而我国古代性恶说的代表者是荀子，他在《性恶篇》中认为“人之性恶，其善者伪也”，并提出了一些生物学、生理学与心理学（思想）上的论据。[①]荀子认为人唯一可以改恶从善的可能，就是人的自我反思，用后天人为的努力，去纠正人性的偏向。即所谓“化性起伪”。这种观点在我国传统文化中成

① 朱智贤主编：《心理学大词典》，北京师范大学出版社1989年版，第797页。

为与性善论尖锐对抗的观念，虽然人们向往人心的善良与积极向上，但对于内心世界邪恶的怀疑与担忧，也深刻地存留于个体身上。正如“人心可畏”“人心叵测”“欲壑难填”“人面兽心”“人欲横流”“知人知面难知心”之类的描述。这也体现为长久以来普通民众内心对已经做出恶劣行为的犯罪人或者违反基本道德规则的人的痛恨、仇视与对抗之心。

善恶说

人性的善恶说主张，人是善恶的结合体；人的善恶之性存在于人的自然属性中，而人是作为社会人而存在的，只有当具有适当的环境与条件时，善恶之性才会现实性地表露出来。人的弱点主要表现在物欲、情欲与权欲中的恶行上，但人也可以通过道德、法律、宗教等形式抑制恶念而实现善行。古代哲学家柏拉图主张性善恶论观点：他在著作《理想国》中认为，在个人的灵魂中，有善性与恶性两部分。柏拉图的学生亚里士多德也持相同观点。但是，人的品德习惯的善良与邪恶，归根到底是由行为人所受教育的好坏决定的：好的教育，使善良成为“自己的主人”，而坏的教育，使自己成为“邪恶的奴隶”。人性的善恶说，在现代心理学学说中集中体现为以弗洛姆为代表的人本主义倾向的精神分析观点，即所谓人“一半是天使，一半是魔鬼”的观点。

非善非恶说

非善非恶说认为人性本处于无善无不善的状态。这个观点具有环境决定论的倾向，强调后天环境、教育与自我的修行在人性发展中的重要作用。[①]著名思想家亚里士多德在其《政治学》中系统阐述了自由意志（心灵自由）与“白板论”的思想，认为越轨与犯罪既有社会生活条件方面的因素，也有人类本性方面的因素。人性本身并不存在善与恶之别，人性无所谓善，也无所谓不善，人性的品质完全依靠后天环境与自我的修养来实现善行或恶行。此观点在现代心理学中，与行为主义心理学的人性观相一致。

自私倾向说

现代心理学的产生与自然科学的发展密切相关，其中，进化论思想及生物学的研究成果深刻地影响着心理学的进程。二十世纪八十年代西方学者基于进化论及生物学观点而提出的自私倾向说正是具有广泛影响力的典型代表之一。

所谓自私倾向说，是指人由于受到生物性因素（自私的基因）的制约，天生具有行为自私的倾向，即自私的基因决定着人类具有自私的行为倾向。此为人产生犯罪动机的自然基础，

① 吴宗宪著：《西方犯罪学史》，警官教育出版社1997年版，第18页。

是犯罪行为的原动力。

就自然因素而言，任何生物的生命运动与行为都可以追溯到基因，可以由基因来做出基础性的解释，包括身心不正常的人、越轨者、违法犯罪者，也是如此。现代的社会生物论认为，适者生存、稳定者生存。①无论是身体特征还是社会特征，比较适应环境的特征会通过基因遗传给下一代；基因不仅是遗传的基本单位，也是自然选择的基本单位。而基因为了遵循“适者生存”的自然法则，必然直接同它们的等位基因发生你死我活的竞争。在基因库中能够战胜等位基因而增加自己生存机会的任何基因都会生存下去。换言之，生存下来的必然是自私的基因。因而，以此基因为进化和发展基础的人类群体、人类个体在自然天性上必定具有自私行为的倾向。人类基因的自私性直接导致了人类行为的自私倾向。②此为人性自私倾向说的基础。

生存与适应包括个体的生存与适应、子代的生存与适应、具有同样基因的人（亲族）的生存与适应。只有同一基因的复制可以存在于不同的个体之内，才能使不同的个体具有共同的利益。因为遵循“自然选择”与“适者生存”的法则，基因的

---

① ［美］爱德华·奥斯本·威尔逊著：《新的综合》，李昆峰编译，四川人民出版社1985年版，第2页。

② ［英］里查德·道金斯编译：《自私的基因》，卢允中、张岱云、王兵译，吉林人民出版社1998年版，第73页。

这种共同利益直接导致了人类行为持续的自私倾向，同时也间接导致了基于自私倾向的行为利他性：如果利他主义的基因对第二代或者其族群做出更大的贡献，那么这种倾向就会传遍整个基因库。也就是说，利他是为了利己，通过利他达到利己。[①]相应地，生物学意义的利他行为绝大多数出现于亲属之间（如母爱这一“亲本投资”行为最为典型）。当然，在人类的现实生活中，利他行为的形式与强度在很大程度上受到文化与环境的影响。社会生物学家威尔逊认为，人类的利他主义可以分为两种形式：一是无条件的利他主义，它主要发生于家庭或家族之中，不受社会奖励和惩罚的影响。如父母对子女的持续关爱、不求回报的慷慨、战斗中舍生忘死保护战友的自我牺牲等。但它们也会受到行为发生时情绪、环境、行为反馈等因素的影响，如战斗中的激情状态、曾经的亲密关系、经历、群体的规模、旁观者行为等因素都作为潜在力量而发挥作用。二是有条件的利他主义，也称为工具性利他主义，利他行为是达到利己目标的手段，如利他主义者对互惠的心理预期等。[②]就此意义而言，人类的利他主义并没有彻底追求自我消灭的利他主义。“利他者”期望从社会上为自己或其亲属获得物质或精神

① ［美］爱德华·奥斯本·威尔逊著：《新的综合》，李昆峰编译，四川人民出版社1985年版，第33–35页。

② 皮艺军主编：《越轨社会学概论》，中国政法大学出版社2004年版，第121页。

的报酬，这种潜在的心理欲求包括意识或潜意识的成分。如某人的良好行为可能出于老谋深算，往往完全就是有意识的，其实质可能是自私的。在某种程度上，人类在现代社会中有条件的利他主义在互利、互惠的契约体系下达到顶点。[①]

并没有充分的证据表明人类具有广泛的侵犯性本能，尽管攻击性存在明显的遗传性（如攻击的易感性与攻击类型、方式的选择），但侵犯性在后天行为中是容易发生变化的特征之一。生物界中同一物种的大部分侵犯行为都可以看作竞争的本能技巧，即由物种面对的共同资源与需求引起；而人类之所以感到自己是具有侵犯性的物种，也是由于人类之间存在相互残杀一面的事实。从文字记载来看，人类的文明史就是一部鲜血淋漓的冲突、战争史，人类似有一种强烈的自然倾向，即用非理智的仇恨对付外来的威胁，并使敌意逐渐升级去征服威胁，以确保自己及血亲的安全。[②]问题在于我们为什么会容易具有这种强烈的仇恨。诚然，人类有学习能力的遗传基础，这也是一种进化特征。如通常认为专制的父亲与软弱的母亲（无意之中）共同配合常常会造就“逆子”或暴徒，这可能是学习与模仿的结果。但这更可能说明人类某种基因表达的环境条件，对

---

① ［英］里查德·道金斯著：《自私的基因》，卢允中、张岱云、王兵译，吉林人民出版社1998年版，第73页。

② 皮艺军主编：《越轨社会学概论》，中国政法大学出版社2004年版，第121页。

侵犯特征本身而言并不是至关重要的。因此，我们不得不思考：为什么同样条件下，有些人成了反社会的暴力者、权威反抗者，有些人成为回避社会的懦弱退缩者，而大多数人则成为适应社会的人？

对此，我国学者黎鸣的原罪说认为，自私是人类的本性，是人类的自然根性。[①]孟子的“性善说”与荀子的“性恶说”混淆了人的自然属性与社会属性，让人误以为作为社会属性与社会目标的“善”是人的本性，无视人的自私行为倾向，或者误以为人性的自私倾向是恶本身，是现实的表现。人性原恶是人性自私而为恶的可能性，是与生俱来的妄图作恶的潜在心理因素，人性的原恶不等于人性恶，也不等于已经作恶，或正在作恶，或将来一定会作恶。人性的自私倾向只是自然决定的潜在可能性，人性向善还是向恶，就好比水向上流还是向下流，向上流难而向下流易，但人性现实的表现主要取决于后天文化、道德与法律的教化、疏导与限制。例如，人性的任性原恶实质上是对人类既有文明的拒斥，人性的嫉妒原恶来自竞争中的自私者内心的失落感，人性的懒惰原恶是对人类现实活力的拒斥。

从属系发展来看人性自私倾向的体现：原始社会中的人们，过着贫困、残忍、野蛮但相对平等的生活；随着生产力的提高与自身创造力的发展，物质生活条件与精神需要的激发，由于

① 黎鸣著：《中国人性分析报告》，中国社会出版社2003年版，第28页。

人性自私倾向的存在，最初的社会规范体系与人的生物冲动性、自私性发生了明显的冲突。因而，作为个体自由对立物的群体规则就逐渐出现，从最初的食物分配和性关系方面逐步扩大到生活、宗教活动与人际关系之中，包括图腾、禁忌、风化、习俗等方面的规则。由此可见，文明与反文明，规范秩序与越轨、违法犯罪是伴随着人性自私的展现与对抗而同时形成、展现出来的。①

从个体发展史来看人性自私倾向的体现：个体社会化的过程，也是人类社会化的快速复演。人类个体与生俱来的“自私倾向”或“恶的倾向”作为一种强烈的生物冲动，使得个体持续经历着自然本能冲动与环境、教化的冲突：孩子不会自觉学好（成为符合社会规范的人），却容易自发地学坏（从一般性越轨到悖德性越轨，从轻微的违法行为到犯罪行为）。大部分的违法犯罪青少年都有过中学甚至小学学业失败的经历，但为什么学业失败的青少年聚集在一起就很容易习得不良的行为与态度，就容易走向社会不赞许的方面甚至社会对立面？为什么这些人那么难以自然而然地信奉利他主义？即使那些已经走上社会规范道路的青少年或已经掌握社会主流规范的成年人也很容易为符合其自私倾向的各种外界刺激所诱惑，甚至主动、过

① 皮艺军主编：《越轨社会学概论》，中国政法大学出版社2004年版，第230页。

度地追求这种具有生物冲动性刺激的满足。[①]

与此相佐证的心理学理论是精神分析对于人性及犯罪行为的观点。弗洛伊德认为，本能（包括生的本能与死亡本能）是产生违法犯罪与精神疾病的共同力量来源，"力比多"（或称为"性力"）是导致犯罪行为与病态心理的永恒力量。先天具有的罪恶感与无意识冲动会大大促使人们走上犯罪道路，并让人在犯罪发生而得到惩罚后感到满足与欣慰。虽然人的本能冲动并不必然表现为病态或犯罪，但它（本我）在人格结构中与自我、超我（"道德化自我"）及文明规范的冲突与较量之中会表现出异常强大的力量。精神分析学的继承者、发展者也同样认为越轨与犯罪的根源在于人性中具有恶性倾向的原始本能。如埃里克森的人格发展理论（个体从出生到死亡的人格过程中，每一时期都必然伴随着来自先天隐藏的、被外界刺激激发的危机：怀疑–羞耻–内疚–自卑–同一性混乱–孤独–停滞–失望）、阿德勒的自卑危机、荣格的集体无意识理论（原始意象、阴暗的自我等）都一致地论证了人性的自私、罪恶等阴暗特征对于人类个体行为的强大制约力。[②]对此，新精神分析学派（人本主义倾向的精神分析）的代表人物弗洛姆的观点具有

① 皮艺军主编：《越轨社会学概论》，中国政法大学出版社2004年版，第229页。

② 刘恩久等编著：《心理学简史》，甘肃人民出版社1985年版，第229–233、255–258页。

较强烈的修正倾向与代表性。弗洛姆在反对纯粹的本能论与环境决定论的基础上，结合马克思主义的观点，提出犯罪是人与社会异化的人本主义犯罪本质观，认为人虽然具有动物性，但人所独有的本质恰恰在于其他任何动物都不具有的特性。人性既不是本恶，也不是本善，人具有善与恶两种潜能（近似于人性论中的“善恶论”），人是天使（善良性）与野兽（破坏性）的结合体，恶或善的现实性差异在于那些关键性的影响。恶是人类悲剧性地试图逃避人性责任中的自我丧失。犯罪是人与社会的异化表现：人在具有良性攻击（类似生物适应性的防卫行为）的同时，又具有恶性攻击（为了满足自私欲望的行为），犯罪就是恶性攻击的典型。①

因此，人类在进化过程中渐渐形成的自私行为倾向，具有稳定的基因基础，强有力地影响着人性起作用的方式。自私行为倾向是人类发动竞争的原始动力，也是越轨、违法犯罪的生物倾向的基点与自然前提。这是本文生物–社会–人格模式的理论支点，也是探讨犯罪动机与犯罪性人格发生作用的逻辑起点。

对于自私倾向说这一犯罪心理探索的逻辑起点，需要特别

---

① ［美］埃里希·弗洛姆著：《在幻想锁链的彼岸——我所理解的马克思和佛洛伊德》，张燕译，湖南人民出版社1986年版，第61–62页。［美］埃里希·弗洛姆著，黄颂杰主编：《弗洛姆著作精选——人性·社会·拯救》，黄勇等译，上海人民出版社1989年版，第417–424页。

注意以下六个方面的问题。

第一，以自私的基因为出发点主张人性的自私性，只是强调人类行为的自然倾向，而不是把人性中的社会本质特征与人性中的天性相混淆，更不是将自私性作为人的社会本质特征。人类的自然倾向只是可能性（倾向），并不意味着人性恶的现实性。也就是说，我们的基因可以驱使我们的行为自私，但我们也不必终生屈从于基因。这种人性的自私倾向在现实文化环境与自我的冲突中得到修正、规训或助长强化。以真善美为核心代表的人的社会本质正是在社会文化与人的自然天性相互作用的过程中建立起来的。

第二，此主张并不意味着同时主张生物决定论或者说生物因素对于人行为的作用力更加强大，或者相反。与其相联系的生物因素与环境因素或先天因素与后天因素作用大小的争论则是另一个问题。

第三，人性自私倾向的主张，指人性中的自私倾向是有行为指向的，而非行为动机。它并不是一种现实道德观的体现。无论是人类种群还是人类个体，其本身具备的生物倾向性都不是由主观意志造就或由主观设计的，而只是自然选择的结果性倾向。因而，缺乏对之进行道德性评价的必要性。同时，客观地承认人性的自私性，并不会对社会规范造成洪水猛兽般的冲击与破坏。正如近现代西方法律文明所走过的历程证明的那样：性恶论的假设性基础并没有导致社会规范的崩溃与文明进程的倒退。[①]实际上，正是由于现实地正视人性中自私倾向的自然存在，我们社会的规范、道德、法律才有存在的理由；如果人性完全存在着自然行善、归顺社会道德与法律的倾向，那么道德与法律的完善及发展在人类的理性上就没有充足的基础。

第四，自私倾向说对于探讨犯罪起因的意义。只有极少数的人认为人的心理与行为完全由遗传或环境决定，绝大多数人都认为人的行为与特征是自然因素与环境共同作用的结果。但是，自私倾向的假说以绝大多数科学界的学者所接纳的进化论思想与证据为基础，具有一定的合理性，其逻辑起点为我们深入地了解犯罪人提供了一种实际的、具有较好操作性的哲学方法论，即通过犯罪人及其犯罪行为来反省人性及心灵自身，这至少对人类文明进程和“认识你自己”具有积极的意义。

第五，关于犯罪普通性与犯罪个案解析的意义。自私倾向说对于犯罪整体而言，是一种哲学方法论的起点，也是犯罪原因分析的起点，它能够解析人类文明进程中持续存在暴力（主动性暴力、掠夺性暴力与反应性暴力、情绪性暴力）的根本性原因，并为社会综合治理及刑事法律的发展规划出适宜的方向、路径；对于犯罪个案而言，它更是一种深度心理分析的渠

---

① 西方现代法律制度是以人性罪恶为基本理论假设而遏制人的恶念，以实现规范、引导社会人善举的目标，此与东方文化和法律思想中性善论思想占据明显成分的观念存在显著差异。

道，尤其是对于那些持续、顽固的犯罪人，职业犯罪人，甚至是变态犯罪人的心理分析，并为之设计出矫正、预测、预防的有效方案。显然，这是一种很具有探索价值的路径。例如，为什么在同样的或者相似的环境（无论是积极还是消极的环境）中，有些人成了犯罪者，而有些人却是守法者。还可以探索自私的基因发挥作用的方式与程度，正如我们可以从基因角度来探讨它对身体性状的影响是“隐性基因”还是“表观基因”的表现一样。这可以让我们更能以实证的科学态度和方法论了解不同类型的、不同风险程度的犯罪人。这在近年来的神经犯罪学、变态型犯罪心理研究中得到较好的验证。

第六，在探讨人性自私这一普遍性现象时，并不排斥人性中善良的存在。人类发展的历史中虽然存在自私与暴力掠夺，但是，同时也广泛体现出人性的积极性，即爱、关怀、互助、正义、仁慈、勇敢、坚持、忠诚、责任心、同情心等。这种人类理性的光辉与积极高尚的情感一直伴随着人类前行的步伐，也被现代自然科学（尤其是神经科学与行为科学）证明。人类二十万年前走出非洲大草原时引发的“认知革命”（大脑皮层结构与功能的快速进化）包括特定适应性体能、认知能力与高级情感中心（道德情感中枢）的演化：人类的理性与情感是人类文明不可或缺的，也是对抗邪恶、丑恶的强大力量。我们清楚地看到，面对自私的基因，我们并没有完全放纵自我的欲望，而是抱有真善美的理想。因为，绝大多数学者主张，只有秉持积极的情感、高尚的道德感，我们才能被称为“人类”，从而与其他高等动物相区分。

自私倾向在根源上来自生物（基因）进化，而自私倾向的人性（人的本性），或者人性中的自私倾向是人类犯罪动机存在与发生的生物学基础。作为犯罪动机与人格探讨的逻辑起点，强调人类行为的自然倾向性之自私，是一种基于社会生物学的可能性推论，而不是人性的现实性确认。正如某些“天生犯罪人”是犯罪风险较高的潜在犯罪人。同时，它也不是对自私倾向的纯粹道德性评价、先天与后天影响因素的判断，而是以此为基点形成一种犯罪动机、犯罪性人格与生物－社会－心理模式相一致的犯罪心理学理论模型。

犯罪心理学的
价值范畴与方法论

犯罪心理学是研究犯罪心理与犯罪心理对策的学科，是犯罪科学与心理科学相结合的应用型交叉学科，它同时具有社会科学与自然科学的性质。

犯罪心理研究要实现什么样的价值目标？又是如何去实现其目标的呢？

作为刑事科学中的有机组成部分，犯罪心理学学科的价值范畴直接体现为精神价值、实体价值与应用价值三个层次。

犯罪心理学的最高位价值范畴与刑事科学存在着一致，在下位的价值范畴中表现出学科的差异；而其研究方法论则表现为既有与社会学科、法律学科相通的哲学层面与一般的方法论，也有因为其研究对象（犯罪人与犯罪心理结构）的特异性与心理学科方法的特异性而表现出来的差异性。

犯罪心理学多层次的价值范畴引领着犯罪心理学研究的方向，而与学科特点相适应的科学方法论在基本理念与具体的实践中实现着学科的价值追求，并具有同阶位与多方位、多层次的相互影响力。

犯罪心理学的价值范畴

学科的价值范畴是学科所追求的价值体系，包含互相联系的精神价值（最高层次）、实体价值（中位层次）与应用价值（最低层次）等多个层次。法律的精神（价值）深深地根植于人类的理性与人类文明的历史之中，犯罪科学的价值同时也随着人类为对抗犯罪现象所进行的思辨而提升。由此，由规范刑法学所确立的“为了惩罚犯罪，保护人民”而制定的刑法，具有社会保护与人权保障的双重功能。

在犯罪科学体系中，犯罪心理学主要从犯罪人角度入手研究犯罪心理原因与犯罪心理对策，又与刑事规范学、犯罪现象论、刑事司法学与犯罪防治学存在着密切的联系。对学科而言，犯罪科学是研究犯罪、犯罪人的学科体系。而在刑事一体化的构想中，刑事规范学（刑法学与刑事诉讼法学）的规范是全学科体系遵循的基本规范。犯罪是违反刑法规范、危害社会，依法通过刑事诉讼程序加以确认与惩罚的行为；犯罪人是实施了犯罪行为的人。虽然刑法学的犯罪人、犯罪概念与犯罪心理学（与犯罪学）中的犯罪人、犯罪概念存在着一些差异，如犯罪心理学对犯罪人现象和原因的分析，甚至包括了违法者或严重违规者、潜在犯罪人（虞犯）的行为，但是，它们在刑事一体化的视野下，仍然是以刑法学的规范为基本前提，并最终为刑法目的服务。相应地，犯罪心理学与犯罪科学的整体价值追求应该保持一致与协调。

犯罪心理学的价值范畴可以划分为三个层次：精神价值（最高价值）是自由与秩序、正义原则与功利目的，实体价值（中层价值）是对犯罪心理结构与犯罪心理对策的探索，应用价值（最低价值）是对犯罪心理与犯罪行为的描述、解释、预测与控制。其中，犯罪心理学的精神价值来自犯罪科学的整体目的，是最高位的价值，它在犯罪心理学中常常以隐含或潜在的方式存在与发挥作用；实体价值是由犯罪心理学学科性质的特殊性与差异性所决定的，是精神价值在学科中的具体体现，并规制着其下位的应用价值；应用价值虽然在阶位中处于最低层次，却是犯罪心理学学科实体、精神价值的具体落实与体现。犯罪心理学价值范畴中的三个层次上下相承、相互联系，形成了学科的整体价值体系。

犯罪心理学的方法论

学科的方法论是学科研究原则性的指导思想与研究策略、方法的有机整体。方法论问题决定着学科研究方向与研究成果的有效性与价值。

犯罪心理学的方法论是一个有机联系的体系，这一体系由哲学方法论、一般科学方法论以及具体方法论这三个紧密联系的层次组成。

犯罪心理学的哲学方法论是唯物辩证法思想的体现，具体体现为客观性原则、辩证法原则、理论联系实际原则与伦理性原则。唯物辩证法是科学的哲学方法论，它是方法论中的最高层次，统率着一般科学方法论与具体方法论。

犯罪心理学的一般科学方法论是以系统科学为代表的系统方法，是一种有重要价值的犯罪心理科学研究策略与手段，具体体现为结构性观点、联系性观点、分析与整合观点、犯罪性人格观点。一般科学方法论的层次低于哲学方法论，高于具体方法论，它起着中介与桥梁的作用。

犯罪心理学的具体方法论是在其哲学方法论与一般科学方法论的指导下，结合本学科与具体研究对象及研究课题的特点决定实施的具体方法与技术，主要包括心理分析法、行为分析法与认知分析法三个组群。

科学的哲学方法论虽然处于犯罪心理学方法论的最高层次，但在研究过程中必须结合犯罪心理（结构）与犯罪心理对策的特殊性而转换成为犯罪心理现象的概念；一般科学方法论虽然直接制约着犯罪心理学的研究，但不能代替犯罪心理学的具体方法论，它只有实现与体现于研究方法与技术中才能发挥作用。

精神价值与哲学方法论

犯罪心理学的精神价值是自由与秩序、正义原则与功利目的。在本质上，其精神价值来自法律与犯罪科学的目标。作为犯罪科学的一门分支学科，犯罪心理学自然地以之为自己的最高价值追求。同时，此精神价值也是刑事实体规范学（刑法学）所规定的“为了惩罚犯罪，保护人民”与“社会保护功能与人权保障功能”的体现。

社会秩序与个人自由是法律领域最为重要的两个价值范畴。从犯罪科学体系来看，社会秩序既是一种事实，也是一种价值；以犯罪与刑罚为对象的刑事法正是通过对行为秩序的控制来达到对社会结构秩序的保护。而个人自由是指不受他人专断意志的强制，即保护公民各项基本的个人利益。犯罪心理学这一学科基于揭露与惩治犯罪、预防犯罪、改造罪犯而研究犯罪人、犯罪心理、犯罪对策，一方面正是为了社会的安全与秩序而打击犯罪，并为打击犯罪提供有效而科学的理论与技术；另一方面是在这种客观而科学的理论与技术的支持下，使守法公民的各种权益得到保障，从而，从学科角度实现刑事领域的个人自由，即保障无罪的人不受刑事追究，保障有罪的人在法律范围内受到惩罚。

正义与功利是犯罪心理学所要追求的另两个精神价值范畴。在这对复杂的对立统一体中，没有功利，正义无所依存；没有正义，功利必成其害。在许多情况下，正义也是一种功利。

犯罪心理学的研究活动，无论指向个体或群体的犯罪心理、犯罪行为还是犯罪对策，都必须基于一定的功利目的，它是从本学科的角度去实现犯罪科学所指向的目标，这本身就是正义的体现。

为了保证犯罪心理学精神价值的实现，在学科方法论中与之密切相关的是哲学方法论的本质特征；科学的哲学方法论是其精神价值实现的重要前提保证。具体而言，在犯罪心理学的研究中必须遵循客观性原则、辩证法原则、理论联系实际原则和伦理性原则。

客观性原则

所谓客观性原则就是研究者对待犯罪心理与犯罪行为的客观事实要采取实事求是的态度，既不能歪曲事实，也不能主观臆断。此原则是唯物主义哲学观的具体体现。在搜集资料的过程中，要如实地、详尽地记录研究过程中观察到的客观事实，切忌用研究者的主观体验来代替观察到的客观事实。对资料的处理、结果的分析要用客观的标准来进行，从客观事实到研究推论也要建立在逻辑规则上。在对犯罪活动的整个研究过程中，坚持客观性原则的重要性，体现为研究成果的科学性为社会的公平、正义、秩序提供了坚实基础，也令实现个人自由与功利目的成为可能。

辩证法原则

所谓辩证法原则是在犯罪心理学的研究中，要辩证地看待形成犯罪心理、产生犯罪行为的各种因素的作用。此原则是辩证法哲学观的具体体现。它具体包括处理社会性与生物性的对立统一、内因与外因的对立统一的关系。在犯罪心理现象的解析与犯罪心理对策的选择中，既要注意到犯罪人的本质属性主要是其社会性，又不能忽视犯罪人的生物性。既要考虑犯罪人内因（如人身危险性、犯罪危险性人格）的决定作用，也要考虑外因（如情境、犯罪机遇等）的作用及其相互的影响力。

理论联系实际原则

所谓理论联系实际原则，是既要注意基本理论研究，又要注意实际应用，在实际应用中使理论进一步得到检验与发展。犯罪心理学研究的课题来自刑事司法实践，犯罪心理学的生命力在于服务司法实践，对犯罪的揭露、惩治和预防与罪犯改造；同时，在研究中，还要注意理论工作者与实际工作者密切配合，从实践提升到理论，以理论服务于司法活动。

伦理性原则

所谓伦理性原则，是指在犯罪心理学研究的设计与实施中，严格遵循伦理道德法则与人权障碍规则。由于犯罪人、潜在犯罪人与罪犯心理的隐蔽性、对抗性与间接性等特点，在犯罪心理学的研究中，常常会采用一些需要特别控制情境或被试的手段来收集数据（如犯罪模拟实验、犯罪现场法等），应该特别注意排除可能产生心理创伤，极端性消极情绪，欺骗性、威胁性、倾向性诱导，道德与伦理惩罚的刺激情境与设计方案。这既是直接保障人权与意志自由的体现，也是人类理性地研究犯罪这种极端越轨行为的要求。

实体价值与一般科学方法论

对犯罪心理结构与犯罪心理对策的探索，既是犯罪心理学学科的研究对象，也是学科的实体价值。犯罪心理学的实体价值是由学科的特殊性与差异性所决定的，是精神价值在学科中的具体体现。

所谓犯罪心理结构，是指行为人在犯罪行为实施前已经存在的、在犯罪行为实施时起支配作用的那些畸变心理因素有机而相对稳定的组合。它是行为人个性心理结构中社会心理缺陷的总和，是其发动犯罪行为的内部原因和根据。将犯罪心理结构作为学科的实体价值体现，是因为它揭示了犯罪心理的特殊矛盾性，揭示了犯罪人产生犯罪行为的内部原因，从而建构起犯罪心理学的理论体系和对策研究。因而，犯罪心理结构应该作为方法论的结构观而存在。

所谓犯罪心理对策就是将犯罪心理结构的理论与技术应用于揭露犯罪、惩治犯罪、改造罪犯与预防犯罪方面的方法，包括犯罪人心理描述、犯罪人心理测试、警察心理训练、警察心理健康、罪犯心理矫正、犯罪心理预防等。

由于犯罪心理结构具有驱动性与普遍性、整体性与层次性、开放性与动态性、隐蔽性与客观性、稳定性与可变性等特点，又由于犯罪心理对策是犯罪心理结构理论在司法实践中检验与提升的策略与技术，在研究方法论方面，就要求采用结构性、联系性、发展性等系统方法去适应、实现实体价值。

结构性观点

犯罪心理学方法论中结构性的观点制约于犯罪心理结构的价值追求，它要求在研究中坚持整体性、层次性、动态性原则。所谓整体性研究原则，即用整体的、系统的观点研究犯罪心理结构。虽然在犯罪心理结构中，某些心理因素起主导作用，但不能忽视其他心理因素的配合、制约作用。犯罪心理结构是一个独立的子系统，具有超出不良心理因素简单相加的恶性整体功能。所谓层次性研究原则，是指从不同维度和层次去研究犯罪心理结构的成因、机制与发展变化。所谓动态性研究原则，是指犯罪心理现象的研究随着机体变量（如生物学因素、身体状态）、刺激变量（如家庭、社会、情境因素）与反应变量（如认知因素、情绪–情感因素、行为反应等）的变化而发展变化。这就要求在研究犯罪心理形成和犯罪行为发生原因、犯罪心理结构、犯罪人在不同情境的心理状态以及类型犯罪人的心理特点等问题时，注意到上述三种变量的影响与制约。这也要求在研究中要系统性地处理好犯罪心理结构的成因论、机制论与发展论的关系。

联系性观点

联系性观点就是在联系与关系中探究犯罪人犯罪心理形成和发展的规律。在研究犯罪人心理原因时，必须防止“唯某种因素决定论”，无论是生物决定论或者遗传决定论、社会环境决定论或者情境决定论，都是违背系统论观点的，不利于犯罪心理学实体价值的实现。

分析与整合观点

分析与整合观点要求在研究中做到既要对产生犯罪心理的各因素（如生理、心理、行为与社会、情境）进行区别对待与关联分析，又要将犯罪人的心理作为一个整体的结构系统加以研究；在研究犯罪人某一种心理现象产生的原因时，可以先分别考察某一因素的作用，进行相关分析，然后加以整合研究。

犯罪性人格观点

犯罪性人格是犯罪人特有的导致其犯罪行为发生的心理特

征的总和，是一种严重的反社会人格，也是犯罪心理作为一个信息控制的自组织系统而成为其个性心理结构的组成部分之一的具体形式。所谓犯罪性人格观点，就是在研究中将犯罪心理学与人格刑法观点紧密联系，把犯罪性人格的理论观点及技术结合到刑法规范体系的深刻探讨中，为前沿性刑法理论与刑事政策提供科学有力的理论与技术支持。这是当代刑事一体化的要求，也是犯罪心理学学科紧密融合（包括学科支持与自身发展）在犯罪科学体系中的着力途径与真正价值所在。

犯罪心理学的研究实践中，有效的研究类型包括：纵向研究与横向研究、整体研究与分析研究、个案研究与成组研究、常规研究与现代方法技术研究、质性研究与定量研究、质与量结合研究。

应用价值与具体方法论

犯罪心理学的应用价值是对犯罪心理与犯罪行为的描述、解释、预测与控制。其中对犯罪心理与犯罪行为的描述是应用价值的第一水平，解释是应用价值的第二水平，预测与控制是应用价值的第三水平。应用价值虽然在价值阶位中处于最低层次，却是实现犯罪心理学学科精神价值、实体价值的具体体现，也是验证与丰富该理论所代表的精神价值与实体价值的标志物，是犯罪心理学服务刑事司法实践的技术体现。

在实现犯罪心理学应用价值的研究前提中，恰当地解析犯罪与犯罪人、犯罪心理与犯罪行为的关系是至关重要的。犯罪人是实施犯罪行为的人；在犯罪科学体系中，犯罪心理学研究犯罪人与犯罪行为，但其侧重点是研究犯罪人；以犯罪人的危险性人格为核心代表的犯罪心理结构是犯罪行为产生的内部原因与根据，犯罪心理决定着犯罪行为。

学科的应用价值在研究方法论体系中直接对应的是其具体的研究方法与技术，正是通过具体的研究方法或研究方法与技术的结合得以描述犯罪人心理的本质特征、核心形成因素、形成的过程与阶段、犯罪动机的特性与变化，得以解释其复杂性与差异性犯罪心理的机理与形态，得以较大概率或较精确地预测某一犯罪人或类型犯罪人的犯罪心理与犯罪行为的动态变化，为预防犯罪及预防重新犯罪提供科学的专业信息与策略，得以为控制犯罪现象提供有效的措施及得以为犯罪人回归社会提供改造犯罪心理（犯罪危险性人格）的科学方法。

为实现犯罪心理学的应用价值，结合心理科学中的应用心理技术，犯罪心理学的研究方法包括行为分析法、心理分析法和认知分析法三大组群。

行为分析法

行为分析法是心理学进入科学主义（客观验证性规则）阶段的主要代表，也是行为主义心理学基本原理（经典性条件反射原理、操作性条件反射原理）的应用。结合犯罪心理现象与犯罪行为的特殊性，常用的研究方法有观察法、心理测验法、实验法等。

（1）观察法是有计划、有目的地通过观察潜在犯罪人或者犯罪人的言语、表情（面部表情、身体表情、言语表情等）、动作和行为等表现去了解其心理活动的一种方法。其依据是人的心理活动必然与人的行为相联系；尽管绝大多数犯罪人的心理具有较强的隐蔽性，但可以通过多方面行为信息的分析与归纳，进而在某种程度上揭示犯罪人的心理特质。观察法可以分为直接观察与间接观察（如对犯罪人生活成长史的观察、活动产品的观察、问卷式的观察等）、自然观察与实验室观察、参与式观察与非参与式观察。

（2）心理测验法是使用标准化心理测验量表测量犯罪人心理特点的方法，是应用心理学独特研究工具与技术的应用。心理测验法的特异性在于测验的信度、效度等标准化的确定，以保证既稳定又有效地测量犯罪人或者潜在犯罪人的心理品质。常用于犯罪心理学研究的量表有智力测验（瑞文智力测验）、人格测验（如明尼苏达多相人格测试、卡特尔16种人格因素问卷、康奈尔医学指数、Y–G性格测验）、犯罪人特质性测验（如暴力风险评估量表、心理变态测评表、人格障碍调查问卷、神经心理学交互作用、中国罪犯心理测试量表个性分测验、罪犯重新犯罪预测量表等）。

（3）实验法是指在控制的条件下对犯罪人的心理品质与行为倾向进行变量观察、分析，研究其规律的方法。实验法的实质是心理学专业仪器与实证手段的运用。由于犯罪心理学的许多课题具有难以实验或不可实验的特点，研究中只能于一定范围内，在精心设计的情况下进行实验法研究，包括实验室实验（如潜在犯罪人、神经功能缺陷检测、罪犯心理测试技术实验）与现场实验（如犯罪现场模拟实验、监狱模拟实验、审讯策略验证、证言可靠性实验、危险性评估检测等）。

心理分析法

心理分析学来源于研究者对于心理与行为的思辨与经验的归纳，是质性的理性推论与实践尝试的结合体。尽管它部分存在难以重复验证的缺陷，但有时却是面对人类极端或者复杂心理现象的探索性途径。犯罪心理学的心理分析法起源于精神分析学派的经典假设（无意识理论、本能理论、罪恶感理论、人格冲突假设与自卑感的力量等）的临床实践，却在人类这种极端越轨心理与行为的解释与“医治”中具有独特的作用，并且在新精神分析学派与修正性技术的结合下发挥其深度心理探索的力量（而不仅仅是指向变态心理的原因分析与解救）。狭义心理分析法是精神分析的创立者弗洛伊德治疗精神疾病时使用的治疗技术，包括心理历史法、催眠法、自由联想法、作品分析法、释梦法和投射测验法等。

（1）心理历史法：将犯罪人或者潜在犯罪人的心理成长与现实的心理与行为特质相联系，从其历史（尤其是心理生活的创伤性事件）中寻找其犯罪的动机（如自我与超我及现实的冲突、罪恶感的力量、本能的作用、自卑感的反抗等），强调犯罪人的经历与现在及将来行为的联系。犯罪心理学常用的个案法就是心理历史法的具体体现。

（2）催眠法：通过以特定言语或情境引导犯罪人或者潜在犯罪人进入特殊的意识状态，进而试图发现其犯罪动机的来源与动态。此方法需要较高水准的专门技术与经验支撑。目前，仅探索性地将该方法应用于对潜在犯罪人的侦查与对罪犯的心理治疗过程中。

（3）自由联想法：通过以证词或者案件相关刺激引导犯罪人、潜在犯罪人进行无意识控制的自由回忆与想象，从而分析其反社会性冲动状态与趋向。对于犯罪心理的研究而言，此方法最大的障碍在于发现犯罪人的阻抗（如强烈的控制意识与虚假联想的倾向）。

（4）作品分析法：通过对犯罪人或者潜在犯罪人的作品（活动产品、日记、失误行为等）进行由行为到心理的反向分析而判断其人格特征及犯罪危险性人格。此方法可与间接观察相结合运用。

（5）释梦法：通过对犯罪人或者潜在犯罪人的梦境进行由显梦（回忆的梦）到隐梦的解析，试图揭示某些神秘犯罪动机。此方法的理论假设是：梦是犯罪人犯罪动机的表达与曲折形式的实现；犯罪人的理性心理生活与非理性心理生活是密切联系的。释梦法需要较高层次的分析训练与经验，此方法近二十年来在罪犯心理咨询与治疗中进行了探索性的运用。

（6）投射测验法：通过非标准化的测验或者情境，诱导性地揭示犯罪人、潜在犯罪人的挫折攻击动力与犯罪心理，包括罗夏墨迹测验、主题统觉测验、攻击投射测验等。如监狱或社区矫正环境下罪犯沙盘游戏法（也称箱庭疗法）就是在犯罪心理回归措施中投射测验法的运用。

认知分析法

认知分析法来自心理学中的认知心理学及其发展部分（信息加工心理学），它强调以人类的强大思维为代表的认知过程与理性的作用。通过以言语为中心的心理参与，去探析心理与行为背后的动机所在，并同样以认知去化解心理情结、塑造新的心理品质与行为习惯。

（1）自陈报告法：传统的认知分析法之一，是通过犯罪人或者潜在犯罪人直接、间接的陈述报告发现其社会化过程中人格发生偏差与犯罪动机产生机制的方法。它常常与观察法中的内省法结合使用。由于此方法依赖于报告人的主观陈述，存在不精确、有遗漏甚至故意歪曲对抗的缺陷，多数情况下仅作为一种辅助性方法。

（2）访谈法：是研究者通过与犯罪人、犯罪人的家庭成员、亲友及办案人员的谈话系统地收集资料，精细分析犯罪人犯罪心理的方法。它来自认知心理学家皮亚杰与精神分析大师弗洛伊德的临床试验总结。它包括结构性访谈法与非结构性访谈法。访谈法在犯罪心理的揭示中非常重要，虽然它可能受到定量分析的影响，但能收集到关于犯罪人心理变化的系统而精细的信息，是人类认知、理性与经验在发现犯罪心理规律进程中的重要途径。

自二十世纪八十年代以来，传统的认知分析法与行为分析法相互结合，发挥各自的长处，发展成为认知行为法，它在犯罪心理及犯罪心理对策研究与刑事司法实践中发挥出显著的成效。如西方的青少年犯罪人道德推理判断及其训练法、合理性情绪法、犯罪人思维训练技术、错误思维模式改造方案、社会认知技能训练等方法就是认知行为法的应用。

由此可见，犯罪心理学作为应用心理学的分支学科，从现代心理学已有的心理学理论成果与研究方法论中得到启示，建立起本学科从哲学方法论、一般科学方法论到具体方法论体系。它们相互联系、相互作用，共同发挥多水平、多层次价值的功能。当然，各组群的研究方法各有侧重点，存在各自的优势。就目前而言，精神分析法的研究注重于深刻揭露犯罪人深度的犯罪动机及其形成机制，行为分析法注重于有效分析犯罪产生的社会、情境、文化、犯罪人行为倾向以及罪犯的行为塑造，而认知分析法注重于发挥研究分析者、犯罪人的理性与情感及正常环境的人格培养方面的作用，近来的认知行为法则更发挥出综合性的功能。但是，由于犯罪心理结构与犯罪心理对策的特殊性与复杂性以及某一具体方法论本身的局限性，其存在着固有的一些弊端，因此，在具体的研究中应该与各种方法有机结合，以某种方法为主，辅之以其他的研究方法，以取得预期的效果。同时，在整体学科价值范畴的制约与引领下，犯罪心理学的方法应该是开放性的，坚持科学有效性原则为研究的基石，在面对复杂的犯罪人及其犯罪心理时，研究方法论应该借鉴、包容与之相适应的生物性学科、人文社会学学科、心理学学科以及数理模型学等多领域的研究方法与技术。

犯罪心理学的三个层次价值范畴与方法体系的层次之间的关系体现为同位相协调作用的关系，并非完全同位序的一一对应关系，而是存在综合性交叉影响的协同关系（即共生、共变、交叉影响关系）：一方面，哲学方法论直接为学科的精神价值服务，而学科的精神价值定向，极大地左右着哲学方法论发挥作用的途径与程度；另一方面，哲学方法论间接地制约着一般科学方法论的观点而指向实体学科价值的实现，更间接地影响到应用价值中具体方法与技术的实施。一般科学方法论观点则通过与学科的实体价值的联系，展现着哲学方法论，并引领着具体的方法以完成应用价值目标。而应用价值与具体方法论，作为价值范畴与方法论最为基本的层次，正是在学科精神价值、实体价值与哲学方法、一般科学方法论的调控下，逐步实现由策略、途径、方法、技术到整体学科价值的体现。

现代西方犯罪心理学思想与评析

1879年威廉·冯特等先驱学者在德国的莱比锡大学建立了第一个心理学实验室，以自然科学的观察法、实验法来研究人类的意识经验，标志着现代心理学的诞生。在这一百四十多年的学科发展中，西方学术界提出了许多的心理学理论观点，涌现过众多的心理学学者甚至大师。他们对现代心理学的理论、应用及社会生活产生了重大的影响。其中，弗洛伊德的精神分析、斯金纳的激进行为主义心理学与罗杰斯的人本主义心理学是当代心理学的重要理论与实践技术，对犯罪心理学的研究与应用具有深刻而持久的影响，是犯罪心理学学科基本理论体系中重要的有机组成部分。无论学习还是研究犯罪心理学的理论与技术，都直接或间接地与之存在着联系。本书从人类的本性、越轨行为的社会控制作用、攻击行为、异常心理咨询矫治及研究运用的方法论等方面阐释它们在心理学理念、策略与技术诸方面的差异以及由它们引导而来的对于犯罪心理学应用的实践及未来发展的借鉴与反思。

科学心理学的三大流派

科学心理学和犯罪心理学的诞生与发展只有一百多年的历史。在此学科成长的过程中，精神分析、行为主义心理学与人本主义心理学由于其理论、技术与方法论的独特作用，被称为现代心理学三大流派；弗洛伊德、斯金纳与罗杰斯作为三大流派的创立者与代表者，对于各学派学术的发展起到杰出的作用；他们对犯罪心理学等应用心理学的理性思考与策略、技术倾向的影响同样是深刻而久远的。

弗洛伊德以一个学者敏锐而独特的眼光，在面对十九世纪欧洲神经官能症泛滥的现状时，在临床实践的基础上，大胆地提出了以无意识、性本能为研究对象，以无意识理论、性心理学理论、人格结构及发展理论、心理疾病治疗理论为核心的精神分析心理学。这既是对业已存在的传统心理学的巨大挑战，也是对传统观念的反叛，但它确实对二十世纪以来的人类生活的各方面带来了冲击与革新，包括对犯罪学、犯罪心理学、罪犯改造的理论与实践都造成了不可低估的影响。相应地，斯金纳的学术倾向是受二十世纪初的重大发现——巴甫洛夫的经典性条件反射学说的影响发展而来的，此学说以精细的动物实验为基础，运用自然科学的方法反复证明了高级动物的行为中存在的刺激–反应的原理，并进而推断人类行为形成与改造的经典性与操作性条件反射原理，这对于人类行为的实证研究具有客观性的指导作用；同时对于犯罪人行为的解释、控制与犯罪行为的预防、改造具有实证主义倾向的影响，这是行为主义心理学仍在现代心理学阵营中具有持续影响力的主要原因。二十世纪五六十年代的一些心理学家，深刻地反思了精神分析与行为主义心理学在指导观念与方法论上的一些弊端，从正常人类群体的特点出发，以人本主义哲学倾向为引导，开展了人类潜能、行为动力与价值倾向等人类内心深层次精神能量的探讨与研究，提出了诸如需要层次理论、人类潜能理论、自我实现理论、来访者中心疗法理论等观念与方法体系，为人类重新审视自我带来了全新的角度与方法，也为对越轨者、违法犯罪者行为的探讨与行为重新塑造带来崭新的曙光。即使在经历了半个世纪之后的今天，它仍被称为第三势力，与精神分析和行为主义心理学一同对人类的自我内心世界与外显行为的研究发挥着持久的作用。

精神分析、行为主义心理学与人本主义心理学在现代心理学体系中占据独特的地位，它们与犯罪心理学理论、实践相关联，可以从人类本性、人类攻击行为、犯罪人心理行为矫治、罪犯心理改造、社会控制现象等方面加以探讨。

关于人类本性的理念

关于人类本性

对犯罪现象与犯罪心理的解释同对人性的理解有着直接的关联。不同的人性观直接影响人们对犯罪者与犯罪行为的态度及改造的策略、方法。

精神分析是以对神经官能症的治疗为出发点的，弗洛伊德对于人类本性作了设想，即人类的本性基本上是消极的。弗洛伊德在《文明及其缺憾》中指出，人类是低级“野兽”，只有文明进程可以控制放纵的欲望和破坏性；个人的心理问题并未因社会化而解决，因为社会进程与人类本能追求自私的趋势相抵触，它仍会继续造成不同程度的压力。也即，无意识总是与现代社会的控制规则和标准发生冲突。

相应地，斯金纳既没有对源于内驱力的行为作任何猜想，也不相信诸如敌视、同情、利他、嫉妒和感情等复杂心理与行为确切地出于人的本性。即使遗传的因素可能对这些行为造成一定影响，但它们更多是受到个体经历和目前所处境遇的影响。就某种意义上说，人从出生开始就倾向于成为自然环境和社会环境的产物。从斯金纳的角度看，人性非善也非恶；人的遗传因素为外界环境通过操作性条件反射而形成不同的个性、行为提供了某种可能。

而人本主义心理学对人性作了明确的设想，罗杰斯强调，人性将随成长自然适应并不断趋向完成。从罗杰斯的角度看，人类的本性是善良的，可以也应该被信任。只有当个体从本性中分离，它们才会对个人或社会有害。他的立场明显指出人类应有选择的自由和根据本人内心体验作决定的自由。

可见，关于人类本性的观点，罗杰斯是乐观派，弗洛伊德基本上是悲观派，斯金纳则是相对中立派。

关于个性发展观点

人类的本性在个体发展心理学范畴中具体体现为个体个性的形成与发展。弗洛伊德强调性心理阶段的发展（口唇期、肛门期、男性生殖器期、潜伏期、女性生殖器期等），多数人会成功地度过这些阶段。人的一生必须经历这些阶段，在某一时期，强烈的本能（反映在如性欲、争斗欲）和培育中的因素（如便盆训练程序、父母对性的态度和亲密的强度）有重要的相互影响力。幼儿时期对于人性结构和变化过程起到决定、持久的作用；前三个阶段——口唇期、肛门期，特别是男性生殖器期——是最重要的，也是对以后发展影响最强烈的。

斯金纳察觉到环境对个体的一系列影响。其当前的状况（如目前的强化程序）和过去的状况对于限制行为同样重要。人类行为细节是人性所包含的，起因于长期做出的行为结果的影响，强化的历程越丰富，就越可能发展良好的有趣味的人性。斯金纳认为我们是行为的发出者，我们的行为基本上取决于行为的结果。一些行为将频繁出现，而其他的则相对保持稳定、不断减少或完全消失，这主要依赖于结果。

罗杰斯强调个性不断演变和完成的可能性。不利的状况（如有条件的爱）可能约束发展并引起不适应的行为。但是，一旦有机会（如通过与无条件的积极尊重和共情理解的接触），多数人可以重建自我实现的倾向（即人生最主要的心理价值所在）。无须设想具体阶段，人类可以通过意识和正确选择实现螺旋上升式发展。当个体体验无条件的积极尊重时，那么可适应新环境要求的人性就会产生。

对于社会控制作用的看法

弗洛伊德认为人性与文明之间有着持续不断的冲突。本能激发的性欲和争斗欲并不会因为被社会所要求而缓解。然而，通过提供多种升华的可能性，社会可以减缓这一冲突。抑制人类本性欲望的扩展正是父母、教育者和其他教化者的任务。社会总有约束力，它应通过为本能提供宣泄渠道从而使其调和。文明之所以存在并发展，正是通过对性欲和争斗欲的部分限制、部分升华而逐步实现的。

斯金纳强调指出，社会既然控制着成员的行为，那么就需要确实地负起责任。他相信人类行为的许多问题过于严重和复杂，因此，不能将其交给偶然的机会或畸形的自由与高尚的构想。在斯金纳的观点中，人类是可塑的，环境控制有必要帮助有个人和社会优势的行为形成（如平和、合作、体谅的行为），应该创立一项计划来形成和保持这些行为；而倾向于产生不良问题的行为和技术应废除，如过度严厉的惩罚和强迫控制一般应予以避免。

罗杰斯把社会总体看作限定而相对静止的。人类自我实现的潜力巨大，我们不知道将来潜力发展后人类会是什么样子。因此，社会应该在人们选择生活方式时给予足够的自由。另外，重要的是，社会应允许某些不具有原则性的失败出现而不应无条件地加以责难。人类在进行着“变化与不变”的斗争，而社会应保持其适应性，并避免责难不同的尝试以保证或促成实践的完成。

关于人类的攻击行为

人类的历史自从进入阶级社会后就持续存在着违法犯罪等极端的越轨现象。而各种各样的违法犯罪现象就本质而言，都与人类的攻击行为有着直接的联系。弗洛伊德非常关心人的破坏倾向及其能量。他认为这一倾向是人类与生俱来的本性，是死亡本能的产物。然而，他建议通过在人们之间建立情感联系和通过加强人们的有意识的理智和控制功能来控制攻击行为。这样，侵犯冲动可以被转化为社会建设性的活动（即可以被升华）。弗洛伊德虽然认为有这些控制天生攻击倾向的手段存在，但他对文明制度有效对付攻击问题依旧抱着悲观的倾向。

斯金纳认为在某种类型的攻击反应中也许有先天的成分，这是进化中这种反应对物种生存适应的结果。然而，他对有害的、破坏性的行为的解释主要放在影响个体的环境因素上，如过去和现在的强化机制，也即具有后天生活环境中建立的机制。如果我们的社会能够让具有破坏性的攻击行为得不到其行为人所设想的回报（其中包括正强化，即对喜好刺激的奖励，也包括负强化，即对厌恶刺激的排除），这种攻击行为发生的频率就会大大减小。

罗杰斯的理论指出，伤害性和不合理的攻击行为往往被那些没有完全心理机能的人所表现出来。有完全心理机能的人及以理智看待周围世界的人，不太可能有破坏性敌对行为，这类个体是期望有和谐人际关系的社会产物。罗杰斯强调，人类具有理性化和对环境作出适当反应的能力。如果适当环境存在，这种能力也会自然发展。因此，罗杰斯针对人类破坏性所倡导的解决方法就是创造一种环境可以使人类基本潜能得以释放。

本质上，人的犯罪行为是人的攻击行为的直接或间接体现。犯罪心理学与犯罪学、刑法及刑事诉讼法学研究的角度存在着差异，犯罪心理学是从对人类的攻击行为研究入手，进而推及对违法犯罪行为的解析、矫正与预防领域。因而，对人类攻击行为的观点，直接左右着对人类各种犯罪行为的解析。

关于心理失调及其治疗理论技术

弗洛伊德把情绪问题、精神疾病看作主要由于无意识的愿望与社会要求的矛盾所引起的植根于内部的问题，甚至，它只是与外显的越轨行为、违法犯罪行为的力量性质相同而方向不同。文明社会中的人类一直承受情感冲突及体现在各种各样行为上的紧张状态。人的内部原动力十分重要，最初，这些原动力源于本能冲动，但是外部世界对内心运转仍然有影响，同时使其更复杂。心理治疗正是要尝试找到问题的无意识根源，就是说，通过治疗使个体可以现实地适应内心冲动和外部环境。当然，按照精神分析的理论，其对于越轨者的心理行为矫治也遵循着系统的精神分析方法进行，只是与一般心理失调的侧重点有所不同而已，对于犯罪者的心理意向的改造更注重其反社会性的个性、情感与行为倾向。

斯金纳强调是环境引起了心理失调的行为。极端的处罚或令人不快的控制，对不符合要求的行为的强化以及失去重要强化物，都会造成个体被别人看作神经症患者或精神病态者。斯金纳不认为这种人有深刻无意识的矛盾、扭曲的自我构想或其他的心理问题。他相信试图处理这种假设内心状态实属无效，治疗最好是聚焦于行为水平，不适应行为就被认为是源于令人反感的环境引起的失调的、滥用的反应。斯金纳的治疗建议涉及提供选择机会，可通过正确强化使其形成和维持可适应行为，抑制不良行为以及对个体生活和强化机制给予较好控制。

罗杰斯的理论指出，心理失调的感情和行为可追溯到自我实现过程的阻碍；有条件的积极尊重会抑制或扭曲正常成长和自我发展。既然罗杰斯把人性看作基本是积极的，那么只有在人的本性被社会影响所败坏时，人类才会暴露出自己感情和行为的严重问题。心理治疗即是制造出一种赞同、共情领悟和坦诚的气氛，缓和阻抗并允许所有情感和内心体验表达与释放。与精神分析疗法相比，它更强调患者内心的意识反映；罗杰斯主张只要接受患者（或更准确地称为来访者）此时此地的想法，就可以在温馨而宽容的气氛中对人类自我发现的能力更有信心。罗杰斯觉得最好不去解释患者所讳言的，但可以用阐述性的语言修改他们的叙述，这样，他们在治疗的过程中就越来越可以表达出真正的心理经历。患者的责任是准确地理解和表达自己，而这种能力在治疗中也会在引导下不断提高。当然，这需要在对违法犯罪者的心理行为进行矫治时特别注意违法犯罪者的自主选择性与法律、规定及他人利益的矛盾冲突倾向。

关于心理学、犯罪心理学的研究方法

学科的进步与发展，与学科所采取的研究方法有关，它直接影响到其观点与实践技术的运用。心理学与犯罪心理学的发展同样遵循这一基本原理。

对于人类神秘心理与异常行为的研究方法，弗洛伊德主要以归纳、思辨的方式去处理理论发展。他在临床实践中广泛采取的自由联想、梦的解析、作品分析、心理历程分析等方法，既是咨询与治疗的技术，也是学科建立的方法论的体现，即所谓的精神分析术。

弗洛伊德从大量的临床经验中获取第一手资料并研究分析病人的无意识因素，其分析虽然来自个别化的数据，但却是深入而细致的，且具有较强的质量特征。

斯金纳的研究方法完全来自自然科学的客观实验的指导原则，强调以实验性的方法获取行为信息。他主张在自变量和因变量之间对机能关系（或者通俗地说，原因–结果关系）的精确判断。对于人类而言，常见的因变量可能是工作或学习成绩。

斯金纳觉得最重要的是研究可观察的影响行为的因素。实验性的环境可以提供谨慎操纵不同因素和精确测定结果性行为的方法。斯金纳提供了一种可客观研究低等动物行为的方法，而研究的结果形成的基本概念可以在人类水平上进行推论性检测。准确的控制和测量方法同样适用于对人类行为的研究。

像弗洛伊德一样，斯金纳专心于独立病例的研究，虽然这些病例中，以老鼠或鸽子为试验对象的情况更多。但是斯金纳相信行为科学应该可以精确控制有机组织的行为，并不满足于“一般来说”的说法。对于使独立有机组织行为发生具体变化的环境因素，他也做了细致的分析，并运用这种方法发展了准确的行为概念。可以说，弗洛伊德的分析数据是质量上的，而斯金纳的是数量上的。

罗杰斯指出客观的、量化的方法对于人类行为的研究（如斯金纳所使用的方法）是获得知识的重要手段。然而，他也强调主观的知识（了解自己）和共情的或人际的、现象学的知识（了解他人的主观状态）。他认为使用所有这些途径都是必要的——客观的、主观的、共情的。罗杰斯在对研究人类的方法的推荐上是包容的，而不是排斥的，他认为一个行为科学的成功取决于将多种研究方法进行整合。对于他来说，没有绝对肯定的通向“真正的”科学知识的途径，应该以整合的方式来使用不同的方法以达到对人类行为完整的了解。根据罗杰斯的观点，弗洛伊德在无意识和非理性本质原观念中卷入太深，过于注重把人作为物体进行研究。罗杰斯则建议把人看作更有意识和更理智的社会性动物，努力去了解他们更为深刻、更具重要性的主观内心体验。

对于三大心理学流派理论与发展的反思

在相当长的一段时间内，对于三大心理学流派理论与发展的反思只是相对性的。目前，在社会新需求与新技术的引导下，心理学虽然有了长足的发展，但精神分析、行为主义与人本主义心理学仍然具有许多可借鉴之处。

对弗洛伊德观点的评析

弗洛伊德并不担心他专业术语和概念中的经验主义特性。因此，他的理论很难得到自然科学方法论的证实。举例说，对死亡本能的解释无法放到合理而精确的实验中。它只能从口头说明或行为中推论出来，但这些可以有不同的解释。如破坏性侵犯行为可以被不同方法解释为与死亡本能无关。模糊概念在弗洛伊德的理论中很普遍，比如俄狄浦斯情结、固结、自居作用、自我同一性以及其继承者荣格的集体无意识、阿德勒的生活风格理论等。这些概念很有现实的挑战性、刺激性，但它们极难进行实证性研究。

弗洛伊德将他自己行为中的信息、来自病人的以及周围世界中的信息联系在一起，建立起他的许多观点。但其个人的观察足够准确吗？他是否具有足够的客观性以避免自己的偏见？他的解释正确吗？可以并且应该对此提出疑问。在缺少更可靠、更客观的证据的情况下，很难把弗洛伊德的观点作为完全有效的观点来接受。

弗洛伊德所研究的人在其发展理论的组成中是限制性样本。换句话说，他的病人的文化情景和社会经济范围被限定。这些事实可能限制了他的理论的一般适用性。而且，他过分依赖于对神经症患者的观察来形成其理论。一种以对被限定的神经症患者的观察为基础的理论，怎么能被看作是针对全体人类行为的正确理论呢？总之，人们从理性出发很难将弗洛伊德的理论看作放之四海而皆准的观点。

弗洛伊德并不及时详尽地记录治疗过程。他先用头脑记忆，在数小时后再做笔记记录。当然，这个程序就有可能出现遗漏和曲解。此外，弗洛伊德只片面接受病人病情的发展而并没有充分与外界核实，如与其亲友了解情况，也许他没有时间做外界调查，但缺少这样有支持性的数据，确实会降低他所作假设的可信度。

对精神分析理论的另一个反对意见就是它解释得太简单。例如，性行为频繁是为了发泄本能冲动，并没表现出过多性行为则是受到压抑，节制性欲即是想出了一种性冲动和道德压抑之间的折中办法。强有力的理论应可以说明什么时候和为什么情况会出现。精神分析学家使用一般方法来做解释，而这往往是一种令人迷惑的方法。

弗洛伊德把人性作为一个完全受本能驱使的能量系统也是值得探究的。把所有的人类行为归结于性欲和攻击性的驱使似乎令人怀疑。这种降压行为理论，与有关人类和低等动物寻求刺激的观点相矛盾。即使是对玩耍中的儿童进行观察，也能产生有关好奇心是普遍的，追求新鲜感是自然的观点。这些研究和观察的数据并不能从弗洛伊德的论点中得到解释，他的观点强调人类要努力获得一种无压力的状态。

最后，接纳弗洛伊德论点的人倾向于忽略环境对不同障碍的影响，而这一现象被行为学家或其他人频繁地证明。对强化、维持行为的作用的忽视，或是社会状况的作用，如歧视、不良家庭关系、工作压力等都会导致对患者的非适当治疗、对违法犯罪者的心理行为分析失败的消极后果。

对斯金纳观点的评析

虽然斯金纳坚决主张社会应该采取科学手段进行运作，利用行为化的技术解决问题，但他并不能确定这个广泛的社会变化怎样出现。谁将运用能量建立某种强化机制？谁会决定哪种行为应被强化？虽然他关心这些问题，但运用这样的研究方法，答案有时会显得哲学性比实践性强。也许他给予的最好的回答是：那些居于施加影响位置的人，老师、父母、监督员、政府官员运用行为技术的人。可这些又怎么能出现在社会大范围内？如果涉及整个社会，哪种具体行为要受强化则是更困难的问题。

另一个棘手的问题是，如果我们全被环境所控制，我们没有选择的自由，又怎么能“决定”跟随他的建议并使其纲领发生效用？依据斯金纳的说法，根本没有选择自由。实际上，许多评论家难以理解和接受此类基于他对人类行为的完全决定论观点的解释。

现实之中，斯金纳的理论确实有效地应用于心理问题治疗、教育、商业和工业领域以及特殊人群的改造（如过错行为人的良好行为方式的重新建立、罪犯改造所运用的代币强化法、分级处遇制等）。无论如何，它在这些领域被谨慎地使用时仍会发生一些缺陷。对于违法犯罪者这些特殊人群的心理与行为矫治的工作，西方于二十世纪五十年代开始较广泛地采取了行为主义的实用技术，虽然较短时间内就可能出现“明显的成效”，但仍然存在着弊端，如矫治效果的客观性、持续性与稳定性等问题。可能还有更多的心理行为要素还未被行为心理学家探索、发觉，也许另外的复杂原则在起作用。期待着更广泛、细致而更为深刻的研究。

对于行为主义心理学的情感、思维等内心活动不影响行为者的理论也存在着强烈争议。如果确实存在不足或缺陷的话，弗洛伊德和罗杰斯理论的不足在于对环境影响注意太少，而斯金纳理论的不足则在于对环境影响注意过多。

对罗杰斯观点的评析

大量心理学依据表明对于一个人来说，理解和充分表达

“真实的”感情思想是很难的。既然患者口述是罗杰斯理论的主要数据来源，对这些数据的可信度和确实性提出疑问就显得尤为重要了。只是简单地倾听，又怎么可能获得全面的令人满意的个体状况呢？而且，还有可能听者本身就有成见。罗杰斯对其患者行为的观察，其客观性又达到什么程度呢？

罗杰斯另一个有争议的观点是有关人类本性理论的。如果人性本善，为什么他们会做出这么多乱七八糟或越轨的事情呢？为什么社会文明进步的前提下会有持续的违法犯罪现象的出现？也许罗杰斯的理论过分强调好的方面，如果有人在恶劣的环境和有条件尊重下成长，就很容易变坏。然而，一个在爱心和自由下长大的孩子变成一个自私、总不能适应环境的成人，对此如何解释呢？另外，一个在严格伦理道德下成长的孩子，却变成一个相对适应性强的社会化的成人，这又如何解释呢？当然，我们并不期望人类行为理论在心理学历史中十分完美，任何现存理论的规则都有例外，无论如何，对这些问题加以重视可以帮助我们加强对不同理论的确定性的审视。

罗杰斯假定有一个内部的机械装置，如果我们与其和谐共存，它就能为我们做出一个内部的正确抉择。这种有机体价值过程期望能引导我们做出高明的决定和行为。但有什么证据表明这种内部装置确实存在，可以帮助我们做出正确的选择呢？也许更重要的问题是：怎样把有机体价值过程的操纵与文化价值的影响分离。也就是，“学到的”和“天生的”界限在哪里呢?

心理分析学家批评罗杰斯忽视无意识过程。罗杰斯提出过非充分象征性经历，但他的观点是，如果非条件性积极尊重、共情和坦诚存在，个体可以逐步意识到这些经历。对此，心理分析学家否定了这种情况，指出分析说明和情感迁移对理解无意识行为很必要。而且，心理分析显示某一部分个性将永远滞留在无意识水平。

激进行为学家将罗杰斯的理论看作基于对无控制情况的观察。换句话说，他们相信他所主张的许多方面是非条件积极尊重的结果，实际上是不特定的强化的结果。对于斯金纳而言，给某人自由空间，任其为之，这种情况是不存在的，强化总在客观地进行着。可能以来访者为中心的治疗者是通过不自觉的、微妙的强化使患者行为有变化。行为人的行为变化会引起别人对他的不同反应。这种过程长久下去会造成重大改变，以来访者为中心的治疗者将其归因为无条件积极尊重、共情和坦诚。

像弗洛伊德的许多想法一样，罗杰斯的某些设想也空泛且模糊。例如，“有机体经历”包括的内容如此多使其接近于无意义，专业术语“自我构想”和“功能完备”的涵括性过大，几乎不能理解。有时，罗杰斯承认自己不能准确地说明其设想，并且没有有效的研究加以证明。如同弗洛伊德对内部心理的重视的批评也适用于罗杰斯对主观体验的重视。如果把注意力主要放在个体的主观体验，就可能会忽视重要的环境变量。而人类心理与行为的一般性事实是，内心体验与环境事件的协同作用是最为重要的变量。

弗洛伊德、斯金纳与罗杰斯是人类探索自身内心世界、外部行为模式过程的杰出大师，他们以各自的方法论，从心灵、行为的不同角色与层面，探讨了人类精神状态与行为规范，均具有各自深邃的理论与技术，均在社会生活的各个方面发挥着作用，在心理学与犯罪心理学及罪犯改造心理学等领域的作用更为直接与明显，而且，其观点也将深刻而持久地影响并引导心理学、犯罪心理学、变态心理学、精神科学等的发展。虽然他们在各自的哲学论、方法论及具体的学术观点上并非尽善尽美，它们也需要随着生活时代、社会要素与人类自身的心理历程而发生变化，但是其深邃的思想（同时也包含某些失误与教训）是人类自我探索与心灵进化过程中非常值得借鉴的宝贵精神财富，并将进一步展现于人类理性探索的光辉之中。

什么是犯罪动机

动机问题向来是心理学研究的核心之一。本质上，动机是所有引起、支配和维持心理与行为过程的力量。对于人类行为而言，主要存在趋向动机与回避动机。驱动犯罪行为发生的犯罪动机也是如此：犯罪动机驱动犯罪行为，一切犯罪动机的背后都是行为人未被满足的需要。

犯罪动机的概念

关于犯罪动机的概念，在刑法学界与法律心理学界存在着不完全一致的理解，存在着“犯罪性动机”和“犯罪的动机”的观点差异。

犯罪性动机

将犯罪动机理解为“犯罪性动机”的学者，认为犯罪动机，是指刺激犯罪主体实施犯罪行为以达到犯罪目的的内心起因。只有在行为人意识到自己实施的行为是犯罪行为时，其动机才是犯罪动机。显然，这是一种把犯罪动机和犯罪目的联系在一起进行定义理解的说法，如：

“犯罪的动机就是促使犯罪分子去追求某种犯罪目的的一种推动力量。”①

“犯罪动机是一种特殊内容的动机，是驱使行为人实施犯罪行为以达到一定犯罪目的的内心起因或意识冲动。”②

“所谓犯罪动机，是指刺激犯罪主体实施犯罪行为以达犯罪目的的内心起因。”③

“所谓犯罪动机，是指刺激犯罪人实施犯罪行为以达犯罪目的的内心冲动或内心起因。”

犯罪的动机

与“犯罪性动机”不同，“犯罪的动机”是指刺激、促使犯罪人实施犯罪行为的内心起因，它回答犯罪人基于何种心理原因实施犯罪行为。动机的作用是发动犯罪行为，说明实施犯罪行为对行为人的心理愿望具有什么意义。例如：

---

① 王作富著：《中国刑法研究》，中国人民大学出版社1988年版，第178页。

② 马克昌主编：《犯罪通论》，武汉大学出版社1999年版，第383页。

③ 何秉松著：《犯罪构成系统论》，中国法制出版社1998年版，第201页。

"犯罪动机是引起犯罪行为的内心起因。"①

"所谓犯罪动机，专指引起犯罪行为的活动动机，它是行为人推动、引发犯罪行为的内心起因。"②

"犯罪动机就是激起和推动犯罪人实施犯罪行为的心理动因。"③

"所谓犯罪动机，就是推动犯罪并实施犯罪行为的内心起因，亦即激发犯罪人实施犯罪行为的内心冲动。"④

比较上述两种定义，其共同点在于都认为犯罪动机是刺激行为人实施犯罪行为的一种内心冲动，承认其是行为人的主观心理活动。而其不同点在于，前者强调犯罪动机只存在于行为人意识到自己所实施的行为是犯罪行为的犯罪中。换言之，犯罪动机只存在于直接故意犯罪中；后者由于是在犯罪已经成立的情况下来研究行为人是基于何种心理原因实施了犯罪行为，它研究的重点在于根据已经发生的犯罪行为去溯源实施该行为的内心原因（动机），而不要求行为人认识到自己实施的是"犯罪"。依此理解，犯罪动机可以存在于一切犯罪领域，

① 林崇德、杨治良、黄希庭主编:《心理学大辞典》，上海教育出版社2003年版，第302页。

② 罗大华主编:《犯罪心理学》，中国政法大学出版社2007年版，第133页。

③ 邱国梁著:《犯罪动机论》，法律出版社1988年版，第27页。

④ 高格主编:《刑法教程》，吉林大学出版社1987年版，第106页。

包括直接故意犯罪和过失犯罪。因此，将犯罪动机分别理解为“犯罪的动机”和“犯罪性动机”造成的最大分歧在于犯罪动机的本质特征与存在范围的差异。

从刑事学科一体化的发展要求来看，动机概念及犯罪动机概念的统一是必然的要求。[①]心理学科动机理论与犯罪心理学研究的犯罪动机理论在犯罪问题研究中占有重要的支撑地位，犯罪动机理论为犯罪学科中对犯罪者的主观恶性与社会危害性的定位与确认提供理论与支持。犯罪动机是动机的下位概念，犯罪动机的本质特征必须符合作为其上位概念的动机的本质特征。虽然动机与目的存在着较密切的关系，都与人的需要与目标导向相联系，但是，行为目的与行为动机存在着本质上的差异，犯罪动机与犯罪目的也是如此。不能因为两者关系密切而将两者的本质概念相联系，甚至以其中一对象作为另一对象确定的条件。不然，在区别与运用此两个概念时势必造成混淆、混乱。这种担心并不是主观臆想的，在实际的刑事立法与司法活动中对于犯罪动机与犯罪目的的界定上已经表现出一些问题，如对目的犯的确定（我国刑法典中的目的犯多数实质上是动机犯）。但在心理学与法律心理学领域，由于动机概念的相对一致以及与目的、目标概念的明确

① 罗大华著：《罗大华70华诞文集——犯罪与司法心理学》，中国政法大学出版社2006年版，第31–35页。

区分，各动机系统的研究理论与应用更可能是趋于一致与贯通的。

从司法实践的要求来看，犯罪动机之概念不能过于宽泛（虚假的肯定）与有所遗漏（虚假的否定），否则都是对刑法精神的违背。司法人员在审理案件的过程中，无论是故意犯罪，还是过失犯罪，为了正确评价犯罪的社会危害性，对犯罪人的犯罪行为准确量刑，总是要分析犯罪行为的原因。这里的原因不仅包括客观方面，也包括主观方面。而所谓的主观方面，主要包括犯罪故意、犯罪过失、犯罪动机与犯罪目的。之所以要溯源犯罪的动机，就是要从行为主体的主观方面（认识、情感与意志要素）找到其实施危害或邪恶行为的动力根据，找到行为人为其危害行为承担罪恶责任及遭受刑罚的合理性。

无论将犯罪动机理解为“犯罪性动机”或是“犯罪的动机”，犯罪动机都是产生犯罪行为的力量，是犯罪心理结构之动力亚结构中最为活跃的因素，是犯罪行为的直接动力。[①]就犯罪动机与犯罪行为的关系而言，与普通动机相同，犯罪动机发挥着对行为的激发、指向、维持与调整的功能。

① 罗大华主编:《犯罪心理学》，中国政法大学出版社2007年版，第77页。

激发功能：唤起并加强犯罪行为的决定性因素[①]

动机是个体能动性的主要方面，它具有发动行为的作用。相应地，犯罪动机具有激起个人进行犯罪行为的功能。犯罪动机是促使行为人实施犯罪行为的直接原因。对于故意犯罪而言，只有形成了犯罪动机之后产生犯罪目的，才有可能发生犯罪行为。对于过失犯罪或一些特殊的犯罪（如变态型犯罪、激情犯罪）而言，其潜意识的犯罪动机也是客观存在的，只是对于犯罪行为作用的机制与方式有所不同。犯罪动机本身的强度越大，对于推动犯罪行为的动力越强烈，同时，对于犯罪行为成功实施的干扰越大，在犯罪过程中留下犯罪痕迹的可能性也越大。

指向功能：控制犯罪行为的方向[②]

犯罪动机不仅能激发犯罪行为，而且有引导犯罪人指向一定目标或对象的功能。当犯罪人产生犯罪动机，就将注意力与思考力集中于相应的犯罪目标或对象上。直到犯罪目标的实现，犯罪的能量所引起的紧张才能降低或暂时降低。犯罪动机

---

① 梅传强著：《犯罪心理生成机制研究》，中国检察出版社2004年版，第100页。

② 梅传强著：《犯罪心理生成机制研究》，中国检察出版社2004年版，第100–101页。

指向功能的过程，也正是促使犯罪行为人选择达到犯罪目标的手段、方式与发现、寻找有利于犯罪的条件、情境以顺利实施犯罪行为的过程。

维持与调整功能：犯罪行为坚持性与主动性的力量

当行为人被激发犯罪行为之后，犯罪动机就发挥着坚持性的作用。尤其是当犯罪行为人感到犯罪过程存在障碍或犯罪目标难以实现时，犯罪动机驱使行为人维持（或加强）已有的犯罪行为，也包括以较大的意志力克服犯罪中的困难、危险，以及适时地进行犯罪目标的调整（侵害对象、手段、方式、时间等）、转化，最终达到满足其内心欲望的目的。

总之，犯罪动机是推动行为人实施犯罪行为的内心力量。此概念具有更为广泛的内涵，犯罪性动机则是其核心组成部分之一。它不仅存在于故意犯罪中，也存在于忘却犯罪之外的过失犯罪中；将犯罪动机理解为“犯罪的动机”在心理学理论与司法应用中更具有合理性与科学性。

犯罪动机理论

心理学中出现过许多动机理论，每一理论都有不同的关注点。在此，简要回顾。

具有代表性的动机理论及其在犯罪动机理论中的体现：本

能理论、需要理论、诱因理论与强化理论、认知理论。

本能理论

本能理论是心理学中最早出现的动机理论，即以本能的力量解释动物与人类行为的动机力量。典型本能倾向的心理学家有詹姆斯、麦独孤与弗洛伊德。其中，经典的精神分析学说对人类本能的分析与应用较为系统。

本能概念来自生物进化论与习性学，是有机体在进化过程中形成并通过遗传机制固定下来的、不学而能的行为和内心倾向。[①]它对于维持有机体的生存与种族延续具有重要的意义。本能是生命的基本要求、原始冲动与内驱力，具有根源性（来自人机体内部的需要）、目的性（满足需要并重建平衡）、对象性（指向特定对象）与动力性（行为驱动性）等特点。

詹姆斯认为，人类具有其他动物也具有的本能与自身特有的本能，包括敌对、好斗、玩耍、同情、狩猎、恐惧、建造、渴望、友善、好奇、清洁、害羞、谦逊、隐秘、嫉妒、母爱等。通过描述各种本能及其在人类进化中的适应方式，就可以解释行为是如何被激发的。[②]

---

① 林崇德、杨治良、黄希庭主编：《心理学大辞典》，上海教育出版社2003年版，第49页。

② ［美］赫伯特·L.彼得里等著：《动机心理学》，郭本禹等译，陕西师范大学出版社2005年版，第33页。

麦独孤认为，本能不仅是以特定方式做出反应的一种倾向，而且每一种本能都是力量性与目的性的结合，都由认知成分、情感成分与意动成分构成。麦独孤列举了一系列的本能名单，包括觅食、攻击、好奇、厌恶、父母关爱、逃跑、同情、合群、自负、性活动、求助、建造等。它们不仅可以由特定的对象所激起，也可以由该对象的观念或者其他对象以及它们的观念所激发。[①]

弗洛伊德认为，本能是一种激发人们行为的强大而永恒的力量或驱力，是张力的源泉，分为生的本能与死亡本能两大类。[②]生的本能代表积极向上的力量，包括饥饿、性欲、爱和嫉妒心等，它们与自我保存和种族生存有密切关系，其中以性欲最为强大；死亡本能代表破坏与灭亡的力量，它要求恢复无生命状态，施加趋向死亡的压力可以直接指向内向性的方向，如自杀、受虐，也可以指向外向性的方向，如攻击行为、憎恨他人、违法犯罪等。这种本能倾向还可以间接、曲折地通过罪恶感的冲动（如青少年犯罪人由罪恶恐惧与赎罪动机而导致的犯罪行为）、防御机制的强化（如犯罪合理化、犯罪意念的反向作用、投射作用）与人格的冲突（如过于强大的本能对于道

---

① ［美］赫伯特·L.彼得里等著：《动机心理学》，郭本禹等译，陕西师范大学出版社2005年版，第33–34页。

② 刘恩久等编著：《心理学简史》，甘肃人民出版社1985年版，第213页。

德化自我的压抑或者超我的过于严厉）等方面表现出来。[①]

可见，以本能理论来解释犯罪动机，强调人类在生物进化过程中具有的行为方式力量对于人的行为冲动性的影响如下：

（1）本能力量强大、持续而广泛地作用于犯罪行为；

（2）本能性犯罪动机具有及时快乐性；

（3）本能与目的性相结合在行为中共同发挥作用；

（4）与本能相伴随的罪恶感（如罪恶情结）、无意识的防御机制与人格（本我、自我与超我的冲突）是犯罪动机的重要体现；

（5）精神分析特别强调性本能在犯罪动机体系中的价值。

需要理论

需要理论认为行为的能量、方向与坚持性应该归于需要的存在；行为的动机来源于需要；我们生来就具有一个有限系列的需要。需要理论的主要代表人物有默里、麦克莱兰德与马斯洛。

默里提出，人类可以通过一系列有限的需要来描述个体行为的差异。他通过主题统觉测验测量出人类具有的需要及其强度：性、攻击、游戏、谦虚、归属、成就、援助、感觉能力、表现、避免伤害、防卫、服从、拒绝、统治、自治、理解、秩

---

① 刘邦惠主编：《犯罪心理学》，科学出版社2004年版，第107–108页。

序等。

麦克莱兰德则用40多年的时间来验证人类的附属需要、权力需要与成就需要，并主张成就需要在人的行为中起主要的作用。[①]

需要理论的集大成者是人本主义心理学家马斯洛，他提出了著名的需要层次理论：人类的需要是有层次的（基本需要层次）；需要分为缺失性需要与成长性需要；较低层次的需要得到满足或者部分满足，其上位的需要就会自然出现，也才能够出现；已经建立起来的高位需要对其下位的需要具有强大的调节控制作用力。需要的基本层次具体体现如下。

（1）生理需要：对食物、水、性等的需要。

（2）安全需要：对安全、保护、远离危险，以及身份、地位稳定性的需要。

（3）归属与爱的需要：与他人交往，被接纳、归属感的需要。

（4）尊重需要：获得他人尊重、承认、赞美与自尊、成就感、能力的需要。

（5）自我实现的需要：寻求自我完善与个人潜能的充分发挥。

---

① ［美］罗伯特·E.弗兰肯著：《人类动机》，郭本禹等译，陕西师范大学出版社2005年版，第13页。

二十世纪六七十年代，该需要理论增加了以下三项层次。

（1）认知需要：认知理解与发现的愿望。

（2）美的需要：审美的需要（匀称、秩序和美）与创造美的需要。

（3）超越的需要：对自然及人类共同命运的精神需要。①

以需要层次理论来理解犯罪动机，强调对个体需要的满足是犯罪行为的原动力。

（1）人的需要是犯罪动机的基础，没有需要就不可能出现犯罪倾向；

（2）人的需要是有层次的，不同层次的需要与需要强度可能引发与强化不同类型、方式的犯罪；

（3）基本生理需要缺失与生存有关，而高级需要与成长有关，这直接体现于犯罪动机的回避动力与趋向动力方面；

（4）人的需要会与外界因素相互作用共同影响犯罪行为的发生；

（5）人的需要具有强度与个体差异，这导致犯罪动机具有差异性；

（6）人的需要具有类本能②与交互作用的特征，这是人的

---

① ［美］弗兰克·G.戈布尔著：《第三思潮：马斯洛心理学》，吕明，陈红雯译，上海译文出版社2001年版，第39页。

② 类本能是马斯洛提出的一个概念，其包含两层含义：（1）人性的高层次内容是内在的、本能的；（2）这些高层次的心理动作机制类似于本能，但并不完全等同于本能。

犯罪动机的攻击性与其他动物攻击性的本质差异。

诱因理论与强化理论

诱因理论与强化理论来源于共同的行为主义的理论基石，即条件反射原理。[①]行为主义心理学在不同时期的代表人物有华生、赫尔、斯金纳、班杜拉等，他们的观点代表了行为主义发展在不同时期的不同侧重点。

华生的经典行为主义：华生作为行为主义的创立者，以经典条件反射原理为基础，相信学习的原理可以比本能或需要更好地解释人的行为。他断言，人有三种原始情绪反应（恐惧、愤怒与爱），所有其他的情绪都是从这些基本的情绪中习得的。在不同文化环境中长大的人的行为有迥然的差异，即刺激种类与方式完全可以解释行为的类别与方式（刺激-反应联结，即S-R法则）。人的行为及性格是环境塑造的产物，人之所以违法犯罪也是由他所处的环境与教育造成的。华生的名言是"给我一打健全的儿童，不管他们的出身地位、家庭背景、肤色、身高与父母的情况，我可以用我自己的方式把他们变成社会所尊敬的律师、教师、医生，也可以把他们变为乞丐、小偷、流浪者和违法犯罪者"。早期的行为主义者相信，人的良

---

① 乐国安主编：《应用社会心理学》，南开大学出版社2003年版，第337–342页。

心与违法犯罪的倾向都是一种条件反射，社会环境的消极刺激是导致犯罪行为发生的根本性动力因素，而行为的坚持性完全取决于行为和刺激因强化而建立的牢固联系。英国心理学家艾森克也持有相似的观点，认为在个体成长的社会化过程中没有形成对道德性与社会性行为条件反射的人就容易犯罪，其中，越是外向性的人就越难以稳定地形成这种道德化条件反射而容易走向犯罪的道路。

赫尔的驱力－诱因理论：虽然持有行为主义的基本观点，但却以驱力与诱因作为人的行为动力的来源。一种驱力被激活将导致随机行为，行为过程中此随机行为能够降低驱力；随着驱力的不断降低，机体就形成了一种习惯，即习惯具有了行为的动力性：行为＝驱力 × 习惯。之后，诱因动机（K）又被引入行为动力的解释中：如果一个目标在达到之前就能够影响行为，那么有机体肯定在一定程度上已经预期到了目标的可获得性，此诱因（包括目标与奖惩）、驱力与习惯共同发挥作用，即行为＝驱力 × 习惯 × 诱因。显然，驱力－诱因的动机理论对于理解情境（机会）型犯罪与情绪型犯罪有较好的帮助。[①]

斯金纳的操作性条件反射理论：新行为主义者通过大量的实验证明，动物与人类的行为学习在没有降低生物驱力的情况

---

① ［美］罗伯特·E.弗兰肯著：《人类动机》，郭本禹等译，陕西师范大学出版社2005年版，第16页。

下也会发生，行为的发生并不一定要降低内驱力。[1]行为只是在外部奖赏的控制下才出现：积极的奖赏增加行为出现的可能性，消极的奖赏则会降低行为再次出现的可能性。此所谓行为强化法则（S–R法则）。当然，行为只是在有些时候得到奖赏（部分奖赏）而不是每次在做出符合愿望的行为都得到奖赏时，其行为坚持性要强得多，部分强化法则（部分强化程式）可以很好地预期不同形式的坚持性。行为强化的相倚性决定了行为的能量、方向与坚持性，犯罪行为的动力就是来自外部的奖赏强化，而不是别的力量。控制好与个体奖赏相关的社会刺激与社会事件就能较好地控制犯罪现象。

班杜拉的社会学习理论：在承认强化原则的同时，对外部奖赏导致行为的观点提出了挑战——仅仅通过观察到别人的行为得到预期的结果，而获得一种新的行为。人类的许多行为（尽管不是全部）来自行为者对环境信息的加工，如旁观者效应与替代性动机。“一般说来，看到别人的攻击性行为得到酬报或惩罚时，将增加或减少观察者进行同样尝试的倾向。”[2]作为观察攻击行为的结果，个体会建立起关于攻击行为将适宜于某些环境的思想。这种期望可以看作“如果–那么”学习模式：

---

① ［美］罗伯特·E.弗兰肯著：《人类动机》，郭本禹等译，陕西师范大学出版社2005年版，第16–18页。

② 乐国安主编：《法律心理学》，华东师范大学出版社2003年版，第22页。

"如果这种情况出现，那么这就是适宜的行为。"所以，许多个体的行为是由个体过去观察到的信息引起的；越轨与违法犯罪行为可以由行为人过去观察到的事件或行为引导。

从行为主义的强化理论与诱因理论理解犯罪动机，可以发现其典型的环境决定论的观点。

（1）主张环境文化在犯罪动机与犯罪行为发生中不可替代的地位与功能，此为环境决定论的核心倾向；犯罪行为一旦实施，它对于后来的行为就具有了潜在而持续的驱动力，如同多次的犯罪形成犯罪习惯，从而渐渐地形成犯罪性人格一样。

（2）忽视生物因素或心理需要的动机激发作用，虽然行为主义的后期如社会学习理论中注意到所谓"神秘的生物学因素"对攻击行为、暴力行为的力量，但至少这不是强化理论与诱因理论所集中关注的方面。

（3）差异性解释环境发生作用的因素与机制：经典的行为主义强调犯罪行为的发生与消极刺激－消极反应的条件反射性联结；强化与诱因理论则主张外部奖赏与习惯、目标、奖惩诱因动机的作用；而社会学习理论认为犯罪行为的来源（能量）、方向和坚持性可以用行为者主体的过去信息加以解释（认知加工的取向）。

（4）犯罪行为，如同其他行为，是后天习得的，同时也是可以改变的。对于犯罪动机的研究以对人类攻击性研究为切入点，对包括违法犯罪现象在内的社会现象的研究与社会应用

（犯罪预防、预测与罪犯心理矫正、回归社会）的关联性较高。

（5）对于犯罪行为与犯罪动机的研究具有客观行为研究的特征，其中一些原理对于犯罪动机的实证研究（如犯罪模拟实验、犯罪行为分析的心理画像技术）具有较好的示范性与可操作性。

（6）犯罪动机与犯罪行为是由外界的环境及情境因素引发与维持的，完全可以由有控制的环境因素进行改变（包括犯罪预防与犯罪人矫正）。

认知理论

动机的认知理论之根源来自托尔曼、勒温、皮亚杰、柯尔伯格、费斯汀格与罗特等学习理论家、人格理论家、发展心理学家、信息加工心理学家的观点。

托尔曼的目的性行为：托尔曼以整体研究的观点，认为人与高等动物的行为都具有认知与目的性，具有期望–价值的倾向，期望在特定行为指向目标的过程中形成，包括对特定指向目标的预期与在特定位置发现特定目标的预期（称为“认知地图”）。[①]对于潜在的犯罪人而言，当与被称作价值（犯罪结果）的动机结构相结合时，犯罪预期就是对特定犯罪目标的

① ［美］赫伯特·L.彼得里等著：《动机心理学》，郭本禹等译，陕西师范大学出版社2005年版，第204–206页。

预期与在特定场所以特定方式发现犯罪目标的预期。犯罪行为发生的概率不仅取决于犯罪目标对于个体的价值，而且取决于个体对于实现犯罪目标的期望。

勒温的动机观：勒温从人格结构的角度来探讨动机系统的功能机制。当潜在需要（生理需要与心理需要）变成实际需要时，就会产生紧张，紧张通过散开或者位移而完成释放过程。只要任务没有完成，紧张就会持续增长，反过来，紧张又会使得有关任务的信息更多地自动回忆起来；紧张的系统继续激发行为，直到任务完成得让个体感到满意为止。[①]这一机制——蔡加尼克效应也可以部分解释犯罪人持续性犯罪行为的发生原因。

认知一致性的动机理论：其理论的根源来自人们需要保持与体验认知的一致性，主体内部认知的一致性和主体关于周围人际关系及事件的信息的一致性。行为主体具有一致性的信息有助于内心的平静与环境适应（至少主体的主观印象是如此）。人们倾向于特别注意与自己已有的信息或态度一致或相似的信息、态度、价值观、刻板印象、行为习惯，而忽视那些与已经存在的行为、态度不相符的信息。[②]寻求认知的相对恒

---

① ［美］赫伯特·L.彼得里等著：《动机心理学》，郭本禹等译，陕西师范大学出版社2005年版，第207–208页。

② ［美］罗伯特·E.弗兰肯著：《人类动机》，郭本禹等译，陕西师范大学出版社2005年版，第44–45页。

定性是导致人们行为的潜在动力。这一过程包括意识的认知与态度控制过程，也存在潜意识的自动认知加工过程。认知一致性理论对犯罪动机的理解可以帮助解释行为主体在众多而复杂的社会信息中对于犯罪目标的认知选择性，以及犯罪成员对一个不良个体、不良团伙效忠问题，即使行为主体对这一个体或团伙并不满意时。

皮亚杰与柯尔伯格的道德认知理论[①]：此理论从个体发展的角度，以同化与顺应的机制，主张认知结构与动机过程、价值观念及道德水平相联系。皮亚杰提出了随着个体认知的发展，其道德判断经历着无律（无道德）、他律（权威道德）、自律（自我道德）的发展；柯尔伯格继承性地提出了道德发展的前习俗水平、习俗水平与后习俗水平的三水平、六阶段的发展理论。大部分青少年犯罪人的道德发展处于前习俗水平、大部分成年犯罪人的道德发展已经处于习俗水平的现实，可以提示我们：道德发展与违法犯罪之间存在复杂的关系；道德认知与道德情感发展的相对落后与低水平直接或间接地成为犯罪行为发生的（隐蔽的）内在动力。

另外，在认知学派的影响下，还进一步发展了对动机探讨的内隐理论（对社会规范或者亚文化规范的习得在前意识、无

---

① ［美］理查德·格里格、菲利普·津巴多著：《心理学与生活》，王垒等译，人民邮电出版社2003年版，第318–320页。

意识水平上进行）、归因理论（对成功与挫折的内部或外部因素归因影响到其进一步行为发生的概率）、成就理论（成就动机与成功概率、诱因值紧密相关）、认知－情感理论（行为动力受到处理事件信息的认知活动与其相应情绪－情感相互作用的影响）。[①]它们共同构成了动机的认知理论。

由此观之，以认知理论来理解犯罪动机时，可以发现：

（1）强调认知因素（认知与目标）作为行为人主体的心理因素在犯罪动机中的作用。这是对人类动机探索的理性回归，它与本能理论、需要理论与强化理论都存在显著的差异。

（2）大多数犯罪是理性选择的行为，行为人对自身经历的事件，尤其是挫折、威胁与利诱事件的归因、评价等认知模式可以成为直接激发犯罪行为的力量。

（3）内隐性的认知，如对挫折、失败的自动消极归因等习惯性错误思维可以导致错误的认知结果，这是诱发犯罪的无意识动力之一。

（4）道德性认知成熟水平较低更可能伴随行为的冲动性与原始性，道德认知可以成为越轨与犯罪的潜在因素。

（5）情绪、情感与认知的协同作用是理解动机系统的主流倾向，即对恐惧、焦虑的回避和对快乐、幸福的追求，与主

① ［美］赫伯特·L.彼得里等著：《动机心理学》，郭本禹等译，陕西师范大学出版社2005年版，第214–217页。

体对行为后果的归因、价值期待、自我效能感共同促成犯罪行为的出现。其启发意义：情绪与情感不仅仅是与动机关联的因素，而且是动机、犯罪动机的构成成分之一。此是动机与犯罪动机探讨中特别值得注重的新趋向。

（6）认知因素的改变可以成为调节犯罪动机的重要策略之一：改变潜在犯罪人的错误思维模式、挫折的认知评价技能、人际认知技能训练、人生规划指导等技术可以成为犯罪动机检测、预防与改变的有效策略之一。

从本能理论、需要理论、诱因理论与强化理论、认知理论等动机理论可以看出，普通行为与犯罪行为都是由多因素的动力体系引起的，犯罪动机则相对更为隐蔽而复杂。人的动机系统与犯罪动机是一种多维度、多层次的体系：本能、内驱力与需要引起行为基本倾向，目标、奖惩、环境产生的挫折与威胁及个体的认知系统加强了行为动机的方向性与坚持性。各个动机理论从某一角度出发说明了动机的某些合理性，但是，动机的各因素（生理、环境、自我认知及“情绪”）与多层机制整合的取向更有利于全面地探索神秘的行为动力与犯罪动机。

犯罪动机动态性的特征表明：犯罪动机是犯罪心理结构中最为活跃的力量之一。犯罪动机的变化表现为犯罪动机的形成过程，犯罪动机自身随着犯罪行为实施之前、期间与之后的演化。这种变化既包含性质与方向的转变，也有强度、形式与动机斗争方面的演变。

犯罪动机的发展

犯罪动机形成的因素与过程

犯罪动机是行为人内外因交互作用的结果。

一定强度的需要促使犯罪动机形成

许多的犯罪动机是犯罪人的需要的直接体现，犯罪人的需要是引起犯罪动机的直接因素。潜在犯罪人与普通行为人一样，存在从生理需要、安全需要、交往与亲密关系的需要、尊重需要到成长性需要的多层次的需要系统，它们都有可能成为犯罪动机的现实因素。行为人的这些需要，如果与不良刺激（犯罪诱因、犯罪目标）相结合，或者主体主观判断、预期的错误（犯罪构成中的认识错误），选择不法的手段去满足这些需要，就会形成犯罪动机。但由于客观上存在犯罪行为遭受严厉惩罚的可能性（即反对动机的作用），只有那些具有中等或中等以上强度的需要才有足够的内驱力成为犯罪动机的来源。而个体在特定时期或特定情境下的优势动机（或主导性动机）最有可能成为犯罪动机的能量。

外部诱因诱导犯罪动机形成

在犯罪动机的形成因素中，外部诱因是另一重要的方面，除了中等或中等以上强度的需要与外部诱因相结合之外，还有一部分犯罪动机主要或直接由外部诱因引起。这时，犯罪动机是犯罪行为人对适合于犯罪的特定情境或诱因直接做出的心理反应。[①]犯罪行为人具有的需要并不一定很强烈，主观上也不必然考虑对错误方式的选择。正如与绝大多数情绪型犯罪、情境型犯罪一样，其犯罪动机在相当大的程度上具有境遇的性质。

自我调节的力量

当行为主体面对趋于形成犯罪动机的需要与积极的诱因及其相互作用时，其自我调节的力量起着关键的作用。[②]自我调节的力量来自两个方面：自我监督系统（道德与法律观念、法律情感对行为的调控作用）与认知判断系统（行为人对利益与损失的权衡、对主客观力量促使犯罪成功实施可能性的判断、对逃避刑罚处置的可能性的判断）。需要与诱因的力量只有经过主体意识对动机可能导致的奖赏与惩罚的斟酌才能使行为人最终选择或放弃犯罪动机。此种清醒意识的评价主要包括犯罪动机指向的犯罪行为得到的利益、快感及其可能性，遭受惩罚（身体、物质与精神方面）的大小及其可能性，以及两者的比较。此时动机斗争的核心就是利益与损失的权衡，动机冲突的分野在于行为人自己选择“去做坏事”还是“不做坏事”。

---

① 罗大华主编：《犯罪心理学》，中国政法大学出版社2007年版，第134页。

② 罗大华主编：《犯罪心理学》，中国政法大学出版社2007年版，第135页。

犯罪动机形成的阶段

犯罪动机的形成经历犯罪意向、明确动机与犯罪决意三个阶段。①

萌发阶段：犯罪意向

当犯罪的某种需要被犯罪主体明确意识到或被外界诱因唤醒，而且需要的满足与抽象的犯罪手段相联系时，处于犯罪动机的萌发阶段，即犯罪主体有了犯罪意向。犯罪意向只有行为人认知（或部分认知）因素的参与，缺乏相应的犯罪意志成分。此时的犯罪动机具有初始性、模糊性，主体意识不够清晰（处于部分意识或前意识水平）。

过渡阶段：明确动机

当行为主体在犯罪动机萌发的基础上利用某些方面，比如利用自我监督系统与认知判断系统对动机及其可能目标、结果进行价值、道德、法律与利弊评价，最终明确地选择犯罪动机，并开始确定犯罪目标时，行为主体的犯罪动机就已明确。此时，犯罪动机完全上升到行为人主体的意识层面，具有完整的认知、情绪–情感与意向成分，是清晰与明确的犯罪动机，具有基本动力性质。②此阶段的动机冲突与斗争呈现出来，并

---

① 梅传强著：《犯罪心理生成机制研究》，中国检察出版社2008年版，第105–106页。

② 罗大华主编：《犯罪心理学》，中国政法大学出版社2007年版，第135–136页。

且，反对动机波动性地持续发挥作用。

定型阶段：犯罪决意

行为主体进一步将犯罪动机与犯罪目标相结合，在犯罪目的的指引下，进入犯罪预备状态（如制订犯罪计划、准备犯罪工具、选择犯罪方式、确定犯罪时机与侵害对象等）。此时，犯罪动机结构的各成分更加确定与稳固，其激发、指向功能得到强化。在此阶段，动机斗争仍然存在，反对动机虽然持续存在，但最后让位于犯罪动机。[1]

---

① 罗大华主编：《犯罪心理学》，中国政法大学出版社2007年版，第133–134、156页。

犯罪动机的成分

犯罪动机在本质上是行为人未被满足的需要，而犯罪动机本身是由多因素决定的，也存在发生的多机制模式。其中本能与需要引导犯罪动机的行为倾向，而犯罪动机的行为激发与维持同犯罪目标及威胁（客观的或主观的）存在更为密切的关系。对犯罪动机结构的探讨包括犯罪动机的因素、成分与机制三个方面，犯罪动机具有生物性、习得性、认知性、情绪性四个维度。相应地，它们各自可以从生理、环境、个体、社会及哲学水平或潜意识水平，犯罪性倾向及攻击性倾向的角度进行分析解构。其中，对犯罪行为具有直接驱动动力的正是犯罪动机的具体成分。

犯罪动机的生物性维度

犯罪动机的生物性维度是对犯罪动机之生物性构成因素、成分与机制的分析。它们多数探讨的是犯罪动机的自然基础，是从犯罪动机的生理水平上进行分析的。

在众多的生物因素的影响下，犯罪动机的生物成分集中而典型地体现为与犯罪动机内在联系的各种本能、本能性需要。

本能是动物与人类在进化过程中形成并由遗传传递下来的、不学而会的能力，它以固定行为模式的方式发挥着作用。它是生物进化的产物，是适者生存与稳定者生存原则的体现。当然，在人类身上，本能动机在发挥的功能与方式上并不完全等同于一般动物。

求生本能动机与犯罪

人类的求生本能源自比现在有更多风险的远古时代，那时的人类面临着许多的危险，对求得生存的不断努力演化出更有利于生存下去的行为模式。例如，对于毒蛇、有毒食物、病原体、凶猛捕食动物，人类可以不假思索地立刻做出生存反应（战斗与逃跑系统），甚至在没有预警的状况下面对生死关头时，人类的求生本能让其有能力逃过劫难。为何我们都喜欢高热量食物，即使现在（理性上）明知道它不见得有益？为什么小孩懂得声嘶力竭地哭闹来获得想要的一切？在突然面对生死存亡的时刻，我们的求生欲望变得比平时更强。这些都是我们潜在求生本能的体现。现代社会里，多数人的生存在许多情况下并不存在威胁，并不像原始时代人们的求生状态，只是由于个体社会地位的差异而存在相对的生存威胁。各阶层、各个体的地位各不相同，但他们都在个人利益及社会地位、利益的驱使下，为自己的目标努力。由于资源分配的不均衡与不平等，社会成员之间并不具备平等的竞争力。某些个体的利益存在相对剥夺状态或者自我觉知为被剥夺状态时，就可能激发起另一种水平的求生本能。

与传统社会相比，现代人生存所包含的条件更为丰富而广泛，它们均可能成为行为人安全型犯罪动机的指向。特别值得注意的是，现实的生存危机并不多见，它更多地与个体自身的评价与主观预想相联系，即使主观性的生存危机同样也会发生客观的推动作用，同样也能驱使行为人做出错误行为的选择。

另外，现代的人们在求生本能的激发下，也会自发地、不时地测试或者证明自己的求生本能：自我挑战危险境地，如极限运动、冒险游戏，自动启动战斗与逃跑机制，此时的勇敢并非勇敢，而是本能而为之，在恐惧与焦虑中体会风险与自我奖励。它们在犯罪中表现为专注于冒险性过程的犯罪，其犯罪动机是在公开、挑战性地对抗权威（政府与司法机关）的犯罪活动中证明自己包括体能、智力、勇敢与冒险精神的求生本能。这种犯罪动机可能具有常态下的冒险心态，也可能具有病理性追求刺激的变态性。

在已经建立起来的较高级需要或动机体系中，在其实现满足的过程中遇到客观强大的威胁或者主体认为难以克服的困境时，这些高级的行为动机很可能退行到较为低层次的需要、动机体系中。犯罪人在自我价值实现的动机受挫后，其安全动机可能重新占有优势地位，并在一段时间内于其生活与行为中发挥主导作用。

作为人格结构与发展过程中的核心力量，以财物占有动机与安全动机为主的生存型犯罪动机进一步的发展结果在内心世界与价值观方面的稳定的体现就是生存型犯罪性人格。

性本能动机与犯罪

性本能是经典精神分析理论中“生的本能”的典型代表，是本能的主要内容之一，主要代表内心积极向上的力量（爱的力量与建设的力量），它执行及时快乐的原则，具有需要周期性满足的特点。[①]性本能的力量与生俱来、非常强大，而且具有生物竞争的排他性，当其满足的过程遇到挫折时，这种强大的力量被自我与超我压抑（用现实的原则与道德、理想原则进行调节），即对性本能的力量引导为延时满足、转移方向以及升华为社会认可、赞许的活动。[②]当这种自我调节因为性本能本身过于强烈，或者没有得到社会情境的积极强化或者在转

---

① 陈仲庚、张雨新编著：《人格心理学》，辽宁人民出版社1986年版，第58–59页。

② 林崇德、杨治良、黄希庭主编：《心理学大辞典》，上海教育出版社2003年版，第1106页。

移、升华中遭遇挫折时，性本能就可能因为高自尊心水平、道德的威慑力量而被压抑到潜意识中去，成为日后可能出现的神经症、性变态等精神障碍和反叛意向的力量来源。性本能满足受挫的另一种情况是，性本能的力量被自然地看作自我存在的力量代表，是自尊的物质基础，是自我价值的物质与精神载体，性意向的表达与实现受挫，代表了对自我的否定与自我价值的贬低。为了证明自我的存在与价值，恢复自尊心水平，性本能就容易与另一种本能“死亡本能”耦合，由性本能原先强大的“展现”力量转化为“对抗攻击”力量。如此，强烈的性本能就成了性犯罪的力量，如强奸犯罪动机的性欲动机、征服动机、自尊动机、变态满足动机等；强烈的性本能也可能延伸为其他的犯罪动机：由性压抑而表现的潜代性（象征性）满足的犯罪动机，如纵火动机、报复性动机、自我毁灭动机、自我价值动机等。在现实的暴力犯罪案件中，有相当部分的行凶动机来自性嫉妒（对性意向对象的嫉妒与性竞争者的嫉妒），而且受到性本能冲动性作用力之强烈与周期性的影响而具有高度的破坏性与毁灭性。[①]

相应地，以性本能动机及相关动机为主的犯罪动机进一步发展，其结果在内心世界与价值观方面稳定的体现就是性欲型

① 吴宗宪主编：《法律心理学大词典》，警官教育出版社1994年版，第392–393页。

犯罪性人格。

求生本能动机与性本能动机都是需要层次中的第一需要层次，也都是低层次的需要，是精神分析的人格结构中本我的构成成分，自然地执行及时快乐原则，由生理需要引发的犯罪动机相应地具有原始性、冲动性。

竞争本能与犯罪

竞争普遍存在于人类社会成员之间。人类个体都是无数世代以前，在恶劣环境下挣扎并成功生存下来的远古祖先的后代，其间演化出来的竞争本能仍然隐藏在我们的身上：人类的饮食习惯（动物能量与植物营养的摄取）不仅能够促进高级脑部神经系统的充分发育，还能进一步激发我们与动物生存相关联的竞争本能；我们的脑力和直觉反应，让我们成为地球上最具有成功适应性的物种；我们的身体在胜出时感觉美妙，挫败时感到沮丧，这驱使我们不惜代价去追求胜利。作为个体，我们还在胎儿时，就与母亲争夺营养，出生之后就与兄弟姐妹争取他人的关注，甚至在我们没有意识参与的情况下，与同学、朋友、同事分等级竞争。我们所处的社会环境也时时处处都明显存在或潜藏着竞争，竞争的产生主要是由于个人或利己集团的利益驱使。我们在多数情况下只会在有机会获胜的情况下去竞争（犯罪行为的发生绝大多数情况也是如此）；在纯粹的竞争本能的作用下，几乎没有人能够始终如一、心甘情愿地选择损己利人的行为。当相互之间发生利益冲突时，人们在有意识或者潜意识中都希望自己超越别人，力图战胜别人，甚至损人利己也在所不惜（竞争目标高于一切，因而不择手段地竞争）。

恩格斯在《政治经济学批判大纲》中指出：竞争支配着人类在数量上的增长，也支配着人类在道德上的进步……这种规律性证明犯罪也受竞争支配。竞争的消极性普遍存在，主要表现为竞争使人增加挫折感，产生强烈的压力与威胁，诱发敌意与报复心理，可能导致越轨行为与犯罪。[①]

存在竞争就必然存在胜出者与失败者，竞争的失败也必然导致失败者不同程度的失败感与挫折感。面对竞争的挫败，如发生于公平的竞争环境（或者主体认为是公平的竞争），以及行为人对失败进行客观归因，其失败往往不至于导致强烈的挫折感与自尊心的损伤，从而行为人可能从失败中吸取经验教训，利于下次竞争中的积极努力。而如果行为人主观认为存在不公平的竞争环境，或对自己的失败进行了不恰当的归因（如极端的外归因或极端的内归因模式），那么行为人面对失败而产生的挫折感就会变得非常强烈甚至对自我价值感产生怀疑。对此，行为人或者会变得自我放弃，无所作为，或者寻求其他途径去消除自己的无价值感与低自尊状态。犯罪动机的出现就

① 林崇德、杨治良、黄希庭主编：《心理学大辞典》，上海教育出版社2003年版，第643页。

是这种心理补偿的一种极端表现。竞争本能与犯罪之间存在的联系在青少年的越轨现象中尤其明显：青少年走向违法犯罪的历程，部分动力就是来自在同伴竞争中的失败（教师、家长与同伴的低评价带来的伤害）。他们通过加入消极团伙（也存在着安全本能的动机）、铤而走险的行为或引人注目的冒险行为来证明自己的能力与勇敢。也就是说，由竞争本能所引发的犯罪动机是正常情境中竞争失败的补偿，是寻求其他途径的自我能力与价值证明的一种结果，如商业领域违法竞争或通过违法途径去战胜对手（竞争的成功结果本身并不是或并不完全是唯一的动机或目标）。由补偿动机引发的犯罪动机还可能与由主体的阴暗面出发的报复动机相结合，使得主体的犯罪动机更具有破坏性与主观恶性。

与竞争本能相关的另一种犯罪动机体现于犯罪群体之中：在犯罪群体的竞争中，犯罪动机强度、情感与行为等表现为"勇敢、大胆"的行为倾向（如少年团伙犯罪的疯狂、极端行为可能在其个体行为中并不会出现），希望从同伙或犯罪组织者处得到更多的认可、更高的地位。其间，竞争本能更多的是以潜意识的方式发挥作用，并且与群体的压力（群体规则压力与权威压力）共同作用。同时，竞争本能动机还会受到社会情境影响诱发动机的强化，并可作为动机成分结合到生存型与自我实现型的犯罪性人格中。

勇敢动机与犯罪

所谓勇敢，是指不怕危险与困难，或者有胆量。勇敢的动机与行为是生物在进化过程中，由残酷的生存竞争、对抗环境而形成的一项遗传特性。勇敢这一概念，大致对应于人格特征中的“敢为性”变量，但与攻击性、利他主义的概念紧密联系。勇敢行为、利他行为与攻击行为在动物与人类身上都非常普遍，它们都是生物适应与进化的产物。人类的勇敢本能会利用我们有意识或潜意识的某种方式保护我们，捍卫我们自己的利益。具有勇敢行为特性的动物或者人类个体在环境生存与发展中更具有成功的机会，其后代通过遗传而习得的这一本能特性也使得其更具有竞争的优势。人类勇敢行为所保卫的对象首先是自己以及与自己有相同、相近基因的家人，人类会冒着生命危险或以自我牺牲的方式救助自己的孩子、家人。研究显示，数百万年以来的进化已经使得我们天生就会在孩子出生后便开始保护他们，并让我们对家人特别宽容。其中，母爱表现为人世间最伟大的爱（当然，从母爱出发也可能产生溺爱与“道德的犯罪动机”）。

在进化进程中，基因为了争取生存与延续，必然直接同它们的等位基因发生你死我活的竞争，其中，攻击性难以避免。当然，动物的竞争、攻击与人类的竞争、攻击的一个重大区别是，动物不论竞争多么激烈，它们依旧把单纯的竞争与置对方于死地清楚区别，动物的竞争与攻击常常只是虚张声势或者会适可而止，相对而言，人类在竞争中，无论是在商战竞争中挤垮对手，还是在身体搏击中制服对手，常常因为人际互动作用而不可控制自己不断升级攻击的冲动，非要置对手于死地而后快。尤其是，人类认为对手是自己成功的挫折源或障碍时，更有一种强烈的先天倾向，即用非理智的仇恨对外来的威胁做出反应，并使敌意逐渐升级去征服威胁，以确保自己的安全。

无论是竞争行为，还是无条件利他主义行为、条件性利他主义行为，都不可避免地有攻击行为的参与。在道德标准的作用下，当攻击行为具有正义性时，我们称之为勇敢；当攻击行为具有邪恶性时，我们称之为犯罪。而在人类的战争这一特定现象中，勇敢与邪恶也许会复杂地交错在一起：士兵的英勇行为往往与愤怒、残忍等举动联系在一起；其中一方自觉到的勇敢精神，很有可能被对方评价为“残暴、血腥”。也就是说，从现象上来看，与“勇敢”行为相联系的并不一定都是社会赞许的行为，其中某些勇敢的品质可以体现于违反社会规范的方面，如违法犯罪中的勇敢行为（我们一般称之为“胆大妄为”）。当野性、冲动甚至于鲁莽、野蛮的动力品质被不恰当地评价为勇敢的品质时，它们在犯罪行为中就会更为自觉而主动地表现为对抗与破坏力量（攻击性）。

勇敢动机中具有遗传、进化中特殊的本能倾向，它在人类的社会生活中扮演着重要的角色。虽然我们多数人并不认同人类都有死亡的直觉、病态的侵犯本能以及要求宣泄的侵犯本能（在病理心理患者身上部分存在），但从本质而言，勇敢动机与精神分析本能理论之生的本能、死亡本能以及习性学之攻击性之间有着密切的内在关系。勇敢动机与生的本能相结合，大多数情况下展现人类的真善美等正义取向，而与死亡本能相结合时，更多体现的是消极性、破坏性的力量。

犯罪既是对他人利益、社会利益的极大破坏，也是行为人破坏本能力量的展现。当行为主体自己认为这种对抗行为并不是代表邪恶（或者是中性，甚至认为代表正义）时，他内心就始终弥漫性地体会到自己攻击性行为的勇敢，而这种积极的体验又会强化已有的行为。犯罪人预期、实施攻击性强烈的行为（如暴力犯罪或残暴的行为），其中就有潜藏的勇敢动机的支持。青少年加入犯罪团伙或有组织犯罪，在封建帮会式“哥们儿义气”的鼓舞下，以胆大冒险者为英雄偶像（或以英雄为榜样的自居作用），以冒险性、破坏性为勇敢的指征，以犯罪活动中的勇猛表现、为同伙承担罪责为荣誉与侠义精神的体现，这大大地助长了他们的犯罪动机与犯罪行为，强化其犯罪性人格。

求生本能、性本能、竞争本能与勇敢本能并非本能的全部，只是本能在现实生活中的典型代表。它们在现实的生活环境中也必然受到刺激激活、强化或者抑制。它们本身也不必然导致犯罪行为。只有当行为人的某项、某些本能过于强烈，主体不能自我控制，而与危害性倾向或途径、方法（可用启发性线索）相结合时，其犯罪动机的现实动力就较可能发生。这种危害性的倾向或途径、方法的选择从根本上来说来自人的攻击本能，而攻击本能本身也同时受到人的生物性与社会性的共同影响。以精神分析的术语而言，犯罪动机是人类“生的本能”与“死亡本能”共同作用的结果。

以求生本能、性本能、竞争本能与勇敢本能为代表的本能动机是人类犯罪动机的生理成分。它们不是生理性犯罪动机成分的全部，只是其典型代表，其他的犯罪动机生理成分更可能是它们的混合体。显然，它们各自在特定的方面对犯罪行为的激发与引导发挥作用。这种作用在特定时刻、情境与特定人群身上可能还非常显著（可以成为犯罪的优势动机）。但人类是自然性与社会性的统一体，犯罪动机也是先天性与后天性及自我相结合的产物，即使原来纯粹的本能动机也会在其环境中得到修正或部分掩盖。人类的本能在现代社会只有极少数属于纯粹的本能（如婴儿的本能需要），而且，生理成分对犯罪动机的作用并非一种直接线性关系，也非决定性关系。在犯罪动机结构中，个体的本能性动机必然与其他社会、社会认知因素结合起来共同发挥作用。

犯罪动机的习得性维度

生理性维度是探讨犯罪动机的一个基础方面，而习得性维度对于全面理解犯罪动机是非常必要的。因为人类个体很多行为的发生、变化与发展都依赖于社会化过程中动机的习得与改变，所以犯罪动机这一特殊动机力量对于行为的作用也是来自外部环境的力量。

犯罪动机的习得成分直接体现为犯罪动机的行为意向成分。犯罪动机的行为意向成分就是犯罪动机的行为倾向的要素，主要包括犯罪诱因力、犯罪目标定向与犯罪行为习惯三个方面。

犯罪诱因力

犯罪诱因力，即犯罪诱因在犯罪行为人内心所具有的吸引性动力，是犯罪行为人试图得到或避免的目标与情境刺激的内心力量。犯罪诱因作为犯罪诱因论的核心概念，强调外界诱因在犯罪动机激发与维持中的作用。狭义的诱因理论是指行为主义心理学家赫尔的诱因理论，广义的诱因理论包括经典条件作用理论与操作性行为主义的强化说。早在二十世纪五十年代就有理论家在动物心理研究的基础上，用诱因概念来解释人类的行为，认为人的行为不仅由内驱力所激发，而且也受环境因素（外部的刺激与奖赏）激发，虽然它们与生理上的需要并无直接的联系。对于犯罪动机而言，犯罪诱因就是能够引起犯罪动机的刺激物或对象。其作用直接体现为犯罪诱因。犯罪诱因既可以是物质的（如他人财物），也可以是精神的（如自卑的侵害性）及行为的（如行为的挑衅、犯罪成员的赞扬）。虽然犯罪诱因与犯罪人的内驱力犯罪动机分别属于外部因素与内部力量，但它们紧密相连：犯罪诱因是内驱力犯罪动机在环境中指向的对应物，内驱力犯罪动机是犯罪诱因之所以发生的基础，两者相互依存，共同作用于犯罪人需要的满足。正如赫尔在其驱力 – 诱因理论中所主张的，随着驱力的反复降低，机体就形成了一种习惯，即习惯具有了行为的动力性：行为 = 驱力 × 习惯（后修正为：行为 = 驱力 × 诱因 × 习惯）。在多数情况下，犯罪诱因是指正向诱因，即能够满足犯罪人需要而使犯罪人趋向、追求、接纳的刺激物，如金钱、美色、地位、名誉等。在特定情况下，犯罪诱因也可指负向诱因，即妨碍犯罪人需要满足而导致犯罪人回避、排斥的刺激物，如良心的责备、被害人的反抗、旁观者的对抗等。

犯罪目标定向

犯罪目标是通过犯罪行为所要达到的结果（犯罪目的）与犯罪目的所指向的具体对象。例如，谋杀犯罪中谋杀与被害人、抢劫犯罪中的占有财物与具体的财物都是犯罪动机研究中的犯罪目标，它们都对犯罪发挥行为目标定向的动力作用。

犯罪诱因与犯罪目标的关系密切，但并非一一对应关系。因为犯罪目标一定具有犯罪诱因，但犯罪诱因不一定是犯罪目标。诱因是有价值的物体或事件，但人们不会追求所有的有诱因价值的东西。一般而论，只具有中等以下诱因价值的诱因不能成为现实的或有活力的犯罪目标。

犯罪目标驱使犯罪人心理注意与行为意向的中心指向特定的目标，为其行为预期的结果与特定对象所吸引，从而使犯罪目标在犯罪动机中具有意义。

目标理论认为，目标的设置（目标的高低水平）影响着动机行为的表现。行为表现随着目标难度的增长而提高。也就是说，人们选择的目标难度越大，其行为表现就越好，尽管达到目标成功的可能性在降低。在犯罪动机中，多数的犯罪目标是内在的和有意识的（存在于刑法学中的直接故意犯罪中），只有极少数的犯罪目标是外在的与无意识的（如部分存在于间接故意与过失犯罪中）。在犯罪现象的发生过程中，至少存在以下一些变量影响到高犯罪目标行为表现的增强效果：犯罪人对与犯罪有关的任务的关注；激发必要的努力与对犯罪恐惧感的对抗；在完成紧张而隐蔽的任务期间的支持性与寻找实现犯罪目标的有效策略与方法。

犯罪行为习惯

犯罪刺激、犯罪情境与犯罪行为、犯罪结果之间经过多次的效果联系（“效果率”）与奖赏强化，就可能建立一种更为稳定的动力联系：犯罪行为习惯。其中最为典型的犯罪动机（机制）力量就是犯罪动力定型（也称为“犯罪动型”），即犯罪人大脑皮层对特定刺激、情境或行为结果形成的自动化、习惯化的反应系统。其形成是犯罪人根据自己的经验与情绪体验，自觉地对各种有关的刺激进行选择、加工和反应的结果，经过多次，达到自动化、习惯化程度。当有关刺激再次出现时，犯罪人即产生习惯性的犯罪动机和犯罪行为，以致难以抑制。[①]

作为刺激与反应、行为结果与行为强化的表现，犯罪人的犯罪生活经历成为行为人进一步犯罪的重要动力。在当前世界各国的犯罪浪潮之中，许多的犯罪案件（尤其是大案与要案）都有犯罪前科人员的组织或参与。这也说明了犯罪行为习惯之现实动力的犯罪动机状态。日本犯罪学家吉益修夫以累犯的犯罪经历为中心，结合其初犯罪年龄、再犯罪及其间隔时间和犯罪方向，将累犯罪划分为以下类型，考察犯罪人重新犯罪动机的强度及危害性（可从犯罪方向、持续性等方面体现）。[②]①早发（25岁前犯罪）、持续（两年半内再犯）、单一方向型（反复进行同一犯罪）：犯罪动机较强；②早发、持续、同种方向型（反复进行两次以上的同种犯罪）：犯罪动机较强；③早发、持续、多种方向型（反复进行多种方向的犯罪）：犯罪动

① 林崇德、杨治良、黄希庭主编：《心理学大辞典》，上海教育出版社2003年版，第303页。

② 林崇德、杨治良、黄希庭主编：《心理学大辞典》，上海教育出版社2003年版，第306页。

机加强；④ 迟发（25岁以后犯罪）、持续、单一方向型：犯罪动机保持状态；⑤ 迟发、持续、异种方向型（反复进行跨两个种类的犯罪）：犯罪动机明显加强；⑥ 迟发、停止（刑满释放后10年以上不再犯罪）、单一方向型：犯罪动机削弱或者抑制。[①]

在犯罪行为习惯中，最为突出的表现是犯罪习癖化。这是犯罪人长期倾向于犯罪和反复犯罪以追求犯罪目标及精神满足的犯罪心理特征与犯罪动力。具有此犯罪动力的犯罪人之长期形成的恶习逐渐固定下来，转化成为犯罪性人格和行为方式，使犯罪人对实施犯罪行为具有难以抑制的冲动和特殊的嗜好，并反复多次实施某种犯罪。其具体形成原因有：多次实施某一犯罪获得成功（连续的正强化），且未受到惩罚，从犯罪活动中充分实现了犯罪目标并获得愉快体验，导致其强烈而稳定的犯罪动力定型，使犯罪人自动地、习惯化地反复进行该种犯罪行为。此为犯罪习癖化形成的一般模式。此外，犯罪人因犯罪受到惩罚后，在监狱特定环境作用的影响下而无法适应正常的社会生活时，选择犯罪作为生活的手段，在服刑与犯罪的多次体验中逐渐成为特定类型犯罪的习惯犯。此为犯罪习癖化形成的特殊模式。另外，一些变态型犯罪心理，如怪僻型人格障碍

① 罗大华主编：《犯罪心理学》，中国政法大学出版社2007年版，第132–133页。

（纵火狂、恋物癖、偷盗狂等）、性变态等也可能诱发、导致特定类型的犯罪习癖化。[①]

而在犯罪动机的习得性机制方面，以犯罪诱因力、犯罪目标定向与犯罪行为习惯为核心的犯罪动机的行为意向成分，是在经典条件作用、可操作性条件作用与观察学习（社会学习）的基本原理中形成与发挥作用的。其中，犯罪动机成分形成的机制与其形成因素有着直接的联系（有的因素本身从其过程发展而言就是其形成机制），包括强化、惩罚与自我强化机制。

犯罪动机的认知性维度

犯罪行为是对社会规范与道德的极端挑战与破坏，而绝大多数的犯罪行为是犯罪人理性选择的行为（至少是相对理性的行为）。[②]在这一过程中，犯罪人显性与内隐的认知过程与犯罪行为的发动有着密切的关系。人类是智慧与理性高度发达的物种，犯罪人的行为同样会深刻地受到其认知过程的作用。犯罪动机认知性维度的核心指向就是对于犯罪动机结构中认知成

---

① 林崇德、杨治良、黄希庭主编：《心理学大辞典》，上海教育出版社2003年版，第314页。

② 马皑：《对犯罪人本质特征的思考》，中国政法大学2007年博士学位论文，第122–123页。

分的探讨。

犯罪动机的认知成分具体表现为犯罪目标价值、犯罪合理化、犯罪自我效能感与犯罪思维模式四种力量成分。

犯罪目标价值

犯罪目标价值是指犯罪目标本身的价值认同对犯罪人的吸引力，是对犯罪目标的追求与期待而产生的犯罪动机。它直接地表现为对犯罪目的（财物、权力、地位、名誉与心理平衡等）的追求与期望，间接地表现为犯罪的态度、观念、信念与价值观。在特定的情况下（如某些精神对抗性的自我实现型犯罪人、变态心理犯罪人），犯罪目标价值也可能指向犯罪过程的体验，将犯罪过程的紧张、压力与强烈刺激当成对自身能力与勇气、自信心的挑战，犯罪过程本身也就具有了目标价值的动力。

犯罪目标价值在认知性维度中具有决定性，它直接指引、制约着其他的认知成分。犯罪目标价值在潜在犯罪人的价值期望与认知一致性的作用机制下，通过认知选择与角色认同阶段而确立。在犯罪目标价值的认知选择阶段，某些人格不健全者在面对不良刺激或诱因时，主动选择外界消极信息在自己头脑中加工内化（同化与顺应）为自己认知与态度结构的有机组织部分，导致该目标价值与犯罪行为相一致。

犯罪合理化

犯罪合理化是犯罪人（潜在犯罪人）为自己推卸责任而进行心理防御的机制，也是认知性维度中具有典型潜意识特征的犯罪动机。犯罪行为人用似是而非的理由为自己的违法、犯罪行为进行“合理”解释，从而心安理得地实施犯罪行为。[①]也就是说，犯罪合理化是将犯罪现象解释为一种可以接受的生存方式，或者是社会强弱竞争的现象，竭力为犯罪行为辩解。其实质是免除自我谴责与抵御外界的谴责，维护行为人的自尊。犯罪合理化的表现形式有：否认犯罪责任（犯罪行为是外力作用造成的，社会环境抵消个人责任）、否认犯罪损害（自己的行为没有对社会造成损害：偷东西只是自己借来用，打架是自己解决问题的方法）、否认犯罪被害人（强调被害人的过错与责任，自己的攻击行为是正当的；自己行窃只是因为被害人很有钱；因为被害人有过错在先，自己的攻击行为是正当的）、否定责备者（认为批评、谴责他的人“比我还坏”；“那些执法的警察比我还要坏”）、引证更高的要求（我这样做不是为了我自己，而是为了别人的利益）和效忠犯罪团伙（我的行为只不过是按团伙的规则行事，干坏事是迫不得已的；从团伙中我也能获得很多的好处与安全感）。可见，犯罪合理化作为一

---

① 林崇德、杨治良、黄希庭主编：《心理学大辞典》，上海教育出版社2003年版，第304页。

种潜意识的认知性犯罪动机，具有对犯罪倾向或行为潜在推动与助长的作用。它有时也会出现在意识层面的常态型犯罪人与变态型犯罪人身上（如犯罪人主动防御而对自己犯罪行为责任的狡辩与推诿），它常常在实施犯罪行为之前或完成犯罪行为之后发生。

犯罪自我效能感

班杜拉在其价值与期待理论中认为，期待区分为结果期待与效能期待。结果期待是指行为人对自己的某一行为会导致某一结果（强化）的推测；效能期待是指行为人对自己能够进行某一行为的实施能力的推测或判断，即对自己行为能力的主观判断。当行为人确信自己有能力进行某一活动时，他就获得了高度的“自我效能感”，并倾向于积极地实施特定活动以证明其信心与能力。[①]

犯罪自我效能感是犯罪人对于自己实现犯罪目标所具有的能力的自信心与期待，它往往以犯罪者不稳定的自信心与自尊感为特征。当犯罪人具有高度犯罪自我效能感时，会对实现犯罪目标的能力充满信心，在犯罪之前与过程中预期成功；当面临困境与挫折时，犯罪者能做出持久的努力，实现预期的犯罪

---

① ［美］罗伯特·E.弗兰肯著：《人类动机》，郭本禹等译，陕西师范大学出版社2005年版，第360–361页。

目标。一般而论，职业型犯罪人、习惯型犯罪人、智能型犯罪人都具有较高的犯罪自我效能感，他们能较有效地计划、组织与执行犯罪行为。而低犯罪自我效能感，会使犯罪人对犯罪行为缺乏自信心，面对犯罪（或预期犯罪）中的困境与挫折时，往往产生抑郁、沮丧与失败感，降低犯罪成功预期的可能性而对犯罪动机直接起到减力作用。

作为一种重要的认知性犯罪动机，犯罪的自我效能感实质上也是犯罪者的自我调节系统的心理机制，它不仅决定犯罪人是否愿意实施犯罪行为，而且影响着犯罪行为的实际效果：犯罪自我效能感可以激发犯罪行为的发生，而且强有力地维持与组织犯罪行为的进程。

犯罪思维模式

犯罪思维模式是促使犯罪人实施犯罪行为的独特的认知模式，是具有犯罪倾向之极端而典型的思维模式。[①]作为犯罪动机的认知成分，它具有直接的激发犯罪行为的动力。

犯罪思维模式的研究以美国精神病学家约奇逊和萨米诺为典型代表。他们的研究表明，犯罪思维模式具有以下特征：①孤立与极端化的认识：思维缺乏内在逻辑性和一致性，孤立

① 林崇德、杨治良、黄希庭主编：《心理学大辞典》，上海教育出版社2003年版，第312页。

地看问题，寻求感官上的强烈刺激，思维关闭，容易对挫折、失败产生“灾害化”的看法。犯罪人常常对生活中的挫败事件存在错误归因、偏激的认知以及倾向于直截了当解决困境；对于犯罪人来说，生命的历程就像是一连串的愤怒反应，其内心对他人或社会充满了愤怒与恐惧。其犯罪行为正是这种极端而特殊的心态在某一情景诱发事件下的反映。②极端的支配欲与领袖欲。有一种对人或事物不可遏制的支配欲望，追求绝对的支配地位；当不能满足这种支配需要时，就觉得自己被打倒了，这是一种不可接受的侮辱。③性情多疑惧，对别人缺乏信任感；不相信别人，却要求别人依赖自己。④情感冷漠，是典型的自我中心主义者，有时又多愁善感、傲慢无礼。⑤具有一般的智力水平。⑥在道德感方面也有缺陷，表现为经常性地逃避道义责任，自私自利，不太关心、不考虑法律规定。犯罪思维模式在行为人身上一般早年就会有所表现（如各种越轨行为、自私行为等），但在变态心理犯罪（如偏执型人格障碍的犯罪）中表现得更为明显与突出。这种认知模式与犯罪人的犯罪目标价值相结合就往往会导致犯罪人的犯罪生涯之持续性与恶性强化。[①]因此，这种独特的认知加工倾向所形成的思维模式，其一种特征或者多种特征的组合，对于行为人分辨挫折现

---

① 吴宗宪主编：《法律心理学大词典》，警官教育出版社1994年版，第207页。

象，处理与周围人的关系及确立自己的生活目标，都具有潜在的、消极的指向意义，是诱导犯罪行为的动力之一。而且，受到思维模式形成的无意识（内隐）机制的影响，行为人对自身具有的这种消极性、破坏性思维模式并不具有清醒分辨、意识的能力，但它会自动地、强有力地发挥认知支配作用。

犯罪人是理性与非理性的结合体，犯罪行为在绝大多数情况下是行为人理性选择的产物，在较少的情况下，是行为人非理性认知的反映。相应地，作为犯罪动机认知成分的犯罪目标价值、犯罪合理化、犯罪自我效能感、犯罪思维模式等在发挥其犯罪行为激发与维持的力量中，也存在着意识层面与无意识层面的机制。犯罪动机认知成分之间相互渗透、相互影响。

犯罪动机的情绪性维度

从情绪的本质上而言，所有人类行为的目标（动机）是追求快乐或避免痛苦；犯罪行为所指向的终极目标也是追求快乐或避免痛苦。犯罪动机的快乐目标可能是直接的目标，也可能是间接的或终极的目标（犯罪的过程或阶段可能是痛苦的、危险的，但其最后的结果、目标可能是快乐或预期快乐的）；犯罪动机的避免痛苦目标也可能是直接目标或间接目标（犯罪行为的结果、目标可能是非具体直接的、非纯粹个人的利益）。这种犯罪动机的追求快乐、避免痛苦倾向既来源于人类趋乐避苦的本能动力，又在遭遇的环境事件中得到进一步的反馈、修正（强化与奖罚机制），使其作用的方式更复杂与掩蔽。而且，这种犯罪动机的追求快乐、避免痛苦倾向贯穿于犯罪活动的全部过程，体现于与之相联系的各种需要层次之中：生存性犯罪动机、性犯罪动机、安全犯罪动机、归属犯罪动机、自尊犯罪动机、认知与审美犯罪动机及自我实现犯罪动机中都可能指向追求快乐，或避免痛苦，或两者结合。对于犯罪人而言，这种犯罪动机的快乐追求或者痛苦避免指向可能是自我清楚意识到的，也可能是未意识到、低意识到（无意识中的前意识）的。

追求快乐与犯罪动机

从生物进化论与习性学中我们可以得知，人类与其他高等动物一样是追求快乐而避免痛苦的物种，追求快乐是人类行为活动的基本出发点与归宿。最早系统探讨追求快乐与犯罪之间关系的理论称为犯罪快乐学派。十九世纪英国法学家边沁从功利主义学说出发，认为人类置于痛苦与快乐两大主宰力量之下，人生物进化而来的天性是趋乐避苦，追求快乐是人产生犯罪行为的动机。

在心理学阵营中，犯罪快乐学派的突出代表人物是弗洛伊德。其精神分析理论极端地认为，犯罪行为是人类本能（生的本能与死亡本能）的体现，本能是犯罪的原动力。而本能在其人格结构中属于本我的核心成分，其机能执行及时快乐原则（及时地满足自己的欲望与要求，及时地体验到快乐是心理与行为活动的第一原则）。当个体一味地追求快乐而放纵本能冲动时，就容易迅速建立起犯罪动机与引发犯罪行为。

性快感动机是最为典型与突出的快乐追求的犯罪动机。性本能的宣泄性快乐是支配犯罪及其他相关犯罪的决定性动机；性犯罪动机的主要力量就是来自对性欲及时快乐的满足，是一种纯粹本能（原始而野性）的快乐追求。而且，性快乐动机与归属感、自尊感、探究动机、美感、自我价值感等情绪体验及行为倾向相联系、相渗透而发挥广泛、深刻的作用（弗洛伊德表述为“性本能或性力是犯罪行为永恒的原动力”）。此时人的行为动机更多地来自人的动物性与非理性能量。多数犯罪人的犯罪动机都不同程度地具有这种快乐追求（包括生的本能与死亡本能的宣泄之快乐追求，也包括直接快乐目标与间接快乐目标）的特点。其中青少年犯罪更多地体现为为了追求某种生理快感（性欲宣泄、机体能量释放）或精神快乐（精神胜利的满足感），甚至于将犯罪当作一种游乐（游戏型犯罪动机）。

快乐是一种趋向目标实现的合理结果，是一种目标一致性条件下典型的积极情绪。由于人类曾历经磨难（天灾与人祸）及生活的艰难，历史上许多的作家与哲学家都认为，要实现快乐是很困难的，只有很少人是快乐的。一些心理学家的调查也表明只有10%至20%的人在生活中真正感到快乐（此并非指理性判断的快乐）。然而，当询问人们时，却发现截然不同的结果：总体而言，人们是非常快乐的（理性判断后的快乐）。快乐及其对于快乐的追求对行为的动力作用，与人的行为激活系统（产生积极情绪－情感的奖赏体验的多巴胺系统）的活跃、行为抑制系统的相对不活跃联系在一起。[①]对于快乐的追求是一种适应性行为，它使个体更具有适应环境的能力，在现代社会里，它使个体更可能获得亲密感、事业成功、安全感以及身体健康。换言之，我们追求快乐的愿望是有其基因基础的。在其习得与认知方面，快乐本身来自对恐惧的征服与应对方式（制订计划的能力与制订计划的动机）的学习。当然，这种对快乐的追求并不必然导致亲社会性；如果个体的快乐追求违背社会的基本道德或法律范围，这种快乐的力量就可能成为违法犯罪的动力。

快乐是趋向目标实现的合理结果，其实这是一个难以以本质定义的概念。其工具性（可操作性）定义一般是采用等级评定方式或主观幸福感量表、世界卫生组织与健康相关生存质量测定量表、简明生活质量评定量表来进行评定的。[②]与快乐相联系（或其派生的变量）的，有自豪（确信某一有价值的事物

---

① ［美］罗伯特·E.弗兰肯著：《人类动机》，郭本禹等译，陕西师范大学出版社2005年版，第282页。

② 朱熊兆、唐秋萍、姚树桥著：《健康心理学》，南开大学出版社2006年版，第208–210页。

或成就而增加自我同一性）、欣慰（令人苦恼的目标或者不一致的条件变好或消失）、希望（期盼好的结果）、爱（情感期盼与分享，通常不求回报）、同情（移情于他人的痛苦而想提供帮助）等。这些积极性的情绪或情感并不必然对自我或他人产生积极的行为结果，如果行为人突破社会规范或道德原则，则可以成为破坏的力量，具体体现为以下主要方面。

归属感与犯罪动机

犯罪人的越轨行为或曾经的犯罪行为使他们意识到自己与社会规范的对立，在多数的社会群体中难以找到合适的地位与角色。同时，这种“犯罪者”的社会标签迫使他们在社会生存与生活中感到被孤立或被社会所排斥。但他们在社会中试图建立自己较亲近社会关系的需要并没有消失，反而会因为越是强烈地感受到孤独而更加期望有一种相互依赖与相互认同的心理关系的建立。在常规的社会关系中难以获得这种归属感的越轨者，就会不由自主地结合在一起，形成某种程度上的相互依赖与相互认同。也许，这种归属感的结合最初没有指向犯罪性方向，但是由于其社会标签与社会竞争能力的相对弱势以及犯罪性态度与习惯的影响，使得在此归属团体的个体容易相互习染恶性而重新走上错误或犯罪的方向。即使本身没有犯罪恶性的个体在追求归属的动力下，也会有意识或潜意识地同化或顺应其他个体的犯罪性。有些个体即使明知某团体或组织的“恶性”，也可能仅仅为了获得团体的归属感而加入其中。虽然个体的归属感本身并非恶性，但对归属感的追求或向往却是导致其犯罪或重新犯罪的团体动力所在。这在青少年团伙犯罪动机的获得中更为明显：学习成绩与行为规范较差的学生很容易为学校、家庭与社会所排斥，青少年此时难以从学校与同学中获得充分的归属感与认同感；而青少年时期正是个体成长中自我同一性获得的关键与敏感时期，青少年潜在寻求集体归属感的力量容易在消极因素的诱使下涉猎亚文化。亚文化的力量是导致其获得犯罪动机的重要来源；通过认同团体的规范或仿效特定的行为模式而获得归属感与认同感就成了特定情境下激发犯罪行为的内心力量。

自尊感与犯罪动机

自尊感是在后天环境中逐渐建立起来的，其中青春期是自尊感发展的关键时期（青少年的反叛倾向就是自尊感受到潜在威胁的反向投射）。在后天影响因素中，家庭环境尤为重要。家庭对青少年自尊的影响，主要表现在教养方式方面。有研究发现，接受、关系、参与–严格性–使用非强制的教养方式与青少年的高自尊有密切相关。

自二十世纪八十年代以来自尊感之犯罪动力的研究围绕自尊的水平（低自尊与高自尊）展开了更为深入的调查实验。西方传统观点一直认为低自尊容易导致暴力和攻击。对低自尊与攻击的关系主要有以下三种理论解释：低自尊削弱了社会连接，从而减少了与社会规范的一致性，增加了犯罪（社会连接理论）；侵犯和反社会行为源于自卑感，而自卑感主要来源于童年时期的被拒绝和侮辱（新弗洛伊德主义）；个体要保护自己免受由失败带来的外部斥责造成的自卑和羞耻，可能导致对他人的敌意和愤怒，从而产生攻击行为。

也有研究表明，不稳定的高自尊也是犯罪动力的来源之一。不稳定的高自尊更可能导致高水平的敌意和愤怒倾向；高而不稳定的自尊对能给自我造成威胁的事情相当敏感，因为它们将失去更多有关自我的积极评价，这种脆弱的心理和敏感会使个体产生敌意。高自尊个体与攻击性密切相关，一部分高自尊个体是在积极的自我感觉受到威胁的情况下才会产生攻击性。而当不稳定的高自尊与个体的低能力相结合时，传统型犯罪之攻击性的易发则更为可能。近年来，研究者特别注重高自尊异质性与攻击性及犯罪性之间的关系。高自尊异质性是假设高自尊的性质上包括安全高自尊（即稳定的高自尊、真正的高自尊、真实的高自尊和高外显－高内隐高自尊）和脆弱高自尊（即不稳定的高自尊、附属的高自尊、防御性高自尊以及高外显－低内隐高自尊）。其中脆弱高自尊被认为与攻击性及犯罪性有密切的关系，尤其是防御性高自尊个体在受到负面反馈的情况下，自我控制失败，容易产生敌意而引发犯罪动机。

由此可见，自尊感的水平与类型是犯罪动机之情绪性维度的重要成分，具体表现为自尊感的两极性（极端低自尊感与极端高自尊感都可能导致个体产生心理受挫感的机会增加，产生心理失衡，进而行为人较可能以敏感而极端的非理性方式解决自己的困境）。低自尊在犯罪动机方面的表现倾向于自我反抗，而高自尊在犯罪动机方面的表现倾向于自我价值维护，其对犯罪行为的引发有着更为复杂与潜在的影响。

理智感与犯罪动机

理智感是人们在认知需要的作用下进行认知事物、探究活动中所体现的理性控制能力的体验，即个体具有辨别是非、利害关系和控制自己行为能力的体验。理智感是个体对自我认知能力的主观体验。理智感在犯罪动机结构情绪性维度中的作用主要体现于理智感的高低水平对犯罪动机水平及犯罪类型的影响力方面。

二十世纪早期，犯罪原因之低能说认为，犯罪的主要原因是犯罪人的低智能；犯罪人是天生的低能者。[①]因为低能者判断力与理解力差，缺乏自主性，易受暗示，也易兴奋与冲动，故而具有了一定的犯罪动力性。同时，与低能相伴随的低理智感，导致低能者缺乏足够信心学习新事物和适应社会的能力，因而他们常常易成为生存竞争的落伍者，并可能受到他人的歧视和虐待，因此，极易采取各类反社会的报复行为，即低理智感导致的高情绪性认知风格及低成就感、高受挫机会，促使他

① 罗大华，何为民主编：《犯罪心理学》，浙江教育出版社2002年版，第54页。

们较容易采取原始的、直接的方式争取生存与维持自尊，从而具有了犯罪的动力性；低理智力及低理智感的犯罪动力集中体现在传统型犯罪、原始性犯罪活动（如暴力性人身伤害、财产型犯罪、性犯罪）中，在智能障碍导致的变态型犯罪中，犯罪人常常表现为缺乏常识和毫无理性的犯罪行为，这些行为通常具有原始和野蛮的特征。

理智感的另一极端状态是高理智感，即自我对认知活动具有极高的自我控制能力的体验。高理智并非犯罪动机的必然情绪因素，它与个体的实际能力水平及道德水平相联系。具有高理智感而实际不具备高认知能力水平的个体（“眼高手低者”），虽然向往较高的自我目标，也具有较高的动机水平，但往往由于其现实目标难以实现而体验到不断累加的挫折感，此时在低道德水平的驱使下，就容易完全放弃既有的理智计划而“投机取巧”地试图实现自己的目标，而导致犯罪的风险大大地提高，如在多次经历挫折、消极情绪下导致的冲动型犯罪行为。具备高智能水平与高理智感的个体，表现为具有解决问题的自信、动力与高效解决问题的智慧与知识，一般而言容易成为社会的成功者，也能基本实现自我设计的生活目标，他们较少会与犯罪者联系在一起。但是，当他们在社会比较情境中主观体验到不公平感或孤独感时，在低道德品质的驱使下，或在环境因素（如制度缺陷、管理不力等）的诱使下，也可能（最初以尝试性的方式）以自己的高“智慧”“本事”对抗他人

（直接目标的攻击、报复）、对抗社会（间接目标的报复或宣泄）。这种个体高理智性导致的犯罪动力主要体现于隐蔽性较强的智能犯罪类型（如金融犯罪、计算机犯罪、职务型犯罪）中。其中，也可能演化出特定动力的高智能型犯罪者，他们并不特别注重犯罪的具体利益目标，而是沉浸于高犯罪风险的对抗性体验。对于犯罪过程的风险体验与对抗性体验是其犯罪动机的主导力量。犯罪者通过犯罪计划的周密严谨性、新颖性、对抗性与有效性来展示、证明其智慧的创造性，从犯罪的实施中体验到自我的高理智感与成就感（犯罪人“技高人胆大”的积极体验与自信心）。这种犯罪动机一般会驱使犯罪者进行持续性、系列性的犯罪，不断地证明自己“增长”的智慧水平与创造性。有时，这种犯罪动机在“英雄主义”或者人格障碍的作用下还会演化成为职业型犯罪动机，甚至是强迫性、疯狂性、残忍性的动力状态。

美感与犯罪动机

美感作为犯罪动机的情绪因素之一，是指犯罪人对于犯罪目标的欣赏、设计、实施过程及犯罪之精神力量的肯定性、愉悦性的主观体验。犯罪作为对正统社会道德规范的违背，从社会客观角度而言，是一种恶的现象，犯罪动机是一种恶的力量。但作为一种个体现象，对于犯罪者而言，却可能具有“美感”的主观体验，具有驱使犯罪行为的动力。其实质在于犯罪者倾向于认同原始野性的美感标准，即美感来自原始的、强大的征服力量，[①]即原始武力崇拜、野性崇拜。犯罪者美感动力的来源包括犯罪人的积极体验与犯罪过程的积极体验。在犯罪人的积极体验方面，犯罪者会崇拜与追随犯罪的“英雄”（暴力犯罪中的“胆大亡命者”与智能犯罪中的“足智多谋者”），或者通过心理想象、移情方式获得“英雄”的勇猛、果敢、豪迈、侠义等积极的愉悦性体验，或者通过自以为是的“犯罪英雄”自居作用认同、仿效“英雄榜样”的犯罪力量与模式，试图获得“英雄”（权威人物）的力量与地位。在这种“英雄”体验的作用下，犯罪者并不觉得犯罪行为是作恶行为，反而认为犯罪是自己生活目标或精神力量的体现，他们在不断的犯罪生涯中会“青出于蓝而胜于蓝”，不断增长自己犯罪的勇气与力量，进而做到“动手不手软”“杀人不眨眼”“见血更勇敢”“被害人求饶也不放过”“作案遇上困难而加以克服”；在审讯中，拒不交代；获罪后“坚持自我”（甚至有的犯罪分子在面对极刑时还能“威武不屈”“视死如归”）；在回到社会后，仍主动追随犯罪团体或犯罪人物。

在犯罪的美感追求方面，主要体现于犯罪者对于犯罪目标的追求与对犯罪过程的“完美”设计。对犯罪目标的追求是指犯罪的直接目标对于犯罪者具有积极性情绪–情感的吸引

① 高锋：《犯罪心理美学论》，载《湖北公安高等专科学校学报》2000年第3期，第43–44页。

力，如对艺术品的欣赏（可能导致财产犯罪动机）、对美色的欣赏（可能导致性犯罪动机）、对身体搏击对抗的欣赏（可能导致对暴力文化作品等形式的迷恋、象征性表达或直接暴力宣泄），它是一种内在动机，犯罪目标对于犯罪者往往具有持续性、强烈性的动力作用。这种对特定对象的越轨性“美感”有时也会直观地显现于犯罪者的言行、生活方式之中，如犯罪者崇尚的文身（刺青）就可以反映其“快乐主义”原始情感：赤裸的美色、凶悍的动物、威猛的利器、阴冷的恶魔、邪恶的言辞等都是对于野性（性本能与攻击本能倾向）体验追求的直观性象征与投射。这种对于特定对象的积极性情绪-情感，其作用力量、方式与发生机制，与常人的美感体验基本相同，只是实现的途径与满足的方式具有犯罪性。在对犯罪过程的“完美”设计方面，包括犯罪途径、犯罪手段的流畅性、灵活性与精致性（“类创造性”特征），犯罪技术的娴熟性与灵巧性（技能的“成熟性”），对抗侦查的有效性（反侦查的“智慧性”），以及非犯罪化的自我防御性。犯罪者得意于自己的犯罪实施过程，正如欣赏自己精心努力完成的杰作一样。犯罪活动的成功往往又强烈地激励着犯罪者的欲望，积极性的体验持续地扩散开来。这样的犯罪者往往不可避免地成为习惯犯罪人或职业犯罪人，他们内心很少有犯罪的罪恶感，反而弥漫着自我陶醉的积极的犯罪体验。这种不同于常人、常规理性的情绪体验，在人格障碍或性变态心理的作用下会形成一种非常顽固（或强迫性）的力量，使犯罪变得更加残忍与非人性化（演化为变态性犯罪动机），如性犯罪者以别人的极端痛苦为自己快乐的来源。

这种犯罪性美感在犯罪团体、犯罪组织中犯罪成员的相互情绪感染、行为模仿的社会互动作用下，会产生潜在而快速的社会助长作用，很快地传播开来并得到犯罪组织规范压力与犯罪气氛的强化。有些犯罪团伙、犯罪组织还会通过严格的行为规则、等级制度或宗教式的仪式强化这种积极性的犯罪体验。因此，犯罪者在团伙犯罪中会主动地表现出犯罪行为的敢为性及犯罪侦查、审讯过程中的“责任性”，即在犯罪者“犯罪美感”的作用下，个人独自承担团伙犯罪的责任所体验到的是“英雄般”的气概，或“有勇有谋”的“精神风范”，具有内心自我鼓励、自我奖赏的积极性体验。

自我价值感与犯罪动机

自我价值感是个体觉得自己的才能和人格受到社会的重视，在团体中享有一定地位、声誉与良好社会评价时所具有的积极性情感体验。有此情感的人通常表现为自信、自尊和自强，反之，则易产生自卑感与自暴自弃。

在特定情况下，犯罪人也可能具有过度的自我价值感（及相关的高犯罪效能通感），自以为是、盲目自大，以纯粹的自我中心为出发点，以犯罪行为的方式实现自我价值感。例如，自以为是的职业犯罪人与有组织犯罪中的主犯角色，他们自视高明，狂妄相信自己的犯罪能力，通过实施危害极大的犯罪活动来实现自我价值目标与自我价值感。

极少数的犯罪人，在偏激的认知模式作用下，以片面的正义感、社会公平感为指引，通过所谓“黑暗的公正”“法律之外的公正”等犯罪方式为他人或社会谋求“公平与正义”。在部分或象征性实现“公平与正义”的同时，也实现其自我价值感。虽然其犯罪动机可能具有一些“道德性”的因素，但其犯罪行为的危害性同样明显（最主要是对法治社会规范与意识的破坏）。另外，还存在着超价性的价值感追求的犯罪动机，如宗教性价值感、迷信信念所导致的犯罪动力。

可见，自我价值感是一种内心对自我价值的认同，作为犯罪动机的情绪–情感成分，它与认知性维度的犯罪自我效能感有着紧密的联系。在多数情况下它是由犯罪人的自我中心主义价值观的驱使所产生的积极性体验。这种犯罪人的主观体验实质是一种高位的追求快乐与自我肯定的犯罪动机成分，它在犯罪人的精神层面从根本上制约、调节着归属感、自尊感、理智感与美感作为犯罪动机的力量，并与其他的积极性犯罪体验相互结合、相互渗透，共同控制犯罪性情绪–情感的强度与方向。

避免痛苦与犯罪动机

与追求快乐相联系或者相对独立的情绪倾向是避免痛苦，个体行为追求快乐目标的过程，也是避免痛苦的过程，或者其行为就是为了避免痛苦。痛苦是个体目标不一致情绪，即阻碍个人目标达成的情绪，一般而言是因厌恶性、威胁性事件而产生消极体验。

一般紧张理论是在传统紧张理论的基础上，深入探讨紧张的类型及与紧张密切相关的心理变量对于犯罪行为发生的动力作用。一般紧张理论的创立者艾格纽认为，紧张是个体在与他人的关系中不能得到其所想要对待的压力性体验，紧张的实质是个体处于与他人的消极关系之中。[①]这种消极关系可以产生三种紧张类型：① 个体目标受到阻碍的紧张（阻碍包括个体期望与其追求目标机会的差异、个体期望与实际结果的差异、主观公平感与实际结果的差异）；② 撤除或威胁撤除个体积极性、有价值刺激的紧张，如通常的消极性生活事件（失业、失去亲友等）引起的紧张；③ 消极刺激出现引起的紧张，如不良的生活经历、违法犯罪经历导致的标签式紧张。所有这些紧张状态都可能导致消极性情绪-情感（当个体将其不幸归因于他人时会生气；当感到他人的不公平对待时会愤怒；当因不良处境而责怪自己时会抑郁和焦虑；等等），消极性情绪-情感是导致违法犯罪的真正动力。[②]当由紧张导致的消极性情绪-

---

① R. Agnew，H.R. White：An empirical test of general strain theory，criminology 30（1992），pp.475–499.

② 皮艺军主编：《越轨社会学概论》，中国政法大学出版社2004年版，第164–166页。

情感发展到强烈程度而没有合适的途径加以消解、释放时，任何一种表现形式都有可能成为犯罪动机。换言之，犯罪可以看作个体紧张能量释放，其紧张情绪性犯罪动机体现为生存危机感、安全威胁感、焦虑感、愤怒感与抑郁感。

生存危机感与犯罪动机

生存危机感是指个体对自我及亲属生存需要受到相对剥夺的紧张体验。这是由个体的生理及物质需要受到限制而导致的消极性体验。生存危机感成为犯罪动机包括真实的生存危机感与虚假的生存危机感两种情况，集中体现于低阶层犯罪与预想生存危机感的犯罪中。低阶层犯罪大都属于传统型犯罪（抢夺、抢劫、盗窃、性犯罪等），部分犯罪者由于其社会、经济地位较低，不具备与其他社会成员平等竞争去实现个人物质、生活目标的条件，在某种程度上，他们是为自己或家庭的生活压力所“迫使”选择犯罪道路；生活中环境导致的紧张压力是其犯罪的重要动因。

低阶层是社会的弱势群体，在高度的紧张压力作用下，他们也较可能成为犯罪的高危人群。社会分层的现实存在，其实质是资源分配的不平等，低阶层者在经济资源、组织资源、文化资源等方面明显处于弱势，在市场竞争经济“马太效应”的作用下，社会低阶层者承担了更多的社会改革代价，承受着更多的经济、社会与心理压力。他们在心理失衡感与生存危机感的推动下，必然产生不满足于现状的强大张力（反抗性力量）。

此时，道德约束力较差者就会主动地选择以违法犯罪的方式消除生存危机感；当该阶层生存危机感累加到一定负荷度时，就较可能在突发性事件诱发下产生一定规模群体性的犯罪事件，如无预谋的集群型犯罪。[①]由于生存性需要是基本的需要，也是具有强大动力的需要，因此，从某种程度而言，满足低阶层者的生存性需要，消除其客观存在的生存危机感是建立和谐社会至关重要的任务。

所谓预想的生存危机感，是指个体客观上并不存在生存压力而主观上体验到危机感，或者主体以高标准的生存需要为判断依据而体验到生存危机感。其实质是虚假的生存危机，但主体真实地体验到压力。前者多数与行为人的人格特征有关，如焦虑性、紧张性、思虑性、幻想性等人格特征水平较高的个体往往容易在社会突变或转型时期的压力条件下诱发预想的生存危机感。他们一般不会导致犯罪行为，但在特定情境中，如人际冲突、突发变故时产生不可预测的犯罪行为。后者则往往是其生活经历或优越的社会地位（职权与职权的时限）决定的，虽然他们并不存在生存危机，但为了自我预想的生活标准而时时感到危机，他们较可能在此压迫性动力下实施财物贪婪性的犯罪行为，如有的职务犯罪者就潜在地具有此种预想的生存危

① 马皑：《对弱势群体中犯罪现象的思考》，载罗大华、胡一丁主编：《犯罪心理与矫治新论》，中国政法大学出版社2003年版，第118页。

机感动机。

安全威胁感与犯罪动机

安全威胁感，或称恐惧感，是个体对自身或其亲属安全需要受到威胁的情绪体验。在进化过程中，受到保护或摆脱危机情境，是人类基本但重要的追求目标，安全感是积极性情绪-情感，恐惧感是消极性情绪-情感（虽然它本身也具有积极的适应性意义）。在现代社会中，获得安全感（避免恐惧感）也是人们生活中的主要愿望之一，是行为的重要动力；正如人本主义心理学所强调的，安全感与稳定性是人类的基本需要与动力。恐惧感具体表现为生命与财产的安全威胁感、人际关系的安全威胁感、职业安全威胁感等，其中任意一种都可能成为强大的行为力量（防卫性动机或进攻性动机）。

并非所有水平的安全威胁感都必然引发对抗行为，中等以下水平的安全威胁感更多地只是引起不适、不安与担心，但是，当个体体验到高度的安全威胁感时（在客观上无论是真实或是虚假的），都会试图采取对策消除其威胁状态；当常规的对策无效或不足以对抗威胁时，非常规或极端的方式就可能成为对抗的策略。高度的安全威胁感是个体心理生活与防卫行为强大的动力，各种类型的安全威胁感都有可能成为越轨、违法、犯罪的动机，尤其是不公平、人为设置的恐惧感更容易激发对抗或报复的欲望。

此外，安全威胁感的水平并不存在统一的、客观的评判标准，主要来自个体的判断与主观体验，其个体差异性较大。有时，行为人自我感知的、过敏性的安全威胁感也可能引起非常规的犯罪行为，如过敏性的恐惧感可以引起防卫过当、挑衅性防卫的犯罪行为，精神病态者的被害妄想也是安全威胁感的病态反映。

焦虑感与犯罪动机

焦虑感是个体预料到会有某种不良后果或模糊性威胁将出现时产生的一种不愉快的情绪体验。其特点是主体感到紧张不安、忧虑、烦恼和恐惧，可能伴随着出汗、颤抖、心跳加速等植物性神经（交感系统）功能的生理症状。焦虑感可以区分为特质焦虑感（一种焦虑性的人格特征具有的持久特征）与状态焦虑感（因情境而发生的暂时性焦虑感）。焦虑感类似于恐惧感，一般认为焦虑感是由模糊的、不明确的刺激引起的，而恐惧感的刺激更为具体、明确。

精神分析的焦虑理论是最早、最为经典的关于焦虑本质、生成、机制的理论：焦虑感来自性力受到压抑而产生的紧张状态，以及因恋母而害怕失去爱、对阉割的恐惧、对超我和良心的负疚感等。焦虑感可以分为客观性焦虑感、神经症性焦虑感与道德性焦虑感，其中中等水平以上的道德性焦虑感因为伴随罪恶感的力量可能产生赎罪性的犯罪动机，客观性焦虑感虽然可能引起工作效率的降低、生活质量的下降以及一些人际矛盾与冲突，但很少直接激发极端的违法犯罪行为，而神经症性焦虑感则更多引起的是对行为人自己的心理困扰与伤害（焦虑感是所有神经症的基本症状，多数情况这种消极体验只是伤害行为人自己，只有当此消极能量累加到相当高的程度时，才有较少的可能产生激情的情绪型犯罪）。

新精神分析学派则认为，焦虑感来自生活缺乏真正的温暖与感情境况；如果个体在儿童时期处于一个潜伏的相互敌对的世界中，其依恋情感被剥夺或相对剥夺，先天的潜能与安全感就受到阻碍与威胁，就会产生一种孤独无助的消极体验，此称为基本焦虑感；基本焦虑感是个体日后适应人际环境及发挥积极性的重大阻力，也是个体产生报复他人、对抗社会的潜在力量。

从现实分析与行为主义角度来分析焦虑感，焦虑感是出现于实际威胁之后的不适感，具体可以由对身体的威胁、对自尊的挑战、工作和交往中的压力以及各种冲突和挫折情境引起，或者说对先前刺激的消极反应，通过对结果的强化得以维持的弥漫性消极体验。若适度，可以激发斗志，唤起警觉；若过于强烈，则可能影响身心健康，使人惊慌失措或过度反应。当个体的焦虑感压力达到临床的焦虑症状水平（以紧迫的灾难性恐惧体验为中心的情绪障碍）时，则较有可能产生过度对抗的防卫性动机或情绪性违法犯罪动机。

可见，焦虑感是一种相对持久而具有弥漫性的消极情绪体验，只有当其处于高水平时，才有可能演化成为犯罪动机的情绪成分，而且，其犯罪动机发挥作用的机制具有相对间接性和潜在隐蔽性。

愤怒感与犯罪动机

愤怒感是一种原始的消极情绪，是个体在遭受打击、威胁、羞辱等强烈刺激下感到愿望受到压抑、行动受挫、自尊心受到伤害时所表现出的情绪反应与体验。

愤怒感作为犯罪动机之情绪成分（即挫折–愤怒–攻击），集中于探讨愤怒对于暴力犯罪行为发生的作用力。正如经典的挫折–攻击理论认为，挫折所引起的愤怒情绪是引起侵犯的原因。因为挫折状态所引起的极端愤怒，是一种原始性的表达状态（生物进化中具有环境适应及个体生存的功能），也是侵犯或攻击的心理状态（或称为“侵犯唤醒”“侵犯激起”）。其最为直接的要求是主体立即反击挫折源，维护自身的生存与利益。在现代社会中，其生物适应性进化出相应的自我保护反应同样具有反击的力量。研究表明[①]，愤怒感与行为反应之间存在的攻击反应类型包括直接的攻击行为（如身体的攻击或惩罚、予以拒绝或收回利益、口头或象征性的攻击）、间接的攻击反应（如损害、损坏对挫折源对象而言具有重要意义的东西）与转向攻击（或称“替罪羊”替代攻击，如攻击无关的对

① 林崇德、杨治良、黄希庭主编:《心理学大辞典》，上海教育出版社2003年版，第356页。

象、攻击无生命的对象）。[①]虽然个体在遭受挫折感与愤怒感时的攻击类型与方式存在差异，但其攻击的倾向与力量投向是非常确定的。相应地，对于犯罪而言，愤怒感是犯罪（尤其是暴力犯罪）的最为重要的情绪性犯罪动机，因为生气与愤怒增加了个体受伤害感，而原始的情绪降低了自身对行为的约束力，从而增加了报复的欲望与力量。

后来的进一步研究发现，愤怒感与侵犯、攻击之间并非简单的因果关系，愤怒更可能是引起侵犯、攻击的必要条件。愤怒感对攻击行为的产生受到个体个性特征的制约，其攻击程度受到愤怒的频率、挫折程度、对挫折的主观评价以及冲突发生时的情境干扰、交互作用等因素的影响，比如，警察的突然出现、权威人物出面劝解、极端天气降临等。环境诱因与主体的内在情绪状态及主观认知状态的交互作用最后联合决定了愤怒感的实际攻击行为。

同时，高度愤怒感引起的攻击、犯罪行为并非只有暴力犯罪（虽然暴力犯罪是该犯罪动机的主要类型）与一次性犯罪（愤怒感通过一次犯罪行为宣泄完结，自身利益得到维护）。有些极端愤怒者也可能进行潜在的、精心预谋的报复型犯罪，或者替代性的犯罪（补偿型犯罪），甚至是持续的、变态的犯

---

① 乐国安主编:《法律心理学》，华东师范大学出版社2002年版，第41–42页。

罪（犯罪动机的扩大与泛化），其犯罪的危害性更大，犯罪预防性更为困难。

抑郁感与犯罪动机

抑郁感是一种以情绪、情感低落为基本特征的消极体验，一般分为常态抑郁与病态抑郁。抑郁感的产生存在着遗传或生物制约性[①]，也与生活压力、挫折，以及认知风格及个人完美主义理想有直接的联系。在现代社会里由于遭受的打击与生活（消极生活事件）压力较大，人们体验到抑郁的机会与程度要大得多（其中抑郁症是现代心理疾病中的重要组成部分）；抑郁者倾向于消极地看待当前与后来的情境，通过夸大消极体验、极化思维、过度消极概括等错误认知方式“证实”自我的消极体验，悲观的解释风格会大大加强抑郁的倾向；个人完美主义思维通过与高度沉思的联系而更容易引发抑郁与焦虑。

常态的抑郁感一般可以区分为两类：未能满足自我要求的抑郁与未能满足社会要求的抑郁，前者与个人的成功（自我的成就需要）有关，后者与社会失败（亲社会关系的不能）有关。其最大的消极结果是主体的悲观消沉及习得性无助。悲观消极性主要是对行为主体的积极性的阻挠与破坏，但随着抑郁感的

---

① 抑郁的可遗传性：同卵双生子同患抑郁障碍的概率是异卵双生子的4至5倍；A型抑郁与儿茶酚胺的消减相关，B型抑郁与5–羟色胺的耗尽相关；临床上抑郁症常常用精神药物治疗与控制，并在结合认知行为疗法时能取得较好的疗效。

持久与深入化，其消极能量的积累可能会对主体产生心理负荷超载。这种原先个体性积聚的消极情绪能量，可能在生活压力事件导致重大挫折感、失败感的诱发下，与焦虑感一起共同引起情绪爆发，其极端情形就是激情型越轨、激情型犯罪。激情型犯罪就是在强烈而短暂的激情推动下实施的爆发性、冲突性的犯罪行为，多数是行为人在无意识或低意识中爆发的，而这种消极激情的产生与行为主体长期焦虑感与抑郁感带来的压抑能量积累密切相关。其犯罪动机的另一常见的表现是厌世性杀人犯罪：行为主体在自以为是的社会失败事件的作用下，实施厌世的杀人犯罪，其犯罪动机除了具有极端消极情绪、情感的动力作用之外，还可能具有一些泄愤、报复或者间接性自杀的动力特点。

持久抑郁体验的另一消极后果是行为人的习得性无助感，即当行为人一次又一次失败后，对控制环境并且达到目的产生无助感或感到绝望；当他们处于本可以控制的环境中时，也不再去努力控制。一旦行为人无意识地在抑郁感的作用下形成习得性无助感，他就基本失去了工作与生活的信心与积极性。其间接的结果是工作的动力大大下降，或缺乏坚持性，或疏忽大意，具有了过失犯罪的潜在动因；在生活中，缺乏兴趣与情趣，生活质量下降，可能成为消极能量的源泉，甚至可能演变为退缩性的人格障碍、精神疾病。

病态抑郁是一种严重的情感障碍，或称为“病理性抑郁心境”。抑郁症包括单相抑郁症与双相抑郁症两大类，但行为人的基本状态都伴随着极度的悲观与忧郁。抑郁症的消极作用更为明显，虽然该消极体验主要伤害行为人自己，但特定情况下，也会成为反社会行为、犯罪行为的内在病理动机。单相抑郁症以纯粹的、持久的重度抑郁为特点，当病人的悲观、忧郁情绪发展到极度状态时，可以在外界刺激的诱发下引发情绪宣泄性、报复性的过度犯罪（或称过剩犯罪），即行为人产生异常强烈的情绪反应或暴怒发作，从而导致超出实现犯罪目的所必要的限度并与其直接诱因不相称犯罪后果的犯罪行为。这是一种病理性的、情绪性的犯罪动机，在情绪型犯罪冲动消失之前会不停地进行犯罪行为，往往造成非常严重的后果。单相抑郁症的另一极端犯罪动机表现是“扩大性自杀”（也称为“怜悯性自杀”），即抑郁症患者在极度的悲观厌世情绪的驱使下产生不可控制的自杀冲动，而且自杀者在自杀前出于病理性的怜悯而杀死自己亲人的行为。他们认为自杀后亲人会遇上不幸处境，如自己年幼的子女无人照顾、年迈的父母无人赡养，亲人的生活会更加困难，因此在自杀前杀死这些可怜的亲人（“家族性自杀”），然后自杀。而双相抑郁症（抑郁状态与躁狂状态交替出现的情感障碍）还可能导致人际冲突、破坏公共秩序、暴力性的人身伤害、破坏财物的反社会行为。

可见，抑郁作为一种严重的情绪问题，在特定情况下具有破坏性行为的动力，有时还会引发激情型犯罪、过度犯罪、扩大性自杀等极端的犯罪行为，但其作为犯罪动机的力量，主要是以间接的、潜意识或低意识性的方式发挥作用。

由此观之，情绪与情感作为犯罪动机的力量集中体现为犯罪者对于犯罪行为及犯罪过程的快乐追求与痛苦避免及潜藏的情绪宣泄动力。追求快乐或享乐是为了获得希望与安慰，具体表现为性快感、归属感、自尊感、美感、自我价值感等积极情绪，避免痛苦是对消极情绪的回避与对抗，具体表现为生存危机感、安全威胁感、焦虑感、愤怒感与抑郁感等消极情绪、紧张力量对于犯罪行为的推动力。而且，在特殊条件下，犯罪者追求快乐、避免痛苦的行为会以自我冲突、相互矛盾的方式纠缠在一起，正如“犯罪情结”[①]之动机冲突的情况。同时，追求快乐与避免痛苦也是情绪体验对犯罪行为控制与调节的密切相联系的两个方面。在大多数情况下，情绪成分是与犯罪动机的认知、生理、习得成分相互渗透与相互影响发挥动力作用；其发挥作用的机制更多的是由进化习得的生理唤醒、自然体验在认知、环境力量的参与、激活与强化中发生的，犯罪动机的情绪机制主要是潜意识或者低意识性的。

---

① 犯罪情结是指犯罪者内心对犯罪冲动具有极力趋向与极力回避、反对的矛盾性情绪–情感，它起源于主体早期的心理创伤性事件，以及人格结构的本我、自我与超我的基本冲突，是情绪性动机冲突、罪恶感等心理力量在潜意识领域的体现。它是精神分析理论的经典术语，也是无意识犯罪动机的典型表现。

犯罪动机的类型

本质上，犯罪动机是在行为人本能性需要的驱使下追求快乐体验或者避免痛苦的力量。而这种犯罪动机是追求快乐与避免痛苦的基本力量，在犯罪人（潜在犯罪人）认知评估与防卫心理的作用下，进一步体现为追求犯罪成功（以达到实际的成功快乐体验）和犯罪防卫功能（逃避侦查与揭露以避免遭受刑罚）。因此，犯罪成功动机与犯罪防卫动机是犯罪动机紧密联系、相互影响的两个方面，而现实的犯罪人中多数是以犯罪成功动机为其犯罪行为动力的主导方面。

犯罪动机的基本类型

根据犯罪动机的内容（来源）进行划分

需要是动机产生的基础，需要也是导致犯罪动机的基本倾向。绝大多数的需要本身是中性的（极少数除外），但与犯罪意念或犯罪的满足方式相联系时，它们都有可能成为具有危害社会功能的犯罪动机。动机的基本种类包括以下方面。

犯罪的生理动机：财物占有动机、性动机、生存动机。

犯罪的安全动机：报复动机、恐惧动机、征服动机。

犯罪的归属动机：情感动机、嫉恨动机、控制动机。

犯罪的自尊动机：自我价值动机、显示动机、自尊动机。

犯罪的认知动机：好奇动机、探究动机、成就动机。

犯罪的求美动机：野性崇拜动机、勇敢动机、侠义精神动机。

犯罪的自我实现动机：政治动机、宗教动机、虔诚动机、迷信动机。

犯罪的超越动机：如极端的环境主义行为动机。

这些犯罪动机直接受到需要层次本身特性的影响，也可以区分为缺失性犯罪动机（犯罪的生理动机、安全动机、归属动机、自尊动机）与成长性犯罪动机（犯罪的认知动机、求美动机、自我实现动机）。缺失性犯罪动机占犯罪动机的绝大部分，成长性犯罪动机只占很小部分，而且它更需要社会环境中的文化性、精神性因素的支持才能得以产生，处于犯罪动机的更高层次上。这种犯罪动机的层次关系，类似于需要层次的上下位关系：较下位的犯罪动机与原始性的、传统型的犯罪关系密切，较高位的犯罪动机往往与智慧型、时代特征明显的犯罪相联系，并对犯罪人的内心世界与外部行为具有更为广泛、深刻而持久的影响力。在犯罪组织的发展过程中，也可能呈现出由低位动机向高位动机发展或者混合的趋势。同时，每一层次中的犯罪动机可以依据其强度与偏离程度的不同，体现为从常态性动机到变态性动机的量与质的差异状态。

根据犯罪动机形成的特征标准进行划分

根据犯罪动机形成的特点可以将其划分为预谋性犯罪动机与情境性犯罪动机。[①]预谋性犯罪动机是在较长时间内通过多次思考形成的。此类犯罪动机的酝酿形成与付诸实施都有较长的时间，如多数惯犯、累犯、职业犯的犯罪动机都属于此类型。由于预谋性犯罪动机是通过冷静的判断、谋划、考虑形成的，因此这类犯罪动机比较稳定，较少受到行为事件情境的影响。由于是在深思熟虑之后形成的，是被犯罪人充分意识到的，以及受到它的稳定性与“蔡加尼克效应”的影响，即使犯罪人没有合适的条件实施该犯罪动机，它也会在较长的犯罪生涯中具有较强的张力。

情境性犯罪动机是在情境因素的作用下，在较短的时间内

① 梅传强著:《犯罪心理生成机制研究》，中国检察出版社2008年版，第101页。

迅速形成的。对犯罪人来说，由于事先没有思考、准备，所以这类犯罪动机在相当大程度上是由具体的行为情境和犯罪人当时的心理状态（特别是情绪状态）决定的。在这种情况下，引起犯罪动机的情境一般具有应激性、危险性（对于行为自身而言）的特点。多数的机会型犯罪、情绪型犯罪都具有此类犯罪动机的特点，如处于情绪兴奋的状态，或极度愤怒等，犯罪人的理智判断能力下降，导致宣泄动机、侵犯动机与防卫动机的产生。情境性犯罪动机很不稳定，容易在相应情境因素的变化下发生迅速改变。由此可见，此类动机反映出行为人的主观恶性较小。

根据犯罪动机的作用力标准进行划分

根据犯罪动机对犯罪行为的作用力不同可以将犯罪动机分为主导性犯罪动机和从属性犯罪动机。[①]犯罪动机是犯罪的需要和外部刺激（目标或诱因）相结合而产生的。而个体行为的动机常常是多因素的，往往同时存在各种不同的动机。在各种动机之间存在动机斗争，不同的动机所具有的地位和作用是不一样的。个体身上最强烈、最稳定的动机，称作主导性动机或优势动机，较微弱而不稳定的动机称作从属性动机或辅助动机。显然，主导性动机对心理与行为具有更大的刺激作用。在

---

① 梅传强著:《犯罪心理生成机制研究》，中国检察出版社2008年版，第101–102页。

其他因素大致相同的条件下，个体往往采取与主导性动机相吻合的意志行为。

根据犯罪人对犯罪动机意识水平标准进行划分

根据犯罪人对犯罪动机意识到的水平标准可以将犯罪动机划分为意识到的犯罪动机与潜意识犯罪动机。人的心理是意识与潜意识的统一体，是理性与非理性的结合。犯罪人的犯罪动机也是如此。犯罪人明确意识到其内容的犯罪动机，是意识到的犯罪动机，大多数犯罪动机属于意识到的犯罪动机，平常所说的犯罪动机主要指意识到的犯罪动机。而犯罪人未能意识到或没有觉知到其存在内容的犯罪动机，是潜意识犯罪动机。潜意识犯罪动机出现的情况较少，多表现在一些特殊的犯罪人或犯罪事件中，如青少年的游戏型犯罪、赎罪型犯罪、激情犯罪、集群犯罪、过剩型情绪犯罪、激烈心理冲突导致的犯罪、某些人格障碍导致的犯罪、精神病态者的危害性行为等。

根据道德评价标准对犯罪动机进行划分

根据人类社会普遍的道德评价标准可以将犯罪动机划分为恶性犯罪动机、中性犯罪动机和良性犯罪动机。[①]

---

① 徐德华:《犯罪动机研究》，西南政法大学2004年硕士学位论文，第11–12页。

法律与道德具有紧密的联系，并在社会目标、内涵上具有一定的重叠，但它们本身分属不同的学科范畴，在功能指向、范围和实现方式等方面存在差异。

由于犯罪是一种严重危害他人、危害社会的行为，自然地，人们往往将犯罪动机和邪恶紧密联系在一起，理所当然地认为，犯罪动机都是“不良的”“恶性的”“反社会的”“非法的”。这也是传统观念中主流的观点。但当我们考察动机、犯罪动机的需要来源与刑事司法实践时，发现情况并不完全如此。需要是主体内部（生理或心理）的不平衡状态，是个体要求和社会要求在头脑中的反映，无论生理性需要还是精神性需要，其本身并非绝对是“善的需要”“恶的需要”“犯罪需要”。例如，某人出于孝顺的动机而实施的偷盗，行为本身是有罪的、恶的，但偷盗的动机不是恶的。只有当需要的满足（动机指向）方式与他人利益、社会利益相结合并以道德标准进行行为、行为人评价时，其积极、善良或者消极、邪恶的本质才发生分野和确定。因此，以需要（内容）为基础的犯罪动机也存在积极、善良、中性的或者消极、邪恶的区分。

恶性犯罪动机是反道德的犯罪动机。这类犯罪动机的社会本质与犯罪行为的法律性质是一致的，其犯罪动机违反道德，也对抗刑事法律，必然具有社会危害性，即“违反道德、违反刑法”。由这类犯罪动机所引发的犯罪占犯罪总量中相当大的比重。例如，为图财而害命、为报复而诬告陷害他人、为灭口而杀害无辜的见证人等。这类犯罪动机表明犯罪人的主观恶性较深，人身危险性较大。

中性犯罪动机是其行为动机本身对社会无所谓好或坏的犯罪动机。这种犯罪动机的内容的社会性质从道德及公共生活准则来看，既不是不良的、反社会的或不道德的，也不是社会所称赞和为道德所推崇的，即“不违反道德、违反刑法”。例如，由于好奇心的驱使而摆弄枪支发生意外走火打死了人。这种好奇心的动机，便是中性犯罪动机。在犯罪行为中，由于这类犯罪动机本身无所谓善与恶，不指向行为人主观恶性及人身危险性，因而该类犯罪动机的存在一般在定罪量刑方面有利于犯罪嫌疑人。

良性犯罪动机，其行为动机本身从道德的社会性质上来讲是有益于社会的，是符合公认的社会道德观念而为公众所赞同的。具有这种犯罪动机的行为人其主观愿望是好的，但事与愿违，即实现愿望的方式、行为结果为法律所不允许，即“符合道德、违反刑法”。这种情况类似于我们日常生活中所见“好心办了错事”的情况，也就是说，行为人积极的、善良或正义的动机引发的却是一个犯罪行为。在这种行为动机的促使下实施了犯罪行为的人，其主观恶性与人身危险性都相对较小，但同样具有社会规则的破坏性，从整体而言，对于法治社会建设是不利的。

常态性犯罪动机

在司法实践中，占较大比例的犯罪类型是财产型犯罪、暴力型犯罪与性犯罪。它们有时产生于单一的犯罪动机：在多数情况下的财产型犯罪是以财物追求为核心指向，暴力型犯罪是以攻击力量为主导成分，而性犯罪则是以性欲满足为主要动机。它们有时具有多种集合的犯罪动机：财产型犯罪也可能具有权力动机、虚荣心动机的作用，暴力型犯罪可能具有征服感的动力、效忠群体的动力，甚至对野性美的追求，而性犯罪则还可能受到暴力征服、好奇心甚至无意识的自卑补偿等力量驱使。现以杀人犯罪、强奸犯罪、青少年犯罪、女性犯罪与纵火犯罪为代表，分析常态性犯罪动机的核心成分与聚合成分。

杀人犯罪动机

在各类型犯罪中，杀人犯罪是最令民众感到恐惧、害怕的犯罪。杀人犯罪是传统型犯罪、暴力犯罪的典型代表，其犯罪动机有时甚为简单，如为财物或憎恨杀人，有时却较为复杂，如为隐藏罪行而杀人、游戏性杀人、政治性谋杀、精神病态杀人等。

杀人犯罪动机（成分）具体表现为以下几个方面。[①]

---

① 杨士隆著：《犯罪心理学》，教育科学出版社2002年版，第186页。

报复杀人动机

这是最为常见的杀人动机。在不同历史阶段、各种文化背景中均是如此。报复力量的本质来源是行为人内心极度的挫折感与危机感。在杀人犯罪中，报复杀人动机大约占三分之二的比例。①产生报复动机的直接原因可能是双方利益冲突、受到对方攻击后的身心伤害、自己的非法行为或罪行为被害人揭露，甚至是一件人际冲突事件而使自己感到“失面子”（失去自尊）等。报复杀人动机也可能与其他杀人动机结合，或者由其他杀人动机转化而来。

物欲杀人动机

物欲杀人动机的本质来自对钱财的欲望，谋财受阻或担心受阻、财产犯罪的暴露风险是杀人犯罪的直接导火索。最为常见的有抢劫杀人、盗窃杀人、为骗取保险金或赔偿金杀人、为勒索钱财绑架人质并“撕票”杀人、为钱财而充当杀手杀人等。

情感冲突杀人动机

因爱恋、憎恨、嫉妒及其他个人的情感纠葛而引发的杀人动机，它常常发生于具有家庭关系、较紧密人际关系的行为人之间。

隐罪杀人动机

为隐蔽自己的其他罪行而杀害目击者或受害者的动机，如

---

① 刘邦惠主编：《犯罪心理学》，科学出版社2004年版，第185页。

强奸后杀人灭口，犯罪后杀害证人或侦查人员，或者以另外的杀人案件（甚至于连续性杀人）来转移司法机关对犯罪人自己之前已经发生犯罪的侦查注意，以达到自我保护。

病理杀人动机

这是心理病态杀人者的杀人动机，典型的包括性欲杀人动机（以杀人行为本身作为自己性的代替性满足与淫乐的对象）、精神病理杀人动机（如被害妄想支配下的杀人动机、扩大性自杀的杀人动机等）与政治性刺客杀人动机（为实现特定精神、信仰目标的动机）三方面。

另外，在青少年杀人犯罪者中，还存在一些特定的杀人动机，如为准备犯罪而增加胆量（证明与提高自己犯罪的自信心）的杀人动机，在好奇心驱使下纯粹追求刺激性的游戏性杀人动机（如杀人游戏的模仿冲动），消极情绪作用下的宣泄性杀人动机，在团体规范、同伴压力与自尊心推动下逞能、逞强的"英雄"杀人动机等。这些杀人者本身对加害对象并没有仇恨之心（可能是一个与自己无利害关系的陌生人，目标选择完全是随机的、偶然的），更多的只是自己的情绪宣泄，杀人只是一种实现特定目标的冲动性行为方式而已。

强奸犯罪动机

强奸犯罪是一种严重的性犯罪，具有暴力犯罪与性犯罪的双重性质。

强奸犯罪动机具体表现为以下几种动机（成分）。

性欲满足动机

这是主导性的强奸动机。犯罪人因性压抑而追求满足，或因性欲过度而追求满足，或追求暴力性方式的性满足，是强奸犯罪的基本动力。即使在其他动机的强奸犯罪中，性力始终以变形的方式构成其动机的要素。青少年强奸犯罪人在冲动性追求性欲满足的同时，还可能伴随着对于性的好奇或者单纯寻求刺激性的游戏型动机。

替代攻击动机

犯罪人以强暴的方式表达男性攻击、破坏的力量，通过对被害人的身体与精神的伤害实现自己暴虐的心理满足。这种强奸主导动机不是为性欲，而是攻击行为本质上具有伤害与羞辱的动机。

自尊补偿动机

强奸行为的动力来自行为人自尊心的恢复与自我尊严的重新建立。试图通过对女性的强暴性征服，实现犯罪行为人自己所期待或设想的具有强大的力量、控制感、占有感、征服感与自信的心理体验。

愤怒与报复动机

强奸的动力来自愤怒情绪及报复的力量。行为人或是因为受到羞辱，或受欺骗、欺侮而产生强大冲动性的情绪动力；有的犯罪人希望通过强奸特定女性对象来达到报复他人的目标。

虐待宣泄动机

此犯罪动机融合了性本能动机与暴力攻击本能，是典型的、变态的性犯罪动机，通过强暴与暴力虐待方式（如以折磨、捆绑、抽打、烧灼、切割等凌辱方式）实现其性亢奋与性满足等变态性需要。行为人的施虐行为往往促进其性兴奋（性欲力量的极端变形与转移）。其动机具有明显的自我强迫性与周期性满足的特点，因此，其犯罪动机往往是周期性、持续性的，而发生系列强奸犯罪（色情杀人狂是此倾向性的最极端后果）。

从整体而言，强奸犯罪动机并非完全出自性欲本能动机，而是复杂动机的结合体。有单一性动机，也存在复杂的精神动机，是生理、认知、情绪与情境因素共同作用下的力量。性欲满足动机是其主导的、基本的动力，而替代攻击动机、自尊补偿动机、愤怒与报复动机以及虐待宣泄动机都不同程度地具有（广义的）变态性，是性欲满足动机在其他心理现象中的转化、融合或变异，即这些动机所激发与引导的强奸行为只是实现其他精神目标的一种暴力方式、手段，或者指向性欲满足本身之外的目标。在一些习惯性强奸犯罪人身上，其犯罪动机较有可能存在多种心理现象相互影响（助长）的情况，即“强奸迷思”这一特定的认知偏差与犯罪合理化、自我辩解、道德推脱等防御心理产生交互。

青少年犯罪动机

随着经济发展与社会的变革，青少年犯罪呈现出更加严重的倾向。青少年犯罪动机因其犯罪类型及个体差异而表现出不同，但本质上仍然是犯罪主体青少年之独特身心因素与外界环境相互作用的产物。

青少年犯罪动机具体体现为以下几种动机（成分）。

财物动机

这是青少年犯罪动机的主导性动机。它来自青少年心理需要成长与现实的冲突，与他们逐步形成的成人感与独立性有着紧密的关系。财物动机主要表现为盗窃动机、抢劫动机，相应地，在青少年犯罪中盗窃、抢劫财物犯罪也是其主要的犯罪类型。①

攻击动机

青少年来自先天的攻击本能在与现实的矛盾中体现为为维护自我利益（如安全感与物质利益）、捍卫自尊心及归属感而进行极端形式的攻击。青少年攻击动机集中表现为报复动机，如泄恨报复（仇恨动机）、过当报复（其侵害结果大于犯罪人自己原先受到的伤害）、迁移报复（仇恨转移到无紧密关系或无关的他人身上）。青少年攻击动机常常体现为以较为直接而

---

① 罗大华，何为民主编：《犯罪心理学》，浙江教育出版社2002年版，第343–345页。

原始方式的凶杀犯罪、人身伤害犯罪以及其他形式的情绪宣泄特征的暴力犯罪，其暴力与冲动性、情绪性非常明显。

性欲动机

青少年犯罪的性欲动机典型地反映出青春期的性唤醒与强大性动力趋向的特点。性驱动力量的强大往往导致青少年的许多犯罪类型或多或少地与对性欲及异性情感的追求相联系，如青少年财物犯罪动机背后的性欲动机、群体犯罪中的性欲动机及情感动机支持、自尊动机之后潜在的异性情感动机等。青少年的性欲动机还经常地与其强烈的好奇心、探究动机相关联。其性欲犯罪动机主要体现为青少年的强奸犯罪动机、流氓犯罪动机。

归属动机

即青少年犯罪动机来自对所属群体（团伙或组织）的归属需要。青少年为了维持自己在特定文化、规范中的地位而以勇敢、榜样的方式行事，犯罪行为动机通过服务群体利益而实现个人特定利益这一目标。当然，其中也存在着非自愿的、压力性的动机成分。例如，“哥们儿义气”精神支柱下的犯罪、暴力团伙或颓废群体中情感依赖性作用下的犯罪，其精神动力或者次文化压力的犯罪动机有时也是非常强大而顽固的。

自尊动机

即青少年为维持自己过高的自尊心或克服自卑感而实施犯罪的动机。青少年在与现实的冲突中，容易在极端、片面的思维模式中产生自卑感，强烈的自卑感诱发心理紧张与挫折感，犯罪行为成了青少年以越轨方式战胜自卑的选择方式之一。青少年的自我中心与不成熟的认知也可能导致其不恰当的高自尊心（多数为虚假的、不稳定的自尊心水平），当这种自尊在面对挫折、困境时，就会成为维持自我价值、地位或“面子”的强大力量。

好奇动机

即青少年在强烈好奇心的驱使下产生犯罪的动机与行为。这种好奇犯罪动机既可以突出地表现为对性意向、性行为的好奇心，也可以表现为对其他未知领域的冒险或极端我行我素的动力。在青少年偶尔出现的及时快乐原则中本我的驱使下，好奇动机较可能与青少年的游乐性动机相结合，进而引发游戏性的犯罪动机，即犯罪行为人以游戏取乐为出发点，主观意识上不存在主观恶性而客观上可能造成实际犯罪危害的行为动力。游戏性的犯罪动机较多存在于青少年犯罪中，而在成人犯罪中较少存在。

罪恶感动机

即青少年在强烈的罪恶感的驱使下产生赎罪性的犯罪动机。随着青少年（尤其是青春期的后期阶段）理智与心理成熟性的发展，在自我内心世界（认知与情感方面）与外部世界的矛盾对抗中，部分越轨（或过错）青少年在反思作用下会为自己的错误或犯罪行为深感悔意、罪恶（如感到对自己亲人、亲密关系朋友的伤害、罪过感），在强大潜意识压力或防御机制（投射作用、反向作用、退行性合理化作用等）的作用下，有可能以犯罪受罚的趋向进行自我赎罪。其意识方面表现为主动实施犯罪行为，潜意识是指向自我赎罪的方向。这种罪恶感引发的犯罪动机既可以体现在常态性的潜意识动机中，更可能表现在病态性的犯罪之中（在司法实践中需要通过深度的犯罪心理分析才能提示这部分隐藏的犯罪动机）。

一般而论，财物动机、性欲动机与攻击动机是青少年犯罪动机的主要方面，归属动机、好奇动机、自尊动机与罪恶感动机是其次要方面。但在特定个体身上或特定犯罪情境中，某些次要犯罪动机也可能成为其犯罪的首要动机、核心动机。另外，导致青少年犯罪的性欲动机、好奇动机、归属动机（尤其是团伙犯罪中的勇敢动机、从众动机）、叛逆性罪恶感动机还可能存在着潜意识动机的成分。

女性犯罪动机

女性犯罪在整体犯罪中只占较小的比例，其犯罪类型、方式也与男性犯罪存在明显的不同。这些差异与女性犯罪动机的形成、指向与强度具有密切的关系。

女性犯罪动机具体体现为以下几个动机（成分）。

性欲动机

追求性欲的及时快乐是女性犯罪的基本动力，也即色情犯罪动机。它可能来自女性早期的创伤性经验（带来的自暴自弃），即以较低级性的生理满足为行为的动力，或是为错误的性意识、性观念所误导，将“性爱至上”“性爱自由”作为生活的基本准则。女性性欲动机可以实际地表现为女性“淫荡型”犯罪（如流氓犯罪），它往往由女性早期的性罪错演化而来。当自己性欲的满足受到阻碍或打击时而直接产生报复的犯罪动机。女性的性欲动机也可能表现为具有部分变态性的“炫耀型”犯罪，以自己的“性魅力”“性经历”作为自己虚荣心与自身价值的象征，其间女性的性罪错与性犯罪相互强化、恶性循环。女性性欲的犯罪动机经常与其情感动机似是而非地结合在一起发挥作用（如“以性即情”，或“以性为情”）。

情感动机

女性为了个人化的情感而产生的犯罪动机。一般而言，女性犯罪的情感动机具有狭隘性，即其情感大都指向与个人的切身利益或个人体验相关的对象，如家庭成员或亲密关系人，因此，女性的犯罪动机及其犯罪行为具有“自私性”。同时，女性的其他犯罪动机及犯罪行为中都较可能具有情绪性、情感性的色彩，相应地，其犯罪动机及犯罪行为的理智性、计划性、预谋性较差，甚至于情感动机忽视、排斥理智感。有时，即使女性行为人自己明知犯罪动机、犯罪行为的不合理及高风险后果，她们也可能在强烈情绪、情感力量的驱使下“勇往直前”。女性在许多的犯罪类型中都不同程度地具有情绪–情感性的色彩，这也是女性犯罪动机区别于男性犯罪动机的重要方面。

财物动机

女性犯罪的财物动机是其贪利性的直接体现，如好逸恶劳、贪图享受的财物动机，为满足虚荣心的财物动机，为获得家庭利益而衍生的财物动机（有时特称为“母爱型”犯罪人），都是女性常见的财物犯罪动机。显然，它们较可能与女性的性欲、情感动机渗透、融合而发挥作用。另外，在其财物犯罪动机的实现上体现出色情性与非体力、非暴力的特征，如以性相引诱或“以色谋利”获取财物、利用工作之便窃取财物、利用性别掩护（利用社会与公民对女性的依赖性、同情心、怜悯心）获取财物、与男性合谋获得财物等。

攻击动机

一般而论，女性的攻击性水平较男性弱，在犯罪动机中也较少显现其攻击性。而且，攻击性犯罪较多与其情感动机相联系，如女性杀人犯罪动机多与其家庭纠纷而矛盾激化有关，或与男女一方或双方奸情暴露有关，或与个人情感阻碍而报复杀人密切相关。女性的攻击动机水平较弱，但是，一旦其攻击动机被激发，其攻击行为的邪恶性与危害性就会同样明显。在攻击动机的展现方面也与男性存在差异，女性的攻击表现具有某种间接性，如雇凶杀人、合伙杀人、纵火报复、投毒报复、替代报复等间接性犯罪模式。女性的攻击动机如果与其变态性的性欲动机相结合，较有可能表现为持续性的施虐型、受虐型或施虐–受虐结合的色情攻击性动机，其犯罪动力有较强烈的顽固性，犯罪行为的危害性比较大。

纵火犯罪动机

纵火犯罪是故意放火或放任火灾发生、以损害他人生命、财物为目的的行为。由于纵火犯罪行为易于实施（简便操作性），在现代社会中具有一定的恐怖性质，这一危害公共安全的犯罪具有相当恶劣的破坏性。纵火犯罪动机较为复杂，其动机的形成、状态特征与行为人的身心因素、文化环境因素是紧密相关的。

纵火犯罪以危害他人生命与财产为犯罪目标，但其犯罪动机往往不仅仅如此，通常涉及以下多种动机成分。[①]

报复动机

这是纵火犯罪最为常见的、显性的犯罪动机。此犯罪动机是行为攻击本能动机在遇有强烈挫折时的隐蔽表现；犯罪人是“为怨恨、愤恨而纵火”。此动机与爆炸等其他危害公共安全犯罪的动机相似。例如，因受到伤害而报复施害者，遭受不公待遇（主观感受）而纵火报复单位，遭到抛弃的女性报复以前

① 杨士隆著：《犯罪心理学》，教育科学出版社2002年版，第235–237页。

的男友。这种报复的对象可以是特定的个人、团伙、机构或者整个社会（对于心理偏激或变态心理者，社会公众或权威部门最有可能成为泛化了的仇恨对象）。纵火犯罪的报复动机常常通过以下方式实施。

（1）谋杀：纵火是谋杀仇恨对象的手段，且具有间接性（如犯罪人不在犯罪现场）与安全性（纵火同时可以毁灭犯罪证据与现场痕迹）；

（2）恐吓与威胁：以纵火行为恐吓、威胁被害人，以实现报复欲的满足或进一步胁迫的目的；

（3）破坏：以纵火破坏、摧毁特定的财产；

（4）宣泄：在不法行为或犯罪行为不如意时，以纵火宣泄不满，如入室行窃失败或发现没有有价值的财物后，犯罪人纵火泄恨。另外，在具有明显的种族偏见、冲突或暴乱背景中，也常常会出现强烈的、群集性的纵火宣泄动机。

财物动机

这也是纵火犯罪常见的、典型的动机，利欲是纵火犯罪的动力：犯罪人是“为财产而纵火”。此动机也与爆炸等其他危害公共安全犯罪的动机相似。财物动机纵火犯罪的主要表现形式有以下几种。

（1）欺诈牟利：纵火诈骗保险金、销毁财务损失或债务，或者以纵火达到公司解散、债务清偿等目的；

（2）伪造财产损失：包括损坏文件信息、记录而获得利益；

（3）商业竞争而纵火：通过纵火危害竞争对手（包括财产与精神损害）而保全、提升自我利益；

（4）受雇而纵火：通过纵火获得佣金。

快乐动机

这是纵火犯罪动机的变态性或病理性的表现，犯罪人是“为快乐而纵火”。纵火犯罪的快乐动机在不同的犯罪人身上具有不同的意识水平及差异性的变态性程度，可以具体表现为以下方面。

（1）为释放紧张而纵火：当愤怒、憎恨、嫉妒、压抑、敌意等消极情绪引发紧张感，或由于孤独、苦恼而对社会不满时，以纵火来纾解其不满。此时，纵火的火焰与行为内心的敌意具有能量象征或置换的作用。起初，行为人以此为解压或泄愤的手段，但终因事态发展不能控制而涉罪。如果此种行为模式在其心理生活中得到强化（富有解压成效或产生牵强附会的愉快体验），则可能导致间歇的、持续性的纵火，或成为纵火累犯。其纵火模式大致相同，但纵火目标往往具有随机性。

（2）寻求关注而纵火：行为人为了寻求别人、社会公众的关注，或引起震撼效应，或为了成名，而进行相对公开的纵火。此种纵火行为人往往平常较压抑而孤芳自赏，自命不凡又“怀才不遇”、极度自卑。纵火是其兴奋性心理与成就需要的表达。例如，有的犯罪人为出名，通过纵火，制造“见义勇为”

救火的危险情境，自己在救火中积极表现，寻求公众的关注与赞许。

（3）恶作剧纵火：纵火动机来自对公共财产破坏的恶作剧心理。犯罪人以青少年为主，也是他们逆反性的极端性表达。他们以游戏性、戏谑性的方式，通过纵火来反抗、挑战权威。如果此举动未受到社会、政府的足够关注，反而会愈演愈烈。绝大多数的青少年纵火犯罪动机属于此类。

（4）纵火狂：是一种典型的、极端的病态性纵火动机。指行为人在不可抗拒的冲动或盲目热情的驱使下，伴随着纵火的强烈欲望的纵火动机。[①]此类纵火行为人一般要经历纵火前的紧张状态，而一旦火灾发生就会感到特别兴奋、冲动与满足。犯罪人对纵火的过程十分沉迷，即使在事后存在某些罪过与悔意，但对于纵火过程的快乐、兴奋体验会持续地驱使犯罪人再次进行纵火。其犯罪动机与犯罪行为具有明显的周期性、强迫性、冲动性的特征。精神分析理论认为，纵火狂的纵火行为是以火焰燃烧代表其性本能的力量释放，其间，行为人仿佛体验到一种强烈的“性快感”。犯罪人往往能从火焰的颜色、温度等感受到受害人的紧张，从危险状态中感受到欣快，这是一种因原始性本能置换而产生的变态性乐趣，因此，也称之

① 吴宗宪主编：《法律心理学大词典》，警官教育出版社1994年版，第870页。

为“色情纵火狂”。这种纵火动机与常态纵火犯罪的暴力报复、愤怒、获得物质利益或掩饰动机存在着本质的差异。

防卫动机

纵火犯罪动机是为了掩盖其他不轨行为、犯罪行为，即纵火是“为安全而纵火”。犯罪人出于自我防卫、自我保护的动机，通过纵火将自己（及利益相关人）的谋杀、盗窃、破坏侵入、侵占财物等犯罪行为的现场、信息及证据加以销毁、湮灭，或者转移他人关注视线。换言之，纵火是犯罪人自我保护的一种隐蔽手段。由防卫动机引起的纵火是一种继发型犯罪，也称为“隐匿犯罪性纵火”。

“公益动机”

在极少数的情况下，纵火人出于为其他人或公共利益考虑而纵火，即“为公众利益而纵火”。例如，为了环境利益而纵火烧毁污染严重企事业的厂房，其动机是为了当地多数民众的健康，或是为引起社会公众或职权机关对事态的应有关注处理。从某种意义而言，犯罪人的犯罪动机具有一定的“利他性”或“道德性”“公益性”，但因其纵火的直接后果而导致涉及犯罪。犯罪人自我可能从纵火中体验到某种“道义性”与“成就感”。然而，这种纵火动机也往往是其偏激性思维模式或偏差归因方式的产物。与该动机相关的是特定目的的纵火行为，即可能在代表各利益集团、政治主张的现代意识斗争中出现政治或精神层面的纵火动机，如在政治选举中的纵火。

此外，还存在一些特殊的、不甚清楚机制的纵火动机，如药力作用下的纵火动机（如行为人在致幻剂的作用下仅仅因为喜欢火焰的颜色而实施的纵火）、病理性纵火动机（如某些精神分裂症患者、躁狂症患者在情绪高昂时的突发性纵火）以及无明确动机或不明原因的纵火动机。

犯罪动机与变态型犯罪

变态型犯罪是指在变态心理（或不正常精神状态）作用下实施的犯罪，主要包括人格障碍型犯罪、性变态犯罪以及精神病危害社会行为（或称为反社会行为）。

行为人具有消极的生理因素与变态性的认知、情绪-情感、行为因素既是其变态心理产生的原因，也是驱使与诱发变态心理者产生犯罪行为的动机。这类变态性犯罪动机具体表现为本能动机、病理动机、宣泄动机与防卫动机四个方面。

本能动机

变态性犯罪动机最为突出的表现就是其本能动机。变态心理者由于在认知、情绪-情感、意志及个性等心理方面存在障碍，其理性与社会文化规范的制约力大大地下降（甚至消失），相比之下，其本能的力量就大大地加强，并逐渐成为支配心理活动与行为的决定性力量。他们的犯罪行为多数情况下是这种本能作用的表现。变态型犯罪的本能动机主要集中于具有原始性的性本能动机与攻击本能动机方面，或者两者的结合。在作为变态型犯罪主要代表的人格障碍犯罪、性犯罪与精神病犯罪中，性犯罪是其典型的、核心的犯罪类型。

人格障碍的变态心理大致包括不稳定型、退缩型与怪僻型三个亚类，而人格障碍型犯罪较为突出的类别是不稳定型人格障碍犯罪。[①]其中，反社会型人格障碍犯罪、偏执型人格障碍犯罪、边缘型人格障碍犯罪、分裂样人格障碍犯罪、表演型人格障碍犯罪之动机均是以暴力攻击性或者性欲表达性或者两者相结合为核心成分。[②]

在人格障碍犯罪中，反社会型人格障碍犯罪动机及其犯罪行为模式最为引人关注（其研究较早，也较为系统），其犯罪的危害性也最为突出。“无疯狂症状的躁狂症”是最早期的研究者对反社会型人格障碍的具体描述。龙勃罗梭所言“天生犯罪人”（天生具有犯罪倾向的人）与反社会型人格障碍者就很相似。西方反社会型人格障碍问题研究专家克莱克利在其著名的《正常的假面具》一书中，在大量的临床经验基础上，系统地阐述了反社会型人格障碍者以缺乏罪恶感、同情心与极端自

① 陈仲庚、张雨新编著:《人格心理学》，辽宁人民出版社1986年版，第420页。

② 张文、刘艳红、甘怡群著:《人格刑法导论》，法律出版社2005年版，第145–155页。

我中心化等为主要特征的犯罪动机与人格模式特征。[①]

反社会型人格障碍作为人格障碍犯罪的典型代表，即使其犯罪动机具有一些特殊的表现（如某种智能性动力、无丝毫同情心、无道德感与相对预谋性），但其整体动机是本能性的，在犯罪的激发与犯罪过程中都伴随着强烈的性本能与攻击本能动力，即“色情的”“暴力攻击的”，因此，反社会型人格障碍也称为“色情杀人狂”。在不同的人格障碍犯罪类型中，犯罪动机的表达途径与犯罪方式可能存在差异，如主动型或被动型，理智预谋型或情绪爆发型，冷漠型或兴奋型，轻浮肤浅型或冷静隐蔽型，但其本能驱动的动力是相同或相似的。相应地，受本能力量本身具有的张力舒张平衡周期的制约，其犯罪动机也具有周期性驱动力的特点，其犯罪行为多数情况下呈现连续性与周期性，而犯罪后果往往是愈演愈烈且非常严重的。[②]

病理动机

变态型犯罪是区别于常态心理的病理心理的外化结果，其犯罪动机都不同程度地具有病理的性质，即病理的犯罪动机导

---

① 陈仲庚、张雨新编著:《人格心理学》，辽宁人民出版社1986年版，第426页。

② 刘邦惠:《罪犯人格障碍症状与人格特征的相关研究》，载《中国临床心理学杂志》，2009年第17卷第2期，第169–170页。

致了病态的犯罪行为。

变态性犯罪动机包括病理认知动机、病理情绪–情感动机、病理意志动机，即变态性犯罪动机表现于行为人认知、情绪–情感与意志这三项心理活动过程之中。

变态型犯罪的病理认知动机

变态型犯罪的病理认知动机即病理认知对犯罪行为的激发力量。它可以体现于病理认知的各个方面，但集中表现为低智能、幻觉、妄想对于犯罪行为的推动力。

变态型犯罪的病理情绪–情感动机

变态型犯罪的病理情绪–情感动机即病理性情绪与情感对于犯罪行为的动机，它集中指向虚假情绪–情感、偏激性情绪–情感的动力。

变态型犯罪的病理意志动机

变态型犯罪的病理意志动机即行为人意志障碍对于犯罪行为的动力，它集中体现为犯罪的强迫动机。

意志障碍者的自觉调节、控制的能力丧失或减弱，经常与认知、情感障碍相伴随出现，反映在与犯罪行为相联系的随意运动、动机、行为活动等方面。

意志障碍在多种类型的变态心理现象中都可能出现，尤其以性变态、人格障碍与精神病更为明显；意志障碍驱使行为人的行为具有一定的强迫性、持续性、相对被动性，甚至是无动机状态。

强迫动机在性变态犯罪中的体现以恋童症、露阴癖、窥阴癖、虐待淫癖为典型的代表。

强迫动机在人格障碍犯罪中的体现以偏执型人格障碍与怪僻型人格障碍为典型的代表。

强迫动机在精神病犯罪中体现为，其犯罪行为主要受其变态心理和精神病态所制约，因而其行为是他们自己无法控制的。某些患者在其不受主观意识控制的幻觉、妄想等病理心态支配下进行违法犯罪活动。

宣泄动机

在人格障碍、性变态与精神病中都存在消极情绪、情感的直接或间接的宣泄，或以极端的、不符合规范的性欲方式、性对象、性目的，或者暴躁的、攻击行为方式宣泄被压抑的、不被接受的情绪与情感。而有些病理犯罪动机，如幻觉、妄想、抑郁、躁狂冲动等，其核心本身就是以投射、放任、退缩、移置等潜在机制对自我欲望、需要、期待之心理能量进行宣泄。

防卫动机

变态性犯罪动机之本能动机、病理动机与宣泄动机都在深层的潜意识中具有防卫动机的成分与特点。这种防卫动机的机能与常态人群行为动机的防卫机能本质上是一致的，只是行为性质与作用方式存在差异。从根本上来说，防卫动机是人类安全需要与自我保护需要的体现，而变态型犯罪人是以潜意识或曲折的途径来试图实现防卫的。变态型犯罪人的防卫动机主要服务于自我防卫，在少数情况下也可能指向家庭防卫和特定团体防卫，即使家庭防卫或团体防卫也是直接与犯罪人自身的防卫紧密联系的。

具体而言，变态型犯罪人防卫动机的实现是通过投射、合理化、歪曲、幼稚化退行、反向作用、“受害者想法”等心理防御机制这一无意识、自动化的方式实现的，思维障碍中妄想（尤其是被害妄想、嫉妒妄想、钟情妄想、夸大妄想）是犯罪人防卫动机的典型表征。

因此，认知障碍、情感障碍与意志障碍的变态性犯罪动机集中体现为原始本能性的性欲动机、攻击动机方面，这些本能动机在较大程度上通过人格障碍、性变态与精神病行为的犯罪动机表达其病理动机的性质，而在潜意识层面又均不同水平地存在宣泄动机与防卫动机的特征。

本能动机、病理动机、宣泄动机与防卫动机四个方面在犯罪行为中的作用，最典型地体现在变态型犯罪中，但是这些犯罪动机导致的犯罪并非都是变态型犯罪。在某些常态犯罪中，本能动机、病理动机、宣泄动机与防卫动机也同样发挥作用。其主要差异体现于行为主体对该行为动机的意识性与主动支配性方面。

无意识犯罪动机

何为无意识

无意识，又称为潜意识，是来自精神分析理论的术语。一般而论，无意识是指个体对正在进行的心理过程与行为意识不到的、毫无觉知的心理状态，包括无意识认知与无意识动机两大方面。

狭义上，“无意识”概念是指精神分析理论中的术语，即对自我心理能量的未意识到状态，包括前意识与潜意识两部分。广义上，“无意识”是指行为人对心理活动的无自觉、无觉知状态。无意识具有一些共同的特征：原始性、冲动性、活跃性、非逻辑性、非时间性、非道德性、非语言性。无意识在人类生活（心理与活动）中具有重大作用，它不仅是个体精神生活的实质与人格发展的根本动力，也是人类社会形成的基础和社会发展潜在的、内在的动力。①

---

① 林崇德、杨治良、黄希庭主编：《心理学大辞典》，上海教育出版社2003年版，第924页。

人们对无意识的探索，整体上经历了个体无意识-集体无意识-社会无意识的发展历程。[①]

弗洛伊德与无意识

弗洛伊德的经典精神分析理论认为，无意识指人类心理活动中很难或者永远不能够进入意识的部分，其内容主要是以性本能为中心的各种本能冲动。个体被压抑的欲望和冲动并没有消失，而是储存于无意识中。弗洛伊德认为，无意识是生物本能能量的仓库，是人类一切活动活力的总源泉，“无意识愿望仿佛永不泯灭”[②]，即弗洛伊德主张的个体无意识压抑的是原始的欲望和本能的冲动，代表着社会和道德所不容许的罪恶。

荣格与无意识

荣格将人的精神由浅及深区分为三个层次：意识、个体无意识和集体无意识。[③]其中荣格的个体无意识不同于弗洛伊德的个体无意识：弗洛伊德的个体无意识认为绝大多数是不为社会和道德所容许的原始的欲望和冲动等，很难进入意识，而荣

---

① 潘光花、隋美荣：《潜意识理论发展的三大里程碑》，载《内蒙古师范大学学报（哲学社会科学版）》2004年第5期，第84–87页。

② ［奥］弗洛伊德著：《梦的解析》，丹宁译，国际文化出版公司1996年版，第436页。

③ 常若松著：《人类心灵的神话——荣格的分析心理学》，湖北教育出版社1999年版，第91页。

格之个体无意识是曾经意识的经验，但出于种种原因被压抑或忽视，它们很容易被意识所接受。而集体无意识则指同一种族的个体，有一些共同的、不为个体自觉的本能和经验。也就是说，集体无意识代表人类进化中传承的经验与智慧（如原始意象、人格面具、自我、阴暗自我、自性等原型），是人类及群体的精神层面中支配着人类行为的力量。每个人都有自己的思维与行为模式，每个人有其原初的、典型的在世界上的存在方式。[①]这种独特的思维与行为模式及存在方式以无意识的方式存在于个体的精神世界中，并无形地对心灵发挥着作用。

弗洛姆与无意识

弗洛姆是美国新精神分析学派的突出代表人物，他在批判地继承弗洛伊德和荣格无意识理论的基础上，以精神分析、人本主义与马克思主义相结合的取向，将社会因素引入精神现象而提出社会无意识观点。所谓社会无意识，是指一个社会的大多数成员共同存在的被压抑的精神领域。[②]弗洛姆认为，在人类历史上，大部分社会的特征都是少数人统治并剥削大多数人。权威阶层通过语言、逻辑、社会禁忌和虚构的意识形态来

① 施春华著：《神秘的原型：心灵本体的探索》，黑龙江人民出版社2002年版，第1页。

② 潘光华、隋美荣：《潜意识理论发展的三大里程碑》，载《内蒙古师范大学学报（哲学社会科学版）》2004年第5期，第85页。

解释和证明少数人统治的合理性，进而成为大多数人的意识，使大多数人自愿接受剥削。禁忌、虚构本身不是对客观现实的真实反映，但它与主体对现实个体化、主观真实的反映相互作用，共同被压抑着进入无意识状态，即为社会无意识。亦即，弗洛姆主张的社会无意识压抑的是对社会力量主观真实的反映，在对现实的社会处境适应的驱使下成为一种自动地支配个体心理与行为的力量。

虽然各种无意识的理论观点存在着某些差异，从注重个体本能、种族经验与智慧到社会规范的适应，但从其本质而言，荣格与弗洛姆都是在弗洛伊德无意识理论的基础上发展自己的理论，都没有脱离弗洛伊德无意识理论的基本理论框架，他们都有内在的联系，而且都夸大了无意识在个体行为中的重要作用，忽视了自我的因素。

无意识犯罪动机的概念

与无意识概念相联系，无意识动机是个体本身不自知的动机。个体虽然有明确的行为活动，但是并不清晰地知道行为产生的原因。无意识犯罪动机则是指个体进行了犯罪行为，却不知道（或不清晰知晓）进行犯罪行为的原因。经典精神分析理论认为，这种动机的无意识性是个体“有意地”压抑动机，导致该动机隐伏于无意识层面的结果。它可以缓解或者消除焦虑。[1]集体无意识的动机是人类或所属群体之经验、智慧范式对于个体行为（及犯罪行为）的潜在支配作用；社会无意识的动机则强调已经存在的社会或群体规范对于个体行为（及犯罪行为）的潜在影响力量。

无意识犯罪动机的分析

青少年犯罪、过失犯罪、情绪型犯罪、变态型犯罪与群体犯罪中，在意识到的犯罪动机发挥作用的同时，也存在着一定成分的无意识犯罪动机。其意识到的犯罪动机与无意识犯罪动机往往紧密结合、相互渗透、相互影响而共同对犯罪行为发挥驱动作用。

青少年犯罪中的无意识犯罪动机

青少年正处于青春发育期，这是人一生中具有重要影响力的关键时期，也是人格及行为模式成长的危机时期。在潜在的本能冲动、社会规范适应及对特定群体规范的服从与对抗中，主体经历着迷茫、选择与孤独、对抗等强烈的消极体验。但主

① 林崇德、杨治良、黄希庭主编：《心理学大辞典》，上海教育出版社2003年版，第924页。

体对其力量的状态与来源并非时刻都能够具有清晰的意识性与自我认知性。青少年个体所具有的无意识动机是导致其实施越轨行为、犯罪行为的重要驱使力量。

本能动机

个体进入青春期后，其身体机能快速发展，性机能加强，第二性征出现，性朦胧意识得到唤醒。这种性本能的力量非常强大，当青少年未有心理准备时，其冲动性也足以打破内心世界的平衡。性对于青少年具有神奇感、私密感与强烈的探究心理，这导致青少年自然地、本能地受到性意向的推动，如对性知识的渴求、性羞耻感带来的心理压力、对性行为体验的尝试。[①]本能的力量推动青少年以探究性、冲动性行为走向越轨、犯罪行为的起点。而由于性机能的唤醒与性意识、性知识（尤其是性教育中的障碍）、性体验的成长并不同步增长，这些本能力量便以青少年主体未意识到的形式出现，个体并不清楚是什么力量驱使自己朝向性的目标。正如荷兰心理学家勃纳德·利维古德所指出的："青春期的危险在于性欲单独存在，而没有性冲动唤醒的陪伴。"也即只有性生理冲动的出现，而没有性道德意识的伴随。作为无意识犯罪动机在本能冲动力方面的另一表现，暴力攻击本能与性本能发挥作用的机制相似，

① 皮艺军等著：《青春期危机》，春秋出版社1989年版，第120–121页。

也是在个体青春期身体机能增加、兴奋性提高的前提下，伴随“成人感”“独立感”“自尊感”而出现的。青少年无意识中以遗传的攻击本能作为维护自尊心的手段；在家庭暴力与校园暴力中，青少年以攻击行为作为自尊与原始力量崇拜的象征。

罪恶情结动机

性机能与性意识的朦胧唤醒在产生兴奋的同时，必然导致性的烦恼，这是青少年生物欲求与社会规范冲突的结果：社会规范在此往往有严厉的限制，青少年会觉得接近异性是一种不道德、有罪过的行为。而且，如果个体在人格成长的早期存在一些尚未解决的心理危机，如信任危机、过分信赖，或者在婴幼儿时期形成恋母情结、恋父情结等情感困惑，性的罪恶感就会被无端地放大而成为青少年特定行为的主导力量。例如，在早期父母或兄弟姐妹的溺爱－口唇固着－个体在青春期的学校、同伴竞争中自卑－反应性嫉妒与敌意攻击－罪恶感－自我惩罚补偿的循环中，暴力攻击及犯罪行为是潜在自我补偿与自罪动机的产物。[①]受到本能快乐追求与内心道德（超我）冲突的影响，对客观越轨或自以为越轨的青少年来说，其罪恶感忽隐忽现，时刻相伴相随，是其内心冲突与矛盾的来源。其极端的形式是赎罪动机，青少年犯罪的潜在动机是为了通过犯罪而得到

① 刘邦惠主编：《犯罪心理学》，科学出版社2004年版，第42页。

惩罚来赎清自己内心顽固存在的性的罪恶感或对父母及家庭的罪过。

好奇心动机

随着青少年成人感、独立意识及认知能力的增强，以及涉及社会生活的范围与机会的增加，青少年在好奇心、探究本能的驱使下，血气方刚，富有冒险性，迫切想了解、探究未知领域新奇的刺激。如果没有外界疏导的途径，越是社会禁忌的阻挡越能激发其探究的动力。在本能冲动性的自然引导下，性的诱因力、暴力满足冲动，越轨突破力量、自我宣泄表达与盲目自信的力量等都容易成为青少年强烈追求的方向，而他们在具体的行为、活动中未必清晰知道其行为的原因动力。由此就有了性越轨、性犯罪、攻击行为、暴力犯罪及破坏活动的好奇心潜意识动机。其更为典型的是游戏型犯罪动机，这是好奇动机与青少年游戏快乐动机紧密结合的表现。

逞强动机

青少年处于身心成长的过渡时期，其内心的认知、情感与意志发展不平衡。在同伴之间的自尊心与地位竞争中，在争取对群体归属感的过程中，青少年容易表现出强烈的虚荣心或想出人头地。但由于受到心理水平与客观条件的限制，有时难以达到相应目的。而自卑感极强或自我显示欲极强的青少年，一旦无法以合法行为表现自己时，就可能在自我价值感的驱使下，自然地激发出逞强动机。用自身的价值、自身的能力、自身的意志品质、道德品质来加强自尊的人生哲学在成人身上已经成为常识，但青少年并不能完全理解与接受。在同性间的竞争上，青少年往往把竞争当作与他人在气势上、力量上、胆量上的较量，他们更倾向于用直接的、外显的攻击方式来捍卫自尊。有时一次考试、比赛或辩论等都可能触及其自尊心，都可能直接引起外显的攻击行为。[①]在同性间的竞争上，青少年往往把非本质的特性，如单纯的身体力量、容貌、体形、服式、发式、言行风格与风度等作为自己品质与自尊价值的代表，具有更为表面化的虚荣心。这些虚荣心的要素是青少年心理生活中的重要力量，也是无意识中促使青少年为追求虚荣心而犯罪的动机之一，如青少年为追求物质享受、情感依恋背后的逞强动机与自尊动机。

逆反动机

相对而言，青少年的逆反行为（叛逆行为）表现更为普遍与明显，但逆反心理在成人与青少年身上都有可能出现：成人的逆反心理常常是有意地对抗社会规范及权威的约束，是理智的、自我意识调控的；青少年的逆反心理是情绪的、非自我意

① 皮艺军等著：《青春期危机》，春秋出版社1989年版，第218页。

识的，或者说是本能性的、自发的、直截了当的反应。首先，逆反心理是青少年的内心需要与客观环境要求相冲突的产物。青少年好奇与感兴趣的知识是多方面的，有学校课堂知识，更关注自己的兴趣爱好与课外知识，家长与教师及社会（如考试制度）则集中强调课本知识；青少年个性是丰富多彩的，家庭、教师与社会（如传统习惯）则强调（甚至于强制）统一规范；青少年追求自主与独立，家长与社会则要求绝对服从。这些心理需要与现实的矛盾导致对于青少年内心期待的兴趣、自由与理想的抹杀与限制，直接导致青少年天性的无意识反抗。其次，逆反心理是青少年求乐倾向与自由倾向的自然表现。追求快乐是人的天性；儿童与青少年追求快乐的倾向并非社会赋予的，而是自发的（社会赋予的只是游戏的方式与条件）。而社会普遍认为，青少年正在走向成熟，要尽快接纳社会规范，"学习要勤奋刻苦、工作要一丝不苟、生活要严肃认真"。这些严格的要求与他们天性追求的轻松快乐立刻发生对立与冲突。如果成人世界的规则过于带有强迫性，他们要面对来不及适应的压力，压力便成为反抗的作用力。因而，在违法犯罪青少年身上就会表现出信奉"吃喝玩乐为人生第一快事"的信条、原始的乐趣观与为所欲为的自由观等这些极端化的逆反心理。最后，逆反心理是青少年追求社会适应与归属感的反应。青少年正处于自我同一性建立的时期，他们潜意识里希望在自己的过去、现在与将来理想之间建立一种可靠的联系。由于青少年的心理及行为未能符合家长或社会的规范（如学习成绩较差、行为不规范），受到家庭、学校或社会的排斥（或惩罚），他们心里一时无所适从，无所依赖。但其内心的归属感依然存在，甚至更为强烈地需要得到满足。此时，在主流文化的排斥中，区别于主流文化的亚文化群体就凸显出吸引力。亚文化群体中的相互认同与归属感仿佛使青少年的心灵在茫茫大海之中找到寄托的港湾。为了保持与强化自己在亚文化群体中的归属感与地位，在群体自身规范无形的压力下，青少年自愿地接纳群体的规范。加之群体成员之间未被社会驯化的天性与消极行为方式的习染，青少年最终容易不经意地走到主流文化规范的对立面。自我价值追求与归属感追求的过程潜在地造就了对抗社会规范的、叛逆性的行为动机。

可见，青少年犯罪的无意识动机包括多种成分，主要有本能动机（性本能动机与攻击本能动机）、罪恶情结动机、好奇心动机、逞强动机与逆反动机。其实质是行为人生理、心理与行为（环境习得）因素协同作用的产物。其中，本能动机、罪恶情结动机与好奇心动机，更多地与行为人的生理性本能相联系，是无意识中个体无意识内容在犯罪动机上的体现，体现的是个体的本能欲望与早期受压抑创伤的次级后果；逞强动机更多地与行为人的心理功能（认知功能对于自我价值感的追求）相联系，是无意识中集体无意识内容（人类传承的行为倾向与模式）在犯罪动机上的体现，体现的是个体习得智慧之潜在的消极后果，如青少年潜意识中“英雄”“失败者”的原型可能在现实受挫时成为追求自我成功、对抗社会的指引；而逆反动机则更多地与行为人的社会文化因素相联系，是无意识中社会无意识内容在犯罪动机上的体现（以叛逆方式过度地、曲折地适应规范，或者对抗权威的规范），体现的是行为人社会适应性经验的反社会性结果（犯罪青少年也是潜在地追求自我与其所属群体规范的相适应）。青少年可能以虚假的或主观真实的亚文化群体规范（如把图腾、禁忌、对抗性行为方式作为自己的存在方式）排斥社会主流文化规范。

与成人犯罪、老年人犯罪相比，青少年犯罪动机中，无意识犯罪动机具有较为突出的、典型的表现，它与意识到的犯罪动机相结合，形成其错综复杂的动机体系。有的无意识动机成分占主要地位，有的与意识动机相互渗透，有的开始是属于无意识动机，随后发展成为意识到的动机（如犯罪后通过自我反省或他人分析引导）。青少年无意识犯罪动机的存在，除了受青少年过渡性心智水平、意识水平的制约之外，行为人自我的本能力量与早期经验、生物进化适应中所形成的“原始意象”“阴暗的自我”“自性”等种族传承因素与现实环境中的特定规范力量（如暴力性规范、帮派等级意识及禁忌等）更为潜在地发挥着深刻而隐秘的作用。

过失犯罪中的无意识犯罪动机

过失犯罪是应当预见自己的行为可能发生危害社会的结果，因为疏忽大意没有预见，或者已经预见而轻信能够避免，以致发生危害结果，其行为构成犯罪的。其犯罪主观方面包括疏忽大意过失与过于自信过失。[①]

从心理过程与行为机制发生来看，疏忽大意过失犯罪包括应当预见与能够预见、没有预见与疏忽大意（对危害结果与行为性质都没有预见、对危害结果没有预见而对行为性质有所预见）、错误决策与危害行为实施；过于自信过失犯罪包括已经预见而轻信能够避免、错误对策与危害行为实施。

过失行为的动机由精神分析开始深入地研究，如在弗洛伊德《日常生活的心理分析》一书中关于口误、笔误、读误与动机性遗忘等中的无意识作用，并创立了“过失心理学”，并进而推断对他人生命与健康的危害中，也与对自己的过失一样存在无意识的动机。这种过失是两种不同意向互相牵制的结果，包括被牵制的意向与牵制的意向，其具体机制是无意识的冲突与过失补偿。

犯罪虽然没有追求或者放任危害结果发生的动机，但并非

---

① 高铭暄、马克昌主编：《刑法学》，北京大学出版社、高等教育出版社2000年版，第117–118页。

不存在行为动机与犯罪动机。过失犯罪动机的性质是多样而复杂的。其中既可能有某种程度的积极动机（如为了求得高产增效而冒险作业，或为制止犯罪而防卫过当等），也可能有中性动机（如为好奇、探究而造成损失），但在更多的情况下则是产生于消极动机（如为争强好胜、谋求私利而造成事故等）。[①]疏忽大意是注意义务的典型缺乏，其过失犯罪之无意识动机较为明显。相对而言，虽然过于自信过失中行为人已经预见危险，存在某些动机斗争或冲突，但也可能存在与之相关的或不相关的其他犯罪行为动机（多动机或被某一较强烈动机掩盖的动机），它可能是没有意识到或无意识的，因此，无意识动机广泛渗透于积极、中性、消极动机之中，体现于疏忽大意过失与过于自信过失的心理过程中。

个人欲望驱动力

个人的欲望是人们心理活动与行为的基本动力，它能够作为一种力量在意识与无意识层面支配过失犯罪行为。其无意识层面主体体现为贪利动机、报复动机与游戏动机。

贪利动机

具有强烈贪利动机的人，利欲的目标弥漫于其心理的各个

① 罗大华主编：《犯罪心理学》，中国政法大学出版社2007年版，第269页。

方面与行为导向中。财迷心窍者常常因内心潜在的贪财图利而置危险因素于不顾，心存侥幸，实施违章冒险行为，从而导致过失犯罪。贪利动机在多数情况下是被行为人明确意识到的，但在习惯性行为等情形下，其动机往往也会具有无意识或低意识的成分。例如，在强烈的经济利益目标或经济压力之下，促使行为人生产了伪劣商品，或为越权签订合同而受骗上当造成重大经济损失。有的人则可能在权欲或名誉地位动机的驱使下，为求得上级领导的好感，无意之中忽视安全生产而违章作业。[①]

报复动机

心胸狭窄的行为人在受挫折或恐惧、愤怒等消极情绪的作用下会采用原始、直接的方式实施报复行为。由于报复行为中自我控制力与理性判断的失误而导致过失性（非主观预期）的结果。报复行为的启动动机是清醒意识到的，但其对于过失犯罪行为结果的发生是无意识的（犯罪行为动机的无意识性）。例如，某人本来只想“教训”被害人，并无意伤害其肢体或生命，但由于被害人身患疾病，在犯罪人打击之下骤然死亡，则犯罪人就具有了构成过失杀人的行为动机。

游戏动机

这类动机的行为人出于游乐的需要，忽视了手段的危害性

---

① 罗大华，何为民主编：《犯罪心理学》，浙江教育出版社2002年版，第397页。

可能带来的危害后果（如恶作剧般的惊吓导致受害人受到惊吓），或者在高度的情绪状态感染中根本没有意识到行为的危害性（如将鞭炮扔掷到人群中导致人员伤亡）。这类过失犯罪动机往往具有低意识性或者无意识性。

以贪利动机、报复动机与游戏动机为代表的、个人欲望表达出来的过失犯罪动机可能以意识动机、无意识动机或两者结合的方式发挥作用，其本质上更多的是与个体无意识的内容相联系之欲望驱动力的体现。

消极智慧与经验驱动力

认知是导致过失犯罪的决定性主观因素，而消极的认知因素在过失犯罪发生时，行为人并不一定是处于意识状态中，相应地，由这些消极认知力量产生的犯罪动机也具有无意识性，或可称为犯罪动机的内隐性认知。它具体表现为行为人消极智能特征及经验对于过失犯罪的驱动力。

消极注意力

无论疏忽大意过失犯罪还是过于自信过失犯罪，都是以注意义务的缺失为前提的。注意涣散与分心，作为注意过程的一种失误，导致客观存在危险而没有注意到，或者预见到危害而没有充分注意去避免，因而是造成过失犯罪的重要心理因素之一。通常，这种注意的失误是无意识的，即无意识注意干扰了有意识注意、注意失去控制、注意分配不当、注意转移不当的情况下，都可能产生不注意状态，导致过失犯罪行为。

消极记忆力

行为人记忆的缺陷与失误，会造成行为偏差而导致过失犯罪。再认障碍、回忆、遗忘及记忆的抑制都可以引起过失犯罪。因遗忘操作规程而导致的疏忽大意过失犯罪最为普遍，如失火罪、过失杀人罪、过失事故罪等。而行为人当时对此是处于无意识状态中的，只有事后分析或反省时，这种消极记忆的动力因素才会进入意识层面。

消极经验驱动力

包括经验不足与经验负迁移的作用力。经验不足，必然对行为的危险性缺乏预见，当活动发生危险时也不能有效消除或控制危险。经验的负迁移则是指曾经的经验在处理类似的危险情境时具有消极的障碍作用，甚至助长了危险的发生。这种经验可以是个体自身的经验，也可以是群体成员之间的间接经验（如同伴或家庭传递的经验）。

由消极感知注意力、记忆力、思考力及经验构成的智能则会以一种整体的形式作用于过失犯罪行为，一般来说，智能低的人，或因为技术掌握上的困难，或判断失误，或对危险估计不足，或者因智能低反而无所顾忌、胆大妄为，导致他们发生过失的可能性要大于常人。而有些智能高者，因为自以为是，过于自信而冒险作为或不作为，也可能导致发生过失。[①]

以消极注意力、消极记忆力与消极经验及智能水平特征为代表的消极性、内隐性智慧驱动力对于过失犯罪的动力更多是以无意识的力量发挥作用的。其本质与集体无意识之直接或间接经验、智慧（“液体智慧”）的消极习得、行为刻板习惯性等因素有某种潜在的关联。

消极态度驱动力

消极态度驱动力对于过失犯罪动机的影响集中体现于消极性格方面。性格是个体在长期的实践中形成的对事物、生活的稳定态度与习惯化的行为方式，它强有力地贯穿于行为人心理生活与行为活动中的各个方面，并以无意识的方式对心理及行为发生潜在的作用。急躁者、自傲者、任性者、懒惰者、悲观者、粗心者、反应迟钝者、过于自信者都较容易产生消极习惯、不负责任的社会态度及注意义务的缺失，或疏忽大意，或盲目自信，而酿成过失行为。与之相关的，部分消极态度者，则可能以自我显示（炫耀动机、虚荣动机）表现，或不顾规章制度，或冒险行为造成消极后果。更进一步分析，所有具有消极态度者，在内心潜在地存在对现有规范的忽视、漠视或者对

① 罗大华主编:《犯罪心理学》，中国政法大学出版社2007年版，第265页。

抗，这表明了现有的规范与行为者自身已经具备的欲望（包括本能需要）、态度体系之间的冲突，其中可能体现出现实规范中潜在的某些不足或弊端（即社会无意识中折射出来的虚构式反映与个体主观真实反映之间的冲突），更是行为者在实际行为中无意识修正性、对抗性适应现实规范的流露。

另外，行为人身体疲劳、酗酒、醉酒、中毒或某些药力作用导致的身体高度兴奋与高度抑制情况，也容易诱发无意识过失犯罪动机及行为（主要是疏忽大意过失）。

因此，以个人欲望驱动力、消极智慧与经验驱动力及消极态度驱动力为代表的过失犯罪无意识动机，反映出过失犯罪无意识动机的本能性、认知性与行为（社会习得）的成分，这表明它们隐隐约约地与无意识的不同层面发生潜在的联系。而且，这种无意识成分有时与意识成分相分离，有时相结合渗透，构成过失犯罪的复杂动机体系。

情绪型犯罪的无意识犯罪动机

情绪型犯罪，又称为情感型犯罪，指一种带有感情色彩，呈现出强烈的情绪性因素，由不良的情绪性动机引起的犯罪行为。[①]

---

① 罗大华主编：《犯罪心理学》，中国政法大学出版社2007年版，第276页。

广义上，情绪型犯罪包括情绪动力的犯罪与情绪色彩的犯罪两种情况。

情绪型犯罪的本质是由消极情绪动力导致的犯罪。由于情绪、情感本身的非理智性性质，在特定情况下，它对行为的激发、推动作用并不是行为主体所意识到的，因此，情绪型犯罪存在无意识犯罪动机的情形。无意识动机存在的情绪型犯罪主要体现于激情犯罪、自卑感犯罪、应激犯罪、消极心境犯罪与情绪宣泄犯罪中。

激情犯罪

激情犯罪是激情动力导致的犯罪，是情绪犯罪的典型表现之一。

激情犯罪是激情支配下的犯罪行为，不仅指向激情杀人，也包括其他的激情犯罪行为。激情犯罪动机就是推动激情犯罪的动机，或者说激情状态下的犯罪动机。由于激情是强烈而短暂、爆发式的一种情绪状态，行为人在激情状态下，认知范围狭窄、理智分析能力下降、自我控制能力减弱，容易引发不合逻辑的、冲动性行为。这也是导致激情犯罪动机具有无意识性的心理根据。根据邱国梁先生的研究，激情犯罪动机是一种瞬间动机，其犯罪行为没有明确预谋，犯罪动机的产生一般也不经历动机斗争过程；犯罪动机具有一定的无意识性（多数情况是意识水平下降的意识狭隘状态，强烈的情绪掩盖了行为人常态的理性）；激情犯罪动机导致的犯罪行为后果通常具有严重的破坏性与危害性；激情犯罪在青少年群体中较容易发生；犯罪人在犯罪后往往会产生后悔心态（情绪动力可能在理性的调控作用下由未被意识到状态进入意识状态）。①

愤怒是引发激情犯罪（尤其是激情杀人）最为典型的情绪动机之一，与激情犯罪密切相关的情绪动机还有恐惧动机、怨恨动机、嫉妒动机等。恐惧是个体面对来自外部的侵害时试图自我防卫而产生的情绪：当恐惧情绪高涨时，行为人有时就可能不假思索地进行暴力反抗。与愤怒、恐惧相比，怨恨是一种更为持久的消极情绪，怨恨一般并不会一时完全地表露出来，但随着消极情绪压力的增加，行为也可能产生非理性的发泄与报复。嫉妒情绪的犯罪多数发生于具有较亲近情感关系的个体之间，强烈的或病态的嫉妒情绪可能成为激情暴力犯罪的重要动力来源。②

可见，激情犯罪的无意识犯罪动机主要表现源于刺激型动机因素：诱因事件对已有消极情绪能量基础之激情的激发，或者挫折型情绪的持续积累而最终被激发。但某些情绪（尤其是深刻的情感）是以行为人的认知评价为基础的，因而，激

---

① 邱国梁著：《犯罪动机论》，法律出版社1988年版，第163–165页。

② 何贵初：《论激情犯罪心理》，载《四川警官高等专科学校学报》2000年第2期，第27–28页。

情犯罪动机的无意识背后也可能存在需要型动机来源：以错误或偏激的观念（认知）（如“武力制胜策略”“马善被人骑，人善被人欺”“老实人吃亏”等）为基础的持续性消极情绪的动机形成机制。而这些习惯化、自动化的认知观念或思维模式对于激情犯罪动机的动力过程与机制也是以无意识方式发挥作用的。

自卑感犯罪

精神分析的个体心理学家阿德勒认为，一个人因生理的缺陷、社会地位的低下，或在人生早期接受了不良的影响（如娇生惯养或被忽视，或被严厉管教等），就会在一生染上不适应感与自卑感。自卑感一旦形成，个体就会对社会产生敌对的态度，从而推动个体去追求优势目标以获得补偿，因此，存在一个人犯罪是由于感到自卑而采取过度补偿行为的情形，即形成自卑–努力追求优势–过度补偿–犯罪行为的链条。如果自卑感过于严重就可能转化成为自卑情结，即个体潜意识中与软弱无能、无价值感有关的复杂心理倾向与生活风格。个体在自卑情结的压力下，更倾向于自我压抑与悲观情绪的深刻体验。自卑感与自卑情结都促使个体进行心理补偿，当符合社会规范的补偿途径、方式不能实现时，就可能以违反社会规范的途径、方式进行，其出现的情形可能是精神疾病与越轨、犯罪。在这些过程中，自卑的情绪力量多数状态下是以自我防御的机制进行，因而自卑感犯罪的动机具有潜在的无意识成分。

应激犯罪

应激是行为人在生理或心理上受到威胁时出现的一种非特异性身心紧张状态。[①]由于应激刺激源具有的超负荷性、冲突性、不可控制性以及行为人心理品质与适应经验的影响，应激可以引发紧张的生理反应与心理反应行为：通常的紧张生理反应是一般适应综合征；而紧张的心理反应包括压抑方式、逃逸-对抗方式。前者的消极后果是损害身体健康或诱发疾病，后者的消极后果是精神损害（如逃避型人格）与越轨、犯罪行为。

应激犯罪是为应付突发状态而实施的犯罪行为，属于情绪型（或情感型）犯罪。犯罪人在实施犯罪过程中遇上受害人的反抗或抗拒时会突然采取攻击性暴力行为。此时，犯罪人常常由第一犯罪动机转化为第二、第三犯罪动机。例如，行窃时被发现或在实施强奸时遇到受害人强烈反抗，犯罪人在紧急情况下纵火或杀人灭口。犯罪人在自身利益受到威胁、侵害时，惊慌失措，自我防卫过当而导致犯罪。或者在突然而至的危险情况下导致过失犯罪，如司机遇到险情产生强烈的恐惧，失去应

---

① 林崇德、杨治良、黄希庭主编：《心理学大辞典》，上海教育出版社2003年版，第1575页。

变能力而造成交通事故。[1]由于应激犯罪的行为是犯罪人在应激情绪的紧急压力下实施的，其应激唤醒水平可能处于低意识的监控状态（低自觉），其行为反应并不都经过深思熟虑（或者来得及进行考虑），对其行为动力与后果也并不都有完全的意识觉知（如自动化的反应、习惯性的条件反射）。在这些情况下，故意或过失的应激犯罪中就可能存在无意识犯罪动机或犯罪行为动机的无意识成分。

消极心境犯罪

心境是指一种微弱而持久的带有渲染作用的情绪状态。心境具有弥散性，它不是关于某一特定事件、事物的体验，而是以同样的态度对待一切事物，是一段时间内个体心理活动的基本背景。心境分为积极心境与消极心境：积极向上、乐观的心境可以提高人的活动效率，有益于健康与人际关系协调。消极的心境会降低认知与活动效率，经常处于焦虑状态中，有损于健康与人际和谐。与犯罪行为关系密切的消极心境是郁闷状态与浮躁状态，郁闷状态容易使人无形之中悲观失望，随着郁闷的积累可导致抑郁情绪，行为人在外界挫折事件的诱发下，容易爆发无名之火，甚至做出伤人毁物的行为；而浮躁状态使人

---

① 林崇德、杨治良、黄希庭主编：《心理学大辞典》，上海教育出版社2003年版，第1575–1576页。

做事心神不定、躁动不安，容易对事物做出失误的判断或错误的决策，其发展就是躁狂情绪，也可诱发冲动性的犯罪行为。消极心境的产生原因是多方面的，生活或工作的挫折、人际矛盾、冲动、身体疾病与恶劣的自然条件等都可以在不经意中形成消极的心境。而且，在其形成过程中及在平常生活中，往往是自动化地、"润物细无声"地发挥作用。因而消极的、弥散性的心理背景往往助长着行为人产生冲动型犯罪行为，其犯罪行为动机具有无意识的性质与特点。这种特定的无意识动力作用既可以表现在平素表现不好，经常存在不良心境与消极行为模式的人身上，也可以表现于平素表现较好，情绪稳定，没有行为劣迹的人身上；既可以表现在常态下的消极心境（郁闷与浮躁）中，也可能更为突出地表现于变态性消极心理（抑郁状态与躁狂状态）中。

在消极的心境对犯罪的动力表现中，乡愁成为一种独特的行为动力。乡愁犯罪是指背井离乡的人由于对家乡的特别思念，但是因为其职责在身不能脱离工作服务场所，于是在极度的思乡情绪中，导致的破坏工作服务场所等犯罪。①思乡是一种愁苦弥漫的心境，也是一种低意识性或无意识的情绪力量（至少不是时刻都具有意识性的）；极度思乡的人可

① 蔡墩铭著：《犯罪心理学》，黎明文化事业股份有限公司1979年版，第545–551页。

能出现在潜意识发泄消极情绪中破坏工作场所或对抗工作负责人以消除回乡“障碍”的情况。虽然其行为具有幼稚性，但其压抑性、投射性的潜在行为动机是明显的。我国现阶段进城务工人员的犯罪动力中，可能就潜藏伴随或结合有较长时期远离家乡亲人而生的思乡情绪（情结）之无意识动机的力量。

情绪宣泄犯罪

激情、自卑感、消极的心境与持续的应激状态，都会产生消极的情绪能量。当这种能量被压抑着积累到行为人难以负荷的程度时，就会以一种原始性、冲动性、爆发性的方式宣泄出来。消极情绪被压抑的力量越是强大、时间越是持久，情绪发生宣泄的可能性就越大，对抗力量就越具有冲动性与不可预测、不可控制性。宣泄本身也是一种心理治疗技术，虽然该心理技术可以冲淡行为人压抑、紧张的情绪，是化解烦恼的过程，也是一种自防御性的能量释放，却可能在无预谋、无准备的情况下由于“意识狭隘”与“对立情绪的驾驭”而导致灾难性的后果。其典型表现就是过度犯罪（或称过剩犯罪）：行为人在轻微刺激下爆发异常强烈的情绪，产生与原因极端不对称的严重后果的犯罪，犯罪行为的冲动性（反应性冲动、爆发性冲动、情感性冲动与观念性冲动）是与犯罪人无意识犯罪动机紧密联系的，也正是犯罪动机的无意识性导致其犯罪行为、犯罪后果的过度性。犯罪行为往往直至其消极情绪在犯罪过程中消耗性宣泄表达完成才会停止，犯罪人的理性力量被非理性的、强大的情绪力量所掩蔽。

因此，激情、消极心境、应激状态、自卑感与情绪宣泄犯罪是情绪型犯罪的主要类型，无意识犯罪动机也蕴藏其中。这种消极情绪的力量在潜意识维度中较可能是与个体欲望系统的压抑及社会规范的压力相联系的。

变态型犯罪的无意识犯罪动机

变态型犯罪是在变态心理的支配下实施的犯罪行为，其犯罪动机具体表现为本能动机、宣泄动机、病理动机与防卫动机四个相对独立又交互作用的方面。这些动机都存在意识到的动机与无意识的动机。典型的变态型犯罪无意识动机体现为以下几个方面。

本能动机

本能动机是以遗传而来的个体欲望为基础的力量，以性本能与攻击本能为典型代表。对于变态型犯罪行为驱使力量，个体有时可能意识到其力量存在，但较多数情况下，本能动机对于变态者心理与行为的作用是以无意识或低意识的方式发挥的。如果本能力量强大，行为人对此或低或无理性地监控与调节，就会导致行为人因为我行我素、为所欲为而发生犯罪行为。

宣泄动机

宣泄动机主要体现变态心理者消极情绪的原始性、直接性的表达，过分的情绪压抑或内心冲突，导致超过主体的心理负荷能力，甚至使主体的心理防御彻底崩溃。有时在波涛汹涌、惊涛骇浪般的情绪力量下，行为人无从自觉，更难以控制其行为。

病理动机

病理动机是变态型犯罪的突出表现，病理心理可能体现为认知障碍、情绪–情感障碍与意志障碍。当病理心理发生时，行为人正受到其心理能量的影响，行为人有时也能在自我反省与自我分析中觉知到这种心理反应的不正常性力量；而在中度、重度障碍时，主体并不必然能够清醒自觉与体察到该力量的存在。例如，感知觉过敏或迟钝、记忆失真或虚构、幻觉、思维的迟钝或飘逸、超价观念、妄想等病理心理发生作用时，行为人往往不能意识到。

防卫动机

防卫动机在常态心理犯罪人中是出于安全需要而进行的有

意识自我保护的动力，而在变态心理犯罪人身上集中表现为以无意识为运行方式的心理防御机制。变态心理犯罪者通常体现出的防御机制是在对本能压抑或对与环境冲动的压抑的基础上，自动形成的投射、犯罪合理化、反向作用、退行等方面。在投射与反向作用方式中以妄想最为典型，如钟情妄想、被害妄想、夸大妄想。一个持枪或凶器进行报复的变态型犯罪人，可以被看成行为缺乏男子气概的投射与反向作用，当他对被害人得意地说着“举起手来”时，他是在用象征性的方式来无意识地弥补其男子气概的缺乏。而入室盗窃可以被看作无意识的强奸欲望的替代性反应。在犯罪合理化方面，变态型犯罪人可能以“受害者的地位”等自我安慰倾向，“正义感”“怜悯之心”“自恃特权”等内容来自我解释“犯罪”的合理性与正当性。退行则是变态者以一种个体早期存在的幼稚想法或行为模式应对现实中无以面对的冲突，如以儿童一般的纵火、伤人毁物、狂暴脾气来引起别人或公众的关注。其他的无意识防卫动机包括对自卑感的过度补偿、罪恶感的驱使、摆脱罪恶感的企图，以及通过犯罪行为来自我惩罚（赎罪）的潜在愿望等。

变态型犯罪的无意识动机是在其认知、情绪–情感、意志障碍的心理活动与人格障碍的前提下，通过本能动机、宣泄动机、病理动机与防卫动机表达出来，典型地表现于性变态犯罪、人格障碍犯罪与精神病犯罪类型中。当然，不同的变态心理犯罪类型的无意识状态及层次可能存在差异与交互作用。例如，性变态类犯罪之无意识更倾向于个体无意识之欲望的原始表现，人格障碍类犯罪之无意识则是其心理内在不协调或冲突的曲折（转换与分离）表现，而精神病类犯罪之无意识是文化冲突与压力的作用在消极遗传因素基础上潜藏而复杂化的表现。

群体犯罪中的无意识动机

群体犯罪是行为人基于相同或者相似的犯罪目标而联合实施的犯罪行为，其发生的根本原因是犯罪人共同的心理状态（即群体犯罪心理）。在群体犯罪心理的动力系统中存在部分无意识的成分，它们表现于群体的压力效果与特定的气氛效应中。

群体的压力效果，包括群体规范的压力与权威人物的压力；在犯罪群体中就是指越轨文化规范的压力与主犯施加的压力。一般而论，犯罪人开始时存在对压力驱使自己犯罪的觉知，但随着行为的习惯化与同伴之间消极态度与消极行为的助长，行为人对压力的自我觉知性就会慢慢地降低。在行为人自我放纵或情绪渲染的刺激下，犯罪群体的压力导致的犯罪动机就会暂时性地处于无意识或低意识状态并发挥作用；另外，过度的群体压力也可能导致犯罪人在群体犯罪中无意识地通过极端行为宣泄自己被压抑的情绪（如攻击宣泄或过度犯罪中）。

群体犯罪的气氛效应指行为人在由交流与互动诱导情绪传染、行为传染的特定情境中，无预谋、无组织地实施短暂性、疯狂性行为的心理效应。它集中地表现于集群犯罪中：行为人在某一事件的刺激下，通过强烈的人群互动、情绪传染、行为模仿等环节而产生越轨行为的潜在动力。其中行为人潜在具有的责任扩散心理（如“法不责众”心态）与匿名者效应（如“去个性化”）会极大地助长行为人的宣泄攻击情绪、越轨行为动机。在此动机发生过程中，潜在认同与追求的“紧急规范”自动化地推动个体以非常规性方式表达对具体事件以及平常通过压抑而积累起来的不满、怨恨与愤怒。虽然集群行为人事后反省时能够清楚意识到行为的动力与性质，但在集群行为爆发时，其越轨或犯罪行为动机往往是处于无意识或低意识状态的。

无动机犯罪

犯罪动机是推动行为人实施犯罪行为的动力，它存在于故意犯罪与过失犯罪、常态犯罪与变态型犯罪中，也存在于意识到的犯罪动机及无意识犯罪动机中。但是，由于行为人精神现象的复杂性以及人类现有知识、科学探讨的有限性，犯罪现象中也存在一些无行为动机的情况。无动机犯罪主要表现为以下一些特殊方面。

表达型犯罪行为

表达型犯罪与工具型犯罪是相对的犯罪类型，是指为表达特定观点、思想与情绪、情感而实施的犯罪行为。大多数的表达性犯罪存在明确的或潜在的犯罪动机，但有一小部分表达性行为（以及表达型犯罪行为）的发生可能不存在动机的激发作用。人类的非功利性、非好奇心驱使的存在（如适应状态）、艺术行为、创作行为、游戏行为、欣赏行为、智力行为等就不需要用动机或不存在动机来解释。①例如，某些涂鸦、写作、一往无前的探险等都似乎存在某种程度的冲动、激情与自我性表达，即使行为可能涉及犯罪主题，行为人也只在乎行为本身（行为本身就是目的）而无关乎动机的力量。相应地，其中部分的激情犯罪行为、集群犯罪行为也可能存在没有直接联系的犯罪动机。这种无动机的行为大多具有自动性、习惯性与刻板性运行的特点，是一种自性满足或“自如状态”②，如西方城市中的“街墙涂鸦”行为（其内容有时就可能涉及违法犯罪），许多的社会心理学家倾向于认同其为一种典型的青少年表达性行为。

---

① ［美］亚伯拉罕·马斯洛著：《动机与人格》，许金声等译，中国人民大学出版社2007年版，第88–92页。

② 自如状态，心理学术语，是一种具有高度表达性、开放性的自我暴露状态，也称为超越性动机或后动机。

忘却型过失犯罪行为

故意犯罪与过失犯罪存在差异性的犯罪动机，但过失犯罪中忘却型的不作为，于行为人而言不存在行为动机，也当然不存在实质上的犯罪动机。这是过失犯罪中一个特殊的心理现象。例如，忘记发出列车调度信号的值勤铁路调度的工作人员，或忘记及时给检修线路进行断电操作的供电调度人员等，会触及过失犯罪，有过失的罪过，但并不存在真实的犯罪动机。

部分精神病态者的危害社会行为

精神病态者的反社会行为或危害社会行为背后往往存在以病理或防卫动机为内容的投射或转移的行为动机。另一部分的行为或犯罪行为呈现出似是而非或无动机的状态，如癫痫症患者的突发冲动行为、做证中失忆症患者的突然失忆、极端暴力者连续的杀戮行为，也许可以找到其明确的病理基础，但难以探究到其行为的真正动机。其动机或许过于复杂（至少人类现有的科学知识无从了解），或许这些特殊的行为本身就是无动机的。

无意识犯罪动机是犯罪动机体系的特殊内容，它典型地、部分地体现在青少年犯罪、过失犯罪、情绪型犯罪、变态型犯罪、群体犯罪等类型犯罪的行为动力中；而无动机状态则是犯罪动机中更为极端的方面。对于犯罪动机特殊内容与形式的探讨，有助于犯罪动机之动力性与目的性、外在与内在决定性、习得性与非习得性、目的性（手段性）与表达性、意识性与无意识性及无意识的多层面、多角度的思考。

犯罪性人格

何为犯罪性人格

人格是一个人整体的精神面貌特征，是个体具有一定倾向性的心理特征的总和。[①]犯罪性人格是人格的子概念，一般指在认知、情感与道德感、行为习惯等方面具有犯罪倾向的人格特征。[②]与之相似的概念有“犯罪人格”“反社会人格”“犯罪

① 朱智贤主编：《心理学大词典》，北京师范大学出版社1989年版，第225页。西方主流的概念是奥尔波特的定义：“人格是决定人的独特的行为和思想的个人内部的身心系统的动力组织。”国内近年主要的观点有：“人格是构成一个人的思想、情感及行为的特有综合模式，它包含了一个区别于他人的稳定而统一的心理品质”（彭聃龄，2001）；“人格是个体在行为上的内部倾向，它表现为个体适应环境时的能力、情绪、需要、动机兴趣、态度、价值观、气质、性格和体质等方面的整合，是具有动力一致性与连续性的自我，是个体在社会化过程中形成的给人以特色的身心组织”（黄希庭，2002）。

② 林崇德、杨治良、黄希庭主编：《心理学大辞典》，上海教育出版社2003年版，第308页。

性格”“犯罪危险性人格”等。[①]其中犯罪人格可作为犯罪性人格的同义词；反社会人格是犯罪性人格极端倾向的代表，是变态型犯罪行为的常见动力来源；而犯罪性格、犯罪危险性人格则更多用在犯罪学、人类社会学当中。自从刑事实证学派提出人身危险性概念、精神分析理论提出罪恶感概念以来，犯罪性人格的问题就成为刑法学、犯罪学、犯罪心理学及人格心理学等学科研究的重要问题之一。当前学者们对犯罪性人格这一概念仍然没有形成统一的认识，主要存在着以下几种看法。

第一种：犯罪性人格是变态人格之一。早期的研究较为注重变态人格（人格障碍）对社会的危害性，尤其是认为犯罪性人格是反社会型人格障碍（悖德狂、道德狂乱症）。早期的精神病理学家较倾向于持有这种观点。

第二种：犯罪性人格是以诱发犯罪的错误思维模式为核心的独特人格类型，即犯罪思维模式。

第三种：犯罪性人格是一种反社会人格。持这种观点的学者较多，也是当前主流的观点。例如，“犯罪性人格是一种严重的反社会人格”；“犯罪性人格是一种严重的反社会人格，是指实施了犯罪行为的人有别于正常人的个性”；“犯罪性人格是指犯罪人群所持有的稳定而独特的反社会心理特征的总称，

---

① 本书采用犯罪性人格的概念，在于专门强调特定人格对于社会的对抗性和破坏性。

是一种反社会人格，是犯罪事实内在的反社会行为倾向的特定身心组织”。

犯罪性人格是犯罪人或潜在犯罪人所具有的反社会心理特征的总和，是一种严重的反社会人格，它是严重的反社会行为倾向的身心组织。其中，犯罪思维模式、反社会型人格障碍是犯罪性人格典型的具体表征。

（1）犯罪人或潜在犯罪人可能具有犯罪性人格，但并不是所有的犯罪人或潜在犯罪人都具有犯罪性人格。犯罪性人格是犯罪人或潜在犯罪人之犯罪心理发展到一定阶段时的产物。

（2）犯罪人或潜在犯罪人在具有犯罪性人格的同时，也具有正常的人格（人格障碍者除外）。犯罪性人格不是完全独立于正常人格之外的另一种人格，而是正常人格中的某些部分（情绪与行为的冲动性、认知上的偏激性等）在社会化过程中发生了严重的偏离，而导致一种较为稳定的、易于导致犯罪行为发生的人格倾向。

（3）犯罪性人格不等于变态人格。犯罪性人格包括常态性与变态性两种类型。常态的犯罪性人格通常指向错误的思维模式与品质卑劣；变态的犯罪性人格通常指反社会型人格障碍及偏执型、精神障碍型等类精神病性的人格障碍。虽然犯罪性人格可能发展成为反社会型人格这一变态人格的特殊状态，但是它仅仅是犯罪性人格的一种特殊表征。由于反社会型人格障碍具有强烈的反社会性及社会危害性，因而狭义上的犯罪性人格是指反社会型人格障碍。

（4）犯罪性人格与罪犯人格是两个关系密切又存在区别的概念。犯罪性人格是罪犯人格形成的基础与背景；罪犯人格是犯罪人实施犯罪以后，经过一系列的刑事诉讼程序与机构（监狱）改造措施而在服刑期间形成的特定人格，其中监狱人格是罪犯人格的典型代表。

（5）犯罪性人格是反社会的心理特征与行为倾向统一的身心组织系统，具有稳定性与持续性，它支持与维持着犯罪冲动，但并不等于必然导致犯罪。此心理趋向特征与犯罪动机相一致。

犯罪性人格的理论

在对于犯罪性人格的探讨历程中，刑事科学中刑法学之刑法实证学派以人身危险性领域为核心，人格刑法学派则是以犯罪危险性人格为核心与理论基础，使之得到了空前的关注与发展。而犯罪心理学中，从精神病理学、精神分析学派到实证学科的发展脉络中体现出对犯罪性人格逐步深入而越发全面的解析。

精神分析与犯罪性人格

弗洛伊德创立的精神分析基于性恶论的人性假设，提出了无意识、性本能、人格结构的理论；精神分析对于人格与犯罪之间关系的探讨是围绕着罪恶感、本能力量、无意识动机的人格（本我、自我与超我）冲突展开的[①]；把犯罪行为看成病态心理过程的一种表现，把犯罪归因于内在冲突、情绪问题以及无意识动机、不安全感、无能感、罪恶感与自卑感。具体来说，精神分析学家提出了犯罪性人格及犯罪行为的三种主要来源，它们与严厉的超我、薄弱的超我或者越轨的超我有关。

严厉的超我与犯罪性人格。多数情况下，犯罪性人格反映出严厉的超我。神经症型犯罪人有一种极为严厉的惩罚性超我，这些特殊的犯罪人可能体验到一种伴生于被压抑的童年期欲望的、强烈的无意识罪恶感。无意识显露所隐含、投射的愿望是追求法律的惩罚，“仿佛”以此来获得赎罪式的满足。这同时表明，安全需要、地位需要在其家庭中没有得到基本的满足，换言之，安全、认可或地位的需要在家庭中没有得到满足，少年的团伙或帮派犯罪可能代表了对这些需要的替代性满足。[②]

薄弱的超我与犯罪性人格。由于早期人格发展中的消极因素，如母爱剥夺导致的“自恋”或“固着”可能引发“薄弱的超我”，它在成年时期可以具体表现为病态人格而发挥影响：当这种具有“冲动性、支配性”性格的个体遇上强烈的挫

---

① 刘邦惠主编：《犯罪心理学》，科学出版社2004年版，第34页。

② ［英］布莱克本著：《犯罪行为心理学：理论、研究和实践》，吴宗宪，刘邦惠等译，中国轻工业出版社2000年版，第100页。

折时，自我中心、冲动性、无罪恶感、无同情心这些人格的特质，会与尚未解决好的情结（如恋母情结、恋父情结和前性器期固着）产生联合叠加作用，而具有较高的犯罪风险。[①]

越轨的超我与犯罪性人格。消极人格导致犯罪行为（尤其是青少年犯罪）的第三种来源是，超我标准得到正常发展，但是，超我标准的内容却反映了越轨的认同。青少年犯罪人一般来说得到了适当的社会化，但是缺乏对特定类型的越轨行为的足够抑制力。例如，当犯罪的父亲与儿子的关系良好，儿子摄取了父亲的犯罪特性时，或当父母直接鼓励或隐含消极怠工期望、默许孩子进行犯罪活动时，就会真实地产生这种情况。当青少年把违法、犯罪活动当作对自己无意识冲突的替代性满足时，犯罪的青少年并不会产生多大的罪恶感。

错误思维模式理论

美国精神病学家约奇逊和斯坦顿·萨梅洛通过访谈对犯罪人的人格进行了比较系统的研究。[②]他们提出，所谓犯罪性人格就是以诱发犯罪的思维模式为核心的独特人格类型。这种错误思维模式可以分成三类。第一类是以“性格特质”为核心的犯罪思维模式。例如，以普遍性恐惧，特别是以个人感到无

① ［英］布莱克本著：《犯罪行为心理学：理论、研究和实践》，吴宗宪，刘邦惠等译，中国轻工业出版社2000年版，第100–101页。

② 刘邦惠主编：《犯罪心理学》，科学出版社2004年版，第142页。

价值的“零状态”为特征的思维，以追求权力和控制有关的“权力延伸”思维模式。第二类是自动思维错误。这种思维模式包括“关闭交往渠道”、不坦率的交流方式、不承担义务、缺乏信任以及较差的决策能力。第三类是直接地与犯罪行为相联系的思维错误。这类思维错误包括广泛的反社会行为幻想、内部和外部威慑因素的“侵蚀”、过高地评价自己、过分的乐观主义。[①]

以错误思维模式来理解犯罪性人格，可能只是研究内容中一个较为狭小的范围，不能代表犯罪性人格的全部。如何来研究犯罪人认知系统内部的非一致性及其对犯罪行为的影响，是这一理论需要进一步完善的方面，但是，这并不排除在以犯罪性人格为核心概念的犯罪人或者罪犯矫正中错误思维矫正技术所能采取的积极措施及其所能发挥的务实性的效能。

艾森克的犯罪性人格理论

这是基于生理学因素而实证性地探讨犯罪性人格的理论。[②]该理论提出：犯罪性被看成犯罪人实施犯罪行为的一种稳定的内在倾向性。作为一种与生物特性密切相关的、不断变化的特

① 吴宗宪主编：《法律心理学大词典》，警官教育出版社1994年版，第206页。

② 陈仲庚、张雨新编著：《人格心理学》，辽宁人民出版社1986年版，第132页。

质，犯罪性人格有不同的表现形式，可以通过正常行为表现为利他行为，也可能表现为无被害人但反社会的行为，还有可能表现为侵害被害人的犯罪行为。[①]

这一理论具体包括以下观点。

以人类气质差别有关的人格维度描述犯罪性人格特征。

内向–外向性：人类人格的基本特性之一。外向的人不易受周围环境影响，难以形成条件反射（难以形成道德与良心），具有情绪冲动和难以控制，爱交际，渴求刺激、冒险，粗心大意和易发脾气等特点。这是犯罪性人格的常见表征。内向的人，情感与关注力收敛，不喜欢广泛的人际交往，行为较为克制。

神经质–稳定性：这一维度表明情绪性从异常到正常的连续特征。英国学者艾森克指出，情绪不稳定的人表现为高焦虑。这种人喜怒无常，容易激动，这是犯罪性人格的典型特质。此观点与“气质类型与犯罪类型选择相匹配”的观点相一致。[②]

精神质–超我机能：这一维度表明精神状态从异常到正常的临床特征。高分精神质者具有倔强固执、凶残强横和铁石心肠等特点，这种人有强烈愚弄和操纵他人的需求。这在极端性

① ［英］布莱克本著：《犯罪行为心理学：理论、研究和实践》，吴宗宪，刘邦惠等译，中国轻工业出版社2000年版，第102页。

② 吴宗宪主编：《法律心理学大词典》，警官教育出版社1994年版，第653页。

或者变态性越轨者、犯罪者身上都有明显的表现。[①]

艾森克提出的证据认为，人格维度受遗传的影响，人格有着直接或潜在的生物因素的基础。神经质–稳定性维度被认为反映了边缘系统和自主神经系统更大力量的反应性，会导致对压力更强烈的情绪反应，有很高的“内驱力”水平。潜在的内向–外向性维度代表大脑皮层唤醒水平或者唤醒性，它受皮层网状回路活动的支配。外向性格者的唤醒水平比内向性格者要低，可以预测外向性格者不大容易形成条件反射，而是会寻求更多的紧张刺激以便维持“快乐情调”，也就是意识的快乐状态，对痛苦不太敏感。精神质对犯罪动机的影响在生物学上的证据是：极端型犯罪人和精神病态者在精神质维度上得分高，而这与其在雄性激素方面维持较高水平有直接或间接的关系。[②]

艾森克认为人具有追求享乐的本能，社会化涉及获得像“良心”“超我”这样的遏制因素。道德或者规则遵从是对诱惑的不随意情绪反应的一种表现，是通过经典性条件反射形成的，是父母和其他人对反社会行为进行惩罚的一种结果。因此，对诱惑的抗拒可以通过唤起条件性焦虑反应，促使个人避

① ［英］布莱克本著：《犯罪行为心理学：理论、研究和实践》，吴宗宪，刘邦惠等译，中国轻工业出版社2000年版，第110页。

② ［英］布莱克本著：《犯罪行为心理学：理论、研究和实践》，吴宗宪，刘邦惠等译，中国轻工业出版社2000年版，第105–107页。

免做出要受到惩罚的行为。“良心的确是一种条件反射。”由于外向性格者对惩罚的痛苦不太敏感，形成条件反射的能力也较差，因此，在同等条件下，他们比内向性格者更难社会化。①

艾森克的犯罪性人格理论集中研究“主动反社会的、精神病态的犯罪人”，这种犯罪人是社会化不足的极端例证。这一犯罪性人格理论虽然不是一种适用于所有犯罪行为的理论，但是，它引导了一种将生物因素、社会因素应用到人格及犯罪性人格研究中的趋向，也是一种实证主义方法论的创新，一定程度上具有了犯罪性人格的整合观点。后来的许多司法心理学研究者采纳了艾森克关于基本人格特征会广泛影响犯罪性的观点。②

人格“大五”“大七”模型与犯罪性人格

人格的大因素模型对于犯罪性人格的研究主要体现于集群性特质维度之方法论与意识结构性方法论两个方面。

随着人格心理学自二十世纪九十年代以来发生的“静悄悄的革命”，出现了将以往探讨的人格特征与人格类型相综合的局面。“大五”因素人格模型就是其中的典型代表，它将人格的结构从五项人格聚合因素（开放性、谨慎性、外向性、宜

① 黄希庭著：《人格心理学》，浙江教育出版社2002年版，第221页。

② 黄希庭著：《人格心理学》，浙江教育出版社2002年版，第220–222页。

人性、神经质）来全面探讨。相应地，犯罪性人格的研究也进行了OCEAN（O–开放性、C–谨慎性、E–内外向性、A–宜人性、N–神经质）多维度的差异性分析，如对犯罪人与非犯罪人的五因素人格特征对比。但是，这些研究更多地处于大因素群的存在状态及其差异性方面，对于犯罪者或潜在犯罪者之犯罪性人格的内部一致性及其动态机制尚没有明确的定论。

我国具有代表性的研究是以“大七”人格模型为理论基础对犯罪人与非犯罪人进行的对比研究[①]，即在外向性、善良、情绪、才干、人际关系、行事风格、处世态度七个维度上，研究罪犯组与控制组的差异性：除才干、处世态度两大因素外，罪犯组在其他五大因素上与控制组均存在显著的差异。在小因素上，罪犯组比控制组更具有低合群、乐观、利他、重感情、严谨、自制、宽和、耐性特征，而态度与行为更多爽直。暴力犯罪人群除具有更高情绪性外，其他所有指标与非暴力犯罪人群都没有显著差异。同时，以人格的大因素理论为背景进行犯罪性人格的结构性探讨时，主张其结构的可观察性和不可观察性的四个不同层次：可观察到的犯罪人的外显行为；只有犯罪人自己能够观察到，外人难以观察到的、伴随着行为的内心情感与体验；稳定的犯罪动机，在行为与内心体验背后稳定的目

① 王登峰等著：《解读中国人的人格》，社会科学文献出版社2005年版，第65页。

的性和导向性，反映犯罪人的价值观念中的倾向性（犯罪行为人虽然可以观察到，但难以完全理解，其他人则无法观察）；无论是犯罪人还是其他人都无法观察到的生理生化反应模式和神经活动的变化。犯罪性人格的这种情况与犯罪动机的意识性（意识性犯罪动机或者无意识性犯罪动机）的情况存在相似性，也存在内在一致性的联系。此研究倾向对于犯罪动机与犯罪性人格的心理机制的研究具有重要的启发意义，即将犯罪行为主体的生理性、认知性、情绪–情感性、行为及其意识性相结合地探讨人格及犯罪性人格问题。

认知与情感协同作用理论

认知与情感人格理论是一套以认知为基础的、注重认知与情感协同作用的人格理论。该理论由美国心理学家米歇尔在长期研究人类自控力的基础上于二十世纪九十年代提出，现在已经成为颇有影响力的人格理论之一。该理论把人看成通过认知组织处理外界信息、在与环境互动过程中能主动解决问题的个体。其中主要变量有编码方式、期望与信念、目标价值、能力等认知变量与情感变量。[①]以认知情感协同作用理论来探讨犯罪性人格时，具体表现为如下几个方面。

① ［美］理查德·格里格、菲利普·津巴多著：《心理学与生活》，王垒、王甦等译，人民邮电出版社2003年版，第401页。

犯罪性人格的认知变量

犯罪倾向的认知选择：当社会行为人面对自己、他人或事件的信息时，行为人倾向于消极归类，将其看作对自己的威胁。这种威胁一方面受到信息来源的影响，也可能指向行为人自己需要体系中强烈要求满足的方面（成为个体的优势动机）。这种倾向性的归类信息并不一定符合客观性，但对于行为人而言确实是真实的。基本归因错误（将行为归因于稳定的、内在的特征错误）是普遍存在的，它在犯罪人或潜在犯罪人身上的突出体现是，他们更可能将自己面对的正常情境中的挫折或失败归因于自身的能力、需要与动机，而将他人、环境的成功信息归因于他人的稳定性、内在的特征。因而，预期别人大有机会实现梦想，而自己却难以实现目标。这种不利于己的认知方式，产生于自我对生活的挫败感与通过非正常途径满足自身愿望的信息。在内心需要（梦想）的驱动下，行为人较可能设想到以非常规的途径、方法去满足自己的需要。在现实的犯罪人（包括在押服刑的与刑满释放的）身上也发现了更多原始的、冲动性的、试图直截了当地解决问题（挫折）的认知方式，其最为典型的表现就是以错误认知为核心的犯罪思维模式。

犯罪价值观念：为解决犯罪倾向与道德、法律观念相冲突的认知不一致的矛盾，行为人通过自觉、主动或潜意识、习惯化的方式将犯罪价值观念合理化，同化或顺应为自己认知结构的有机组成部分。当犯罪人初期建立犯罪价值观念时，一般内心会出现动机冲突或道德焦虑，但在强烈犯罪动机的驱使下，犯罪人或潜在犯罪人可能有意识或无意识地采用“中和技术”来建立或认同与犯罪行为相适应的犯罪价值观念。这在青少年犯罪人及初犯身上更为明显，具体表现为采取包括否认责任、否认损害、否认被害人、谴责司法权威机关、高度效忠群体等途径为自己的可能犯罪行为辩解，通过“我并没有伤害任何人”“我并不是有意这样做的”“每个人都与我过不去”“是他们强迫我这样的”等借口让自己能够心安理得地做出违法犯罪行为。[①]如此，犯罪人一方面内心能够保持相对一致的自我行事，另一方面将犯罪行为作为实现自身生活目标的重要行为方式，由此也产生积极性的情绪–情感。而在习惯型犯罪、职业型犯罪或已经形成犯罪性人格的犯罪人身上，犯罪价值观念则是持续性、强有力推动犯罪行为的力量。

犯罪结果期待与效能感：在犯罪价值观念与犯罪倾向认知选择的作用下，潜在犯罪人对犯罪的结果抱有积极的期待，并对成功实施犯罪行为抱有较高的信心（可能存在高估可能性的情况），而对犯罪失败的可能性估计不足（如明显的侥幸心理与冒险心理）。其间，环境中消极事件（如同伴的犯罪行为或

---

① 吴宗宪主编：《法律心理学大词典》，警官教育出版社1994年版，第853–854页。

媒体对犯罪事件的过分渲染）会产生旁观者效应，大大助长犯罪行为人的犯罪效能感（犯罪的信心感与结果期待）。

犯罪能力：犯罪者实施犯罪行为的体能与心智技能是影响其犯罪性人格形成与发展的重要原因，也最终成为其构成要素之一。有利的犯罪能力大大加速犯罪性人格的形成，不利的犯罪能力可能阻碍其犯罪动机与犯罪行为的进程，或在犯罪价值观念的驱使下，主动地提高、加强其犯罪能力。

此外，犯罪性人格的多层认知变量之间并不一定存在确定的先后顺序，而且，各变量之间也是相互作用、相互影响的。

犯罪性人格的情感变量

情感变量主要体现于两方面：一方面，行为人对于犯罪价值与犯罪效能的积极性情感。一般而论，积极性体验助长犯罪性人格，消极性体验减弱或阻挠犯罪性人格。这种情感变量既有意识层面的评价因素作用，也有潜意识层面的合理化、反向作用、投射等自我保护、自我防御机制的力量，还有非意识层面的生理反应因素的作用，如情绪兴奋、焦虑感与恐惧感等。另一方面，犯罪人（潜在犯罪人）的强烈情绪–情感可能激发犯罪性人格发挥作用，如行为人强烈的仇恨感、嫉妒感等就可以快速地建立起犯罪性人格结构，并立即发挥行为动力。

认知与情感的协同作用

犯罪性人格是犯罪性认知与犯罪性情绪–情感两大变量共

同作用的产物。在犯罪认知选择、犯罪价值观念与犯罪自我效能感发挥作用的过程中都必须包含、伴随犯罪性的情绪－情感，积极的情绪－情感促进、助长着犯罪性认知，而消极的情绪－情感阻挠、遏制着犯罪性认知。而在情感变量的演变过程中，也不断地对认知变量进行重新的权衡与评价，其结果持续地反作用于进行中的认知。同时，认知与情感变量还在与环境事件信息的互动中发挥作用。这种认知与情感的双方向、两极性、持续性的交流与反馈，以及主体变量与环境信息的协同作用，促成了犯罪性人格逐渐形成内部相对一致的具有结构性与动力性的身心组织。

近来的一些研究表明：犯罪性人格或特质系统正是犯罪人或潜在犯罪人认知、情绪－情感及意志因素共同作用的产物。[①]例如，英国学者克拉夫特指出，犯罪性人格（反社会人格）具有两大特征：一是无法爱人与接纳别人的爱；二是行为具有冲动性，无延时满足需要的控制能力。另外，我国台湾地区学者杨士隆提出反社会人格具有下列特征[②]：①超我功能不张，缺乏罪恶感与良心；②高度以自我为中心，缺乏成熟情感；③反抗权威，不能从错误中吸取教训；④缺乏爱人与接纳他人爱的能力，人际关系不良；⑤虚伪多诈，并使行为合理化。从中可

① 刘邦惠主编：《犯罪心理学》，科学出版社2004年版，第143页。

② 杨士隆著：《犯罪心理学》，教育科学出版社2002年版，第93–94页。

以看出，犯罪行为人的认知与情感的成分在犯罪性人格中的重要作用；认知与情感变量的存在与协同作用也体现于犯罪性人格形成的过程之中。

认知与情感的协同作用是犯罪性人格形成（启动–强化与定型阶段）的核心力量，相应地，犯罪价值与犯罪性体验的一致性也是其稳定性与反社会性的基础。根据犯罪性人格中认知或情感的优势地位，可以把犯罪性人格划分为理智功利型的犯罪性人格与挫折情绪型的犯罪性人格。前者常常与渐变型、预谋型的犯罪相联系，后者则与突变型、情境型犯罪有密切的关系。

犯罪性人格的类型

犯罪性人格是犯罪人或潜在犯罪人与正常人之本质特征的区别之一。以犯罪动机为核心的犯罪性人格决定了其犯罪性的存在。根据犯罪人或潜在犯罪人具有犯罪性的心理状态，可以将犯罪性人格区分为常态的犯罪性人格与变态的犯罪性人格。

常态的犯罪性人格

由于犯罪动机是犯罪性人格的核心成分，以及犯罪动机与犯罪性人格的本质一致性关系，常态的犯罪性人格通常表现为以下几种。

生存型犯罪性人格

生存的犯罪动机占优势的犯罪性人格。该人格的特征是为了实现生存的需要不择手段。它在现代社会中主要表现为具有贪婪性的财物侵占的犯罪性人格与安全型犯罪性人格。它们是一种较为原始而传统的犯罪性人格驱力。其中，安全型犯罪性人格是安全动机占优势的犯罪性人格。该人格的特征是追求安全需要的满足，在现代社会中表现为报复动机、征服动机导致的犯罪，常常导致人为了消除恐惧而犯罪。

性欲型犯罪性人格

性欲的犯罪动机占优势的犯罪性人格。该人格的特征是以追求性欲的满足为行为的主要动力。它在现代社会中表现为性犯罪，以及部分以性为犯罪手段的犯罪。它也是一种较为原始而自然的犯罪人格驱力。

归属型犯罪性人格

归属动机占优势的犯罪性人格。该人格的特征是追求归属需要的满足。它在现代社会中表现为情感动机、嫉恨动机、控制动机而导致的犯罪；它是人际冲突而致犯罪的人格驱力。

自尊型犯罪性人格

自尊动机占优势的犯罪性人格。该人格的特征是自尊需要的满足。它在现代社会中表现为为实现自我价值、自我显示、克服自卑感而进行的犯罪。它往往是精神性动机而致犯罪的人格驱力。

认知型犯罪性人格

以错误、偏激的认知方式为特征的犯罪性人格，犯罪思维模式是其典型代表。

审美型犯罪性人格

以歪曲的、野蛮的审美动机为核心的犯罪性人格。

自我实现型犯罪性人格

自我实现动机占优势的犯罪性人格。该人格的特征是追求自我实现（即犯罪人或潜在犯罪人充分发挥自己的潜力与创造性实现自我的犯罪性生活目标）。它在现代社会中主要表现为职业犯罪动机、歪曲的宗教动机、反动的政治动机以及迷信性动机而导致的犯罪，以及由求美动机、认知动机而导致的犯罪（如具有野性、勇敢、崇拜或成就动机的团伙犯罪）。它是由人类高级的精神性动机而导致犯罪的人格驱力。

美国精神病学家约奇逊和斯坦顿·萨梅洛自二十世纪七十年代以来提出的以错误思维模式为核心的犯罪性人格理论可以作为常态犯罪性人格类型的代表性观点。他们主张，错误思维模式是导致犯罪者持续型犯罪行为发生的内在驱动力量；这些错误的思维模式是个体在早期错误行为强化的背景下习得的，是习惯化、自动化发生的。简言之，错误思维模式（犯罪思维模式）是以缺乏道德感、罪责感而具有超强的权力欲望与自我中心为核心要素的观念（参见“犯罪动机认知说”）。[①]

变态的犯罪性人格

变态型犯罪是由犯罪人变态心理（人格障碍、性变态、精神病等）导致的犯罪，而犯罪性人格是导致其犯罪的人格驱力。正是犯罪性人格与致罪因素的结合导致了犯罪的发生。[②]与变态型犯罪关系最为密切的犯罪性人格就是典型的人格障碍，主要包括反社会型、偏执型、边缘型、怪癖型、分裂样人格障碍。

反社会型人格障碍

反社会型人格障碍，又称为无情型、冷酷型人格障碍或精神病态或悖德狂。在人格障碍的各种类型中，对于反社会型人格障碍的研究是最多的，它很为心理学家和精神病学家所注意，也是最容易发生违法犯罪的人格变态之一。[③]

现在许多研究资料表明，反社会型人格障碍的发生率在罪犯这一特殊人群中远远高于正常人群。国外有的研究报告，30%至60%的犯罪人具有反社会型人格；国内学者报告，监狱

---

① ［美］斯坦顿·萨梅洛著：《犯罪心理分析》，姚峰等译，人民邮电出版社2017年版，第90页。

② 张文、刘艳红、甘怡群著：《人格刑法导论》，法律出版社2005年版，第144页。

③ 罗大华主编：《犯罪心理学》，中国政法大学出版社2007年版，第422–423页。

的罪犯人群中反社会型人格障碍者的比例高达35.5%。[①]反社会型人格障碍者的行为特征，除人格障碍者共同具有的特征外，最为明显的是：行为极端不符合社会规范；思想信念和行为常与社会发生冲突；情感麻木、对他人冷酷无情、刻薄残忍；极端自私，自我中心性强烈；对人不真诚、不坦率，无基本的社会责任感；挫折耐受力差，激惹性极高，易冲动；违法犯罪的事先预谋性、周密性较为明显；等等。[②]

自二十世纪八十年代以来，与反社会型人格障碍关联的是对精神病态的研究，如冷酷无情的人格特征、杏仁核功能缺陷、道德情感功能低下等方面及暴力犯罪、掠夺型犯罪行为发生机制。

目前，对于反社会型人格障碍与精神病态之间的关系，存在着同质论与异质论的观点。普遍认为，两者都是犯罪性人格的典型代表，均具有较高的犯罪危险性。其中，同质论主张，反社会型人格障碍与精神病态在心理维度与性质上是同质的，两者只是发展程度与水平上的差异，都是非常危险的人格障碍，可以将精神病态看作反社会型人格障碍的升级版，是其更加恶化的表现，精神病态者不仅行为缺乏道德性，而且内心

---

① 张文、刘艳红、甘怡群著：《人格刑法导论》，法律出版社2005年版，第152页。

② 黎剑、伯超：《反社会型人格犯罪动态分析与对策研究》，载《湖南社会科学》1997年第4期，第72–73页。

险恶，具有冷酷无情人格特征以及暗黑三人格；其基本演化发展路径是：注意缺陷多动症–对抗违逆障碍–破坏性行为障碍–品行障碍–反社会型人格障碍–冷酷无情人格特征。而异质论则主张，反社会型人格障碍与精神病态虽然存在着行为特征的重叠，但是，两者不仅心理与行为表现存在差异，而且其心理维度也不相同，是两种不同性质的心理障碍。

偏执型人格障碍

偏执型人格障碍是一种以猜疑和偏执为主要特征的人格障碍。偏执型人格障碍者的人格特征表现为：主观性极强而固执，不信任别人，有“阴谋”的解释倾向；敏感而报复性强；自我评价过高、容易产生攻击行为；对周围的人缺乏基本的信任，意志过分坚定、固执；坚信自己是正确的，对于自己的缺点不允许别人批评，即使是合理的批评，也会引起他强烈的反击；心胸狭隘、好嫉妒、骄傲自大等。这种人格障碍也可成为妄想性精神病病前的人格基础。[①]

边缘型人格障碍

边缘型人格障碍是多种性情、行为不稳定的人格障碍的集合。其基本特征是自我意象、人际关系与情绪极不稳定。美国临床应用心理学家米隆将边缘型人格障碍分为冲动型、暴怒

① 罗大华，何为民主编：《犯罪心理学》，浙江教育出版社2002年版，第432–433页。

型、悲观型与自我毁灭型四个亚型，它们都具有内隐的或外显的冲动性、破坏性，属于具有较高违法犯罪危险性的人格障碍。其中，冲动型人格障碍者的违法犯罪风险性最高。

冲动型人格障碍，又称为爆发型或者攻击型人格障碍。冲动型人格障碍者多见于男性。这种类型的人格障碍的主要特点是：①患者个性特别强，过分主观，易激怒。常因微小的精神刺激即陷入暴怒与冲动之中，而又完全不能自控，进而实施暴力和破坏行为，甚至损人害己，事后又后悔不已，但是下次又会突然失控冲动。轻者仅限于口角、吵骂；重者毁坏家具财物，甚至殴斗伤人。②不发作时一切正常，而且平时与人有相当良好的人际关系，一旦发作与平时判若两人。此虽表现为阵发性，但极易发生偶然性、应激型犯罪，一般很难制止。这种人常见的违法犯罪行为：一是体力攻击型，动辄殴打妻子、儿女；二是病理性醉酒型，因少量饮酒而引起暴力行为，恢复控制能力后不能回忆；三是冲动性性行为型，包括性袭击；四是具有违反交通规章和严重车祸行为型。

由于其行为出现具有突发性，类似癫痫，所以又叫癫痫型人格。这种人往往在童年时就有所表现，通常因为微小的事和精神刺激，就会突然爆发强烈的暴力行为，自己无法控制，从而造成破坏，伤害他人。具有这种类型人格的人常因微小的精神刺激而爆发非常强烈的愤怒和冲动，无自控能力；情感及行为的暴烈程度与精神刺激不相称，可造成严重的伤害或财产损失。这种爆发历时数分钟至数小时，随即平静下来。事后常感到后悔和自责，但不能防止再次发作。间歇期正常，并无冲动或攻击的迹象。美国《精神障碍诊断与统计手册》（DSM-5）将这种情况归于冲动控制障碍，与病理性赌博癖、盗窃癖、放火癖、拔毛癖、谎言癖同属一大类障碍。

弗洛伊德认为冲动型人格障碍的产生来源于无意识的本能冲动。冲动行为使紧张得以释放，从而产生轻松感和愉快感。但是由于这些行为一般不能被社会接受，病人需自我控制，一旦自我控制失效时，冲动行为就会发生。冲动型人格障碍的表现形式虽然多种多样，但是心理机制类似，即相同的紧张源——力比多和攻击本能驱使以及抵抗它们的自我防御机制的间歇失效。冲动行为的意义不在于得到快感，而在于解除痛苦，虽然行为的破坏性后果将带来更多的痛苦，但是前者具有近期效益，后者则来得相对遥远以及具有偶然性，致使不计后果而反复出现冲动行为。

需要特别注意的是，由于性情不稳定性是所有人格障碍的普遍性特征，临床上可能存在误诊或扩大性诊断的情况，在诊断边缘型人格时需要特别谨慎。

怪癖型人格障碍

这一类人主要的特点是存在一种顽固的、以内心体验为目的的、常人难以理解的怪癖（特殊的心理倾向与行为习惯）。常见的怪癖型人格障碍有“纵火癖”“偷窃癖”“偷窥癖”

“谎言癖”“赌博癖”“怪恋癖”等。[①]

纵火癖，或称为纵火狂。其特点是不以进行报复与有意破坏为目的，也不是“过失失火”，而是以纵火为最大乐趣的心理变态。

偷窃癖。其特点是行为人的偷窃行为不以攫取经济利益或自己使用为目的，而是在一种无法控制的偷窃冲动的驱使下，专门以偷窃他人和集体财物为乐趣，从中获得某种特殊快感的变态心理。

偷窥癖。其特别注重于偷窥过程的紧张与刺激，觉得这种紧张感能够带来兴奋的体验，或者是对自己能力与价值的证明。另外，他们也特别关注被害者的反应，被害者的惊恐反应越是强烈，就越能激起他们下一步偷窥的热情动力。如果偷窥癖行为与恋物癖相结合，则是怪僻的行为冲动与性对象的性变态心理相结合，属于恋物偷窥癖——偷窥的指向物是异性使用的物品。患者往往是性情压力或遭受情感创伤的内向、孤僻的年轻人，偷窥的物品是他们对“暗恋投射”的性情对象的象征性表达。

谎言癖。其特点是行为人说谎不以诈骗为主要目的，而是以谎言来获取个人变态心理的满足。他们的谎言常以虚构

---

① 罗大华主编：《犯罪心理学》，中国政法大学出版社2007年版，第426页。

个人的出身与经历为主要内容，但其与有明确财物动机的诈骗犯有本质的不同，往往不至于具有会产生严重后果的犯罪情节。

赌博癖。其是指行为人赌博成瘾、嗜赌如命的变态心理，以男性居多。现代神经学的证据表明，激发赌博癖行为的神经机制中具有一种强烈的自我奖赏的神经机制，它类似于物质成瘾或者行为成瘾的自我欣快的神经通路。

怪恋癖。其是一种在性爱问题上的人格障碍，多见于男性。也称为性爱成瘾症，属于人格成瘾及行为成瘾类别，一般难以矫正。其特点表现为专门选择某种特殊的恋爱对象（如有夫之妇），以满足其特殊需要的变态心理。

显然，这类怪癖型人格障碍的心理驱力及行为特征，自然地决定了与违法犯罪行为之间存在较为持续、密切的关系。

分裂样人格障碍

分裂样人格障碍是一种以观念奇特、人际关系有明显缺陷、情感冷漠为主要特点的人格障碍。[①]此类人以男性居多。他们没有与他人建立亲密关系的愿望，包括对于亲密的夫妻关系、亲属关系也没有亲切感；极少有亲密的朋友，宁愿做孤独者；而且，常常表现出退缩、胆怯、焦虑与“奇特”“古怪”的

---

① 刘白驹著：《精神障碍与犯罪》，社会科学文献出版社2000年版，第241页。

幻想。他们在强烈的怀疑观念作用下或应激状态时可能出现一过性的精神病性障碍、分裂样精神障碍、偏执性精神病或者精神分裂症，也可能出现短暂性的反社会性（危害性）行为。

虽然并不是所有的变态型犯罪都具有完整的犯罪性人格，但是变态的犯罪性人格典型地表现为人格障碍；各种人格障碍的特征各不相同，但它们在驱使行为人趋向与社会规范相背离、相对抗，导致社会危害性发生上是相同的。人格障碍是变态的犯罪性人格的基本内容，也是导致变态型犯罪行为的人格力量。其中，反社会型、偏执型、边缘型、怪癖型、分裂样人格障碍与违法犯罪之间存在着较为密切的关系。[①]

尽管人格障碍者犯罪与正常人的犯罪有很多的差异，但是其相同之处在于，无论正常人还是人格障碍者都能够基本意识到自己犯罪行为的社会性质与具备行为的控制力或部分控制力（即犯罪性人格的认知与意志成分）。因此，在刑事法律上人格障碍者是具有责任能力（完全责任能力或部分责任能力）的，犯罪应受到应有的处罚。从目前世界各国的司法实践来看，对人格障碍者的犯罪行为刑法上一般都采取较为严厉的处罚措施。

由此可见，犯罪性人格包括常态与变态两大类型，它们在

① 宫火良：《对国内罪犯人格特征研究的元分析》，载《中国心理卫生杂志》2006年第7期，第15页。

“犯罪性”（反社会性）方面具有显著的差异。常态的犯罪性人格是犯罪人或潜在犯罪人人格的主导方面，它是犯罪行为发生的主导人格力量；变态的犯罪性人格是犯罪性人格的特殊组织部分，它能够解释病理型犯罪的人格力量，但并不是所有的或者大部分的犯罪行为都是由变态的犯罪性人格或人格障碍引发的（同时，将变态型犯罪性人格单纯地解释为反社会型人格也是不全面的）。作为犯罪性人格的两大类型，它们在犯罪心理学与刑事一体化的进程中居于差异性的、不可替代的地位。

犯罪动机与犯罪性人格

行为人的人格由以需要、动机、价值观为核心的动力系统与以性格、气质、能力为核心的特征系统组成。犯罪性人格的构成要素也是如此：犯罪动机是激发与强化犯罪行为的动力，犯罪动机使犯罪行为得以完成，积极的犯罪体验得以在行为结果中强化，它与需要、价值观一道构成了犯罪性人格形成与发展的动力系统，它推动与强化着犯罪性人格。从本质而言，犯罪动机与犯罪性人格是同质的，即两者在本质上具有一致性：犯罪动机形成犯罪性人格，没有犯罪动机就不可能形成犯罪性人格；犯罪性人格作为一种结构化的身心组织，直接表征着犯罪动机，使得犯罪动机在自身的内心世界从认知、情感、意志，以及气质、能力中得到更为充足的支撑与表达。犯罪动机是犯罪性人格形成的基础，也是犯罪性人格的核心成分，是动态的、典型化的犯罪性人格要素；犯罪性人格典型化地表征着犯罪动机，是相对静态的复杂化、结构化的犯罪动机。作为犯罪心理学的核心内容，犯罪动机与犯罪性人格关系密切，相互作用，并通过犯罪心理动力理论的重新审视、建构及其在侦查、审讯、审判、犯罪人处遇矫正等方面的应用而在犯罪心理学学科与刑事科学一体化的进程中发挥主导性的作用。

犯罪人的人身危险性与人格测评技术

人身危险性是犯罪行为人实施犯罪行为或再次实施犯罪行为的可能性。在刑事法律学科体系中，刑法学、犯罪学、犯罪心理学等分支学科从不同的角度来研究探讨人身危险性的课题，它们各有侧重，指向于特定的目的，但从整体而言，多维度的考察有助于对犯罪现象更全面而科学的解释与控制。在犯罪心理学中，人身危险性与犯罪性人格的建立与犯罪心理的形成在时间维度上具有密切的关联性，是犯罪心理结构的现实表达（通过选择性认知、倾向性情感、需要动机与人格类型要素表征）；心理学中无意识取向的精神分析、行为主义的学习理论、现象学特征的人本主义心理学与现代特质论等不同学术理论对于人身危险性的多方向的描述与测定（方法与技术）将有助于从心理学角度多层面、多维度、精准地全面考量犯罪者的犯罪性人格心理成分与行为倾向特征。

人身危险性概述

人身危险性是指犯罪行为人实施犯罪行为或再次实施犯罪行为的可能性，是犯罪行为人的一个规范属性，也是犯罪人的本质属性。此大致对应的犯罪心理学中的专属概念是“犯罪性人格”。在刑法领域，研究犯罪人及其人身危险性主要是为了解决刑罚及其他社会防卫措施的适应问题。[①]对此，人身危险性与社会危害性的关系反映的是犯罪人与犯罪之间的关系，它可以“应受惩罚的是行为，而惩罚的是行为人”这一格言来加以表达。也即，定罪对象只能是行为，其评价的核心是社会危害性，刑事责任之所以产生，就在于行为的社会危害性达到了犯罪的程度；适用刑罚的对象是犯罪人，犯罪人是刑罚的承担者，其评价的核心是其人身危险性。对于潜在犯罪人而言，人身危险性的评价之价值在于测定其危险性存在与程度而加以一般性社会预防；对于犯罪行为人而言，人身危险性的确定既是适用刑罚的要求，也是消除其潜在犯罪（初次犯罪）与再次犯罪可能性的目的。所以，行为具有社会危害性是确定行为人有罪的根据，行为人没有人身危险性则是确定被告人无罪的根据之一。在特定情况下法官可以根据行为人没有再

① 曲新久著：《刑法的精神与范畴》，中国政法大学出版社2003年修订版，第211页。

次实施犯罪行为的危险性而认定他无罪，但是不能在危害行为尚未达到犯罪程度的情况下以行为人的人身危险性较大为由宣告被告人有罪。虽然犯罪学这一非规范学科是从更为广泛的维度探究犯罪现象，它为刑法这一规范学科提供理论支持与学术营养，但在犯罪学领域，人身危险性的研究目的主要表现为服务于从行为人的角度描述犯罪现象、解释犯罪现象产生的主体原因。

犯罪心理学在犯罪学科中，是以心理学原理与技术来研究犯罪心理现象，通过犯罪心理（结构与功能）分析与犯罪心理对策来描述、解释和预测、控制犯罪行为（预防犯罪与矫正犯罪行为人），它对于人身危险性的关注，是与犯罪心理结构及其更为典型表达的犯罪性人格相联系。犯罪心理结构是导致犯罪行为发生的内在原因[①]，人身危险性是犯罪心理结构这一主导性的力量在外界情境性、机会性条件刺激下的倾向性表达，包括初次犯罪与再次犯罪的倾向及可能性。可见，一方面，人身危险性与犯罪心理结构紧密联系，是犯罪心理结构的自然表达，具有内隐性强的特点；另一方面，人身危险性受到适合犯罪行为发生之情境与机会的强力影响，与犯罪行为倾向密切结合。

---

① 罗大华主编：《犯罪心理学》，中国政法大学出版社2002年版，第65–66页。

人身危险性是伴随犯罪心理结构的发生、发展而逐步建立和表达出来的。其发展过程同样受行为人的生物特性、社会特性与自我的心理成长制度影响。人类学在行为人之人身危险性属性解释中的地位与作用如何？虽然，一切犯罪现象和犯罪行为的具体因素在任何社会中都具有社会性，是一种社会现象，行为人的生物属性不能同社会属性处于同等地位，归入犯罪现象的研究范围之中；对于绝大多数的故意犯罪而言，从犯罪原因的动机机制上，生物属性并不是直接、决定性地展现（相对而言，青少年犯罪与过失犯罪中生物属性的作用力更为直接与显著），或者由遗传学说、精神医学所揭示的那样，认为犯罪动机行为、社会危险行为在整体犯罪现象中的比例较低。但是，对人类特别行为的考察，全面考虑其自然属性与社会属性是必要的；人身危险性作为犯罪人的本质属性，必须与人类学因素联系起来考察，即从人类学出发揭示隐匿于犯罪人本体中的实施某种犯罪行为的倾向性。[①]刑事实证学派先驱、意大利犯罪学家龙勃罗梭则把这种具有犯罪倾向的人称为“天生犯罪人”，认为这种人虽然尚未实施犯罪行为，但他们基于生物遗传或体态上的原因，已经具有了反社会或者犯罪的倾向。后来，该观点经过多次修订（如认为天生犯罪人只是犯罪人分类

---

① 曲新久著：《刑法的精神与范畴》，中国政法大学出版社2003年修订版，第215页。

中的一种，且不占多数等），也提出了现代犯罪理论中更为多数人接受的观点，如一个天生犯罪人或许有天生的犯罪倾向，但如果他处于良好的环境中就有可能至死也不会违反刑法规范及道德信条。虽然从整体理论上我们并不接受天生犯罪人的观点，但其结合生物学、人类学角度来更全面考察人类犯罪行为的价值即使在当代也是应重新审视和值得珍视的。行为人的行为，无论其积极行为或消极行为，从整体而言，是行为人内心心理因素在外界因素的激发下的产物，而行为人既是社会意义的人，也是生物意义的个体，其生理因素与心理因素是时时处处处于相互作用、相互影响的状态，因此，犯罪人及其人身危险性的人类学因素无论如何都不能从其内部原因系统中轻率地剔除，否则，犯罪人及其人身危险性就成了缺乏生物学内容的纯粹政治学、社会学概念。对于个体的人身危险性，其发展的历程更多地与其个体的心理成长相伴随，其中，个体早期成长中的消极环境（如独裁专断式或溺爱式的不恰当的父母教育方式、母爱依恋的剥夺等）与创伤性的经验（强烈的失败感、自卑感、孤独感等）尤其发挥着重要的影响力，越轨行为的尝试及成功感与成就感会起到直接的强化、促进作用。在整个人身危险性的建立过程中，起主导调节、控制作用的是主体的自我意识，即主体对于自我偏离社会规范性的认知（观念认同）、情绪－情感（积极性与倾向性的体验获得）、对应性需要动机的尝试冲动与人格特征的巩固，其人身危险性是其选择性认知观念、倾向性体验、需要动机内驱力与人格习惯性协同作用的产物。人身危险性的形成历程的系统也就是其表征系统：行为人的人身危险性正是通过行为的心理因素（可发展为犯罪心理结构的显性成分）表征出来。随着其认知、情绪-情感与需要动机的多次重复强化，其动态性要素结合于行为人的人格定型之中。定型化的人格特征是人身危险性的内在根据与现时性动力的起点。由此可见，结合犯罪心理结构、人格结构建立及行为人个性发展的纵向历程来考察潜在犯罪人、犯罪行为人的人身危险性，我们可以更为明晰地看到人身危险性的生物制约性与社会制约性、结构性、动态发展性和可预测性、可塑性等特征。

在心理、行为人人格与外显行为的关系中，除了一些过失犯罪、冲动型犯罪之外，在绝大多数的犯罪中，行为人之人身危险性与其人格结构及要素之间存在着基本的一致性，而非不确定的对应关系；定型化的人格及其特征是行为人及犯罪人之人身危险性的内在根据与现时性起点。因此，我们可以试图以不同类型的人格结构的分析之途径来进一步揭示人身危险性的状态及其心理成分。

刑事法人格化及其价值

所谓刑事法人格化就是把犯罪人的人格引入刑事法律制度中来构建的刑事法律制度，即以客观行为为前提，以犯罪性人格之主观性质为补充，形成客观危害性与主观的犯罪性人格相结合的刑事法律制度（包括定罪、量刑与行刑机制）。刑事法人格化不仅是摆脱当前刑法危机的理性选择，也是刑法思想演进的必然结果。

刑事法人格化与人格刑法学的建立具有重要的价值：一方面，刑事法人格化有利于人权的保障。刑事法人格化要求发挥刑法的保障功能，又注重保障公民个人权利，是与依法治国的刑法文化相适应的一种刑法理论。另一方面，刑事法人格化减少了犯罪人标签及监狱的致罪性，有利于降低重新犯罪率与累犯率。同时，刑事法人格化将会使刑事诉讼程序向着更加人性化的方向发展，实现“刑律为体，刑诉为用”的完善机制。刑事法人格化的价值具体体现于《刑法》《刑事诉讼法》《监狱法》等刑事法之中。

人身危险性与定罪

如何将犯罪人的人格引入刑事法规范中来？要给一个人贴犯罪的标签（定罪），需具备两个条件：①事实条件。犯罪人的行为是符合刑法规定的犯罪行为，要有结果，要有罪过。②进行人格鉴定，要有人身危险性。

人身危险性与量刑

刑罚只能适应于具有人身危险性（犯罪性人格）的、实施了符合犯罪构成要件的、行为不端的犯罪人。对犯罪人的裁量、决定量罚，不仅要考虑客观行为及其危害，还要考虑犯罪人的危险性格（即犯罪性人格）的状况。在法律规制下设立的人格鉴定委员会是一种可能实施的量刑方式：由具有法律授权的危险人格测定评估人员（专家）对犯罪人或潜在犯罪人的犯罪危险性进行评定，并作为法庭裁判的依据之一。关于人格测量，人格心理学者已经做了大量的研究。调查主要采用人格量表。中国心理学家在西方式的人格量表的基础上结合中国的国情采用人格测评的方法。以现代心理学理论为基础的人格测评访谈法是另一种方式，有一定的准确性。但二者各有不足，应该将二者结合起来，这样更为准确。

人身危险性与行刑

行刑应以矫正犯罪人的人身危险性（犯罪性人格）为核心。监狱对犯人进行分类时应考虑不同的犯罪性人格类型，以便针对性地进行人格矫正；监狱要建立以心理医生为主的心理治疗机构，同时，采用改造与治疗相结合的方法，以达到使其系统回归社会的目的。如此，才能真正意义上实现刑罚个别化与刑罚人道主义的目标。

对人身危险性的人格测评技术

以刑事法人格化为理论建立的人格刑事法，具有超前性的理性构想，但其实现的关键是人格心理学、犯罪心理学对犯罪性人格的科学把握。科学而有效的犯罪性人格测评理论与技术是保证刑法实现秩序与自由、正义与功利以及人格刑法顺利实施与发展的重要基石。

人身危险性与精神分析的人格评价

精神分析论是人格分析的经典范式之一。由于人身危险性与行为人人格的相当一致性，我们可以借鉴精神分析论的人格评鉴的方法与技术来进行人身危险性的分析。精神分析论强调潜意识、性本能等人格动力的重要性（人格结构理论），其研究主要集中于从焦虑、防御机制、早期经验对日后人格发展、行为反应的重要性以及个性发展出发处理内部驱力与外部刺激的自我适应功能。虽然新精神分析学派反对弗洛伊德以泛性论为动力的生物主义和对人性的悲观主义，强调自我的作用以及社会文化因素对人类行为（积极与消极行为）的重大影响，但其理论基石并没有根本性的改变。精神分析主要通过仔细聆听患者、行为人的叙述与行为观察来推导行为人的人格状态。其推导的标准是分析者的内部一致性标准，即指“从材料中某部分得出结论，要由材料的其他部分得出的结构加以核对，以便从一个个案中获得的最终结论建立于事实与推导相互联结的网络上”①。其主要研究方法有个案法、心理传记法和心理历史学方法、人类文化学方法；其人格结构要素的评鉴技术有自由联想、梦的解释、移情、日常生活的过失分析（如笔误、口误、遗忘、动作失误等）、投射技术（如词语联想、墨迹测验、主题统觉测验）、假定情境及游戏技术等。虽然这些精神分析人

① 黄希庭著：《人格心理学》，浙江教育出版社2002年版，第153页。

格评鉴技术创立于精神病态者的治疗活动，但由于其理论认为心理疾病患者与对外行为攻击者在心理能力的性质上相同（至少是相似的）而作用方向相异（对内作用与对外作用之差异），揭示行为人特定心理能量与行为倾向的人格测评方法与技术同样可以通过某些变形而运用于人身危险性的测定活动中。其中，自由联想技术与投射技术更适用于人身危险性的分析。当然，其人格分析与测评技术向来存在主观性强、客观性验证较困难，以及分析主体思维力存在明显制约、分析主体需要深刻训练等不足或缺陷。在人身危险性的运用中由于其特定对象的特异性（如心理与行为倾向的对抗性与隐蔽性）而使其难度更加凸显，但这与其方法技术的科学性、有效性并非同质性的问题。同时，精神分析论在潜意识、生物本能、恋母情结、内心罪恶感、人格发展不同阶段的心理危机的克服与固着、人格结构的多层次性及行为人主观恶性的定性化分析等方面具有其他范式不具备的独特之处。而且，其对人身危险性的了解与测定既可以运用于犯罪的一般社会预防中，也可以运用于特定对象的犯罪预防及犯罪嫌疑人已经进入刑事司法程序的活动中。

人身危险性与学习理论的人格评价

人格结构之学习论范式强调行为的外部力量而忽视个体的内部动力，认为行为的行为差异（包括普通越轨行为与犯罪行为）来自或者主要来自个体成长过程所面临的环境与学习经验的差异；人的积极或消极的行为模式完全由其强化程式决定。[①]它所采用的研究方法是严格的具有自然科学性质的实验法，即强调得出可验证的假设，操作实验变量，控制无关变量，以观察行为反应的变化。学习论人格研究范式对于人身危险性分析的借鉴集中在特别关注行为人成长环境中的消极性刺激的存在对行为人的实质影响，具体包括挫折的强度与性质、挫折的疏导、攻击行为模式的习得及强化项目式评价（正强化与负强化水平：经受的固定/变动时距强化、固定/变动定比率强化等）、观察学习与替代性强化、心理情境作用、自我调节功能等方面。在一般性的社会预防方面，人格的人身危险性评价主要的目的在于运用与其人身危险的建立大致相当的力量（对抗性条件反射的建立）消退其人身危险性存在于人格结构中的心理能量而最终化解人身危险性的进一步发展与展现；在犯罪的特殊预防中，人格的人身危险性的评价之主要目的在于客观准确地分析其危险度与危险指向的途径、方向，以直接指向于犯罪行为的预测与控制，司法实践中制定人身危险性行为倾向的直接观察（方案）、预测公式、行为方程与社会适应评定量表是常用的运用技术，如犯罪预测与再犯罪预测量表就是此技术的典型代表。另外，人格的人身危险性的测评也可以运

① ［英］布莱克本著：《犯罪行为心理学：理论、研究和实践》，吴宗宪，刘邦惠等译，中国轻工业出版社2000年版，第189页。

用于对罪犯的犯罪心理测定、犯罪行为的重新塑造（包括监狱场所的改造与非监禁场所的改造）、罪犯心理改造的效果评定，如中国监狱系统正在试运行的中国罪犯心理测试量表正是此方面的实践。学习论范式的人身危险性评鉴，由于其行为主义心理学的实证主义倾向与自然科学倾向的客观性的方法论特点，具有可操作性强、效果直观而易于验证等优点而多受推崇，但是，在实际分析评价活动中，人身危险性这一特定领域的运用更应特别注意避免其容易出现的忽视行为人高级意识作用、与环境交互作用、反社会性心理能量的内隐性与复杂性方面可能存在的不足和缺陷。

人身危险性与人本主义心理学的人格评价

人本主义心理学以人本主义哲学倾向为出发点，关注行为人的主观经验与自主性，关注人的本质与价值，关注个人对世界的看法。这类人格理论者既反对以精神疾患为基础的精神分析论，又反对以其他高级动物与年幼者的简单行为模式为研究对象的行为主义，主张以正常人为研究对象，研究人的自我、经验、自我实现、生命的意义与价值等重要问题。人本主义心理学尊重人的独特性，强调人的尊严、人格完善与充分的自我发展。在人格问题的研究方法与技术上主张观察当前经验并且不加解释地予以描述，反对还原分析，采用访谈和自我报告等评鉴技术。与之相对应，此人格理论对于犯罪行为的人身危险性的借鉴主要体现于从人格动力（如需要层次理论）、自我实现与生命价值的取向、心理健康与治疗等方面来着重分析、判断其人身危险性存在与否及其程度。由此，可以发现，人本主义心理学的人格理论在犯罪行为人人身危险性方面的应用更多表现于犯罪的社会预防方面与罪犯的心理及行为塑造方面。人的基本需要的满足只能在人际关系之中得到实现，无论是安全感、归属感、爱、价值感和自尊等，都来自其现实的人际关系。因此，人身危险性的消除与心理治疗相类似，很大程度上就是帮助行为人形成良好而与社会相和谐的人际关系。社会越是健康，良好的社会就越能够促进人类潜能和人性的充分发展，人类全体及个体的人身危险性就都会降低到较低的水平。例如，对具有某种消极反社会心理能量的个体进行友善性的积极关注（现实性的物质关注与精神关注），以适当的方式满足其需要，化解其不当的需要能量；以积极的态度与方式避免犯罪行为人在服刑场所形成反社会性方向的监狱人格，重塑其亲社会性的正常社会人格等。在方法论方面，人本主义心理学的人身危险性的人格测评强烈地反对还原主义（将复杂的现象分析简化成最基本的元素，然后再用这些基本的元素的性质来解释整体事件的理论），反对将复杂的犯罪现象、犯罪行为人分析为简单的元素结构，这在人格评定及人身危险性的全面考察中具有非常重要的价值，有助于客观地解释人类意识与行为（包括犯罪意识与犯罪行为）。此为其优势，值得发扬光大，但同时也应注意人本主义人格测评中可能存在的强烈依赖现象学的倾向、依据即时性经验的特征以及受作为其基础的存在主义哲学的制约等不足或弊端。

危险性与特质论的人格评价

研究人格特征的特质论范型从某一特定的角度强调行为人的个别差异和个体的整体功能，以特质的概念来假定行为的跨情境的一致性和跨时间的持续性。所谓特质，是“一种概括化的和聚焦的神经生理系统（特定的个体），它具有使许多刺激在机能上等值的能力，具有激发与引导适应性和表现性行为一致的（等同的）形式”[①]。

特质论研究的主要问题是特质的分类和表现以及特质产生的基础。此种观念与倾向对于从人格角度来探讨、分析犯罪现象中的人身危险性具有较大的借鉴意义，这种借鉴意义可以表现于特质论的不同理论之中，如奥尔波特的特质分析理论（如个人特质与共同特质、首要特质－中心特质－次要特质的观点）、卡特尔的特质分析理论（表面特质与根源特质、能力特质与气质特质、动力特质观点）、艾森克的人格维度理论（如神经质－稳定性、精神质－超我机能的观点）等，这些方面的观点、方法与技术都能够直接运用于犯罪行为人的人身危险性分析。虽然这些人格特征理论起初并非针对犯罪行为人或者潜在的犯罪人而提出，但其人格分析的维度与分析的方法与

---

① 黄希庭著：《人格心理学》，浙江教育出版社2002年版，第193页。

技术完全可以按照同质原理运用于人身危险性的分析。特质论主要倾向于采用因素分析、多变量分析研究及自陈量表的人格评鉴技术：①人格问卷技术，如爱德华个人偏好量表、感觉寻求量表；②因素分析的人格问卷，如卡特尔16种人格因素问卷、艾森克人格问卷；③经验效度的人格问卷，如明尼苏达多相人格测试、中国罪犯心理测试量表；④价值观问卷，如奥尔波特－弗农－林德西量表、莫里氏生活方式问卷、罗克奇氏价值观调查表、塞普尔氏职业价值观量表等。它们可以直接或间接地运用于人身危险性的分析或者辅助分析。但其中需要注意影响这些自陈量表效度与信度的因素，如社会期许性偏向、反应心向及潜意识动机成分（多数的量表中无法直接评析出潜意识动机的存在与状态）。特别值得注意的是，近年来人格心理学特质理论的新成果在人格及人身危险性方面的借鉴与运用。其中一个重要的方面是被称为人格心理学中“一场静悄悄的革命”的人格结构五因素模型。

在人身危险性分析的层面，其操作的基本过程为：①以心理量表手段，分析出行为人的一类行为的聚合或者对量表特定项目的稳定反应（称为行为人品质或量表因素）。②由此归纳出行为人的五大人格特征，即人身危险性的核心人格测评：人身危险性的内外向性特质因素、人身危险性的友善－敌意特质因素、人身危险性的谨慎－冒险性特质因素、人身危险性的神经质－情绪稳定性特质因素、人身危险性的才智特质因素（称为广义的人格结构）。其中敌意维度、冒险性维度与情绪稳定性维度更具有关键性的价值，内外向性、聪慧性则成为与人身危险性特定情境相结合的特征而出现，或助长其出现或某种程度上抑制其显现。而行为人的需要、动机与价值观等内隐性心理成分作为人格发展的动力而存在，虽然在犯罪行为发展时可以直接成为犯罪动机，但在人格形成发展及人身危险性的建立过程中，它成了背景式的深层次力量，弥散于人格结构的各因素之中，渗透于人身危险性的各成分里。③推导行为对于典型情境的典型性危害行为的反应（称为行为人习惯），其中，行为人的一般性人格特征（如气质和性格、习惯倾向、越轨性经验等）也直接或间接结合而发挥作用。④行为人对于特定情境的危险性特性反应（也称为行为人基础反应水平），即对于特定环境下的人身危险性的方向与强度，此时除需要考虑行为人普通的心理特点，还需要结合其消极社会因素，如负性家庭背景、个体挫折感及心理承受力与心理期望强度等。由此，人身危险性的评价直接指向犯罪现象解释与犯罪预防，包括犯罪特殊预防（降低与消除人身危险性）和一般社会预防（对于未实施犯罪的潜在人身危险性个体，瓦解、铲除其发生与发展的心理基础，指向人格的逐步完善）。目前，我国正在试行的人身危险性测评方法论，既有借鉴西方的多维度的方法论与策略，也有现代心理学的实证技术（如心理调查与心理测验），更有具有中国本土文化特征的罪犯心理测试量表、犯罪人心理测试技术、心理画像技术、心理访谈技术等方面的运用。同时，这类方法与技术对于处理罪犯工作，也能起到改变、改正罪犯的观念，即以科学原理干预矫正进程中的监狱人格，而科学地导向社会人格过渡的建立。

情感计算危险性评估

近十年来，在大数据与人工智能（AI）、机器学习技术的支持下，研究者开发出了一种探索性的人身危险性评估技术——情感计算危险性评估。它可以看作在犯罪生物学与行为主义人格理论基础上人身危险性评估技术的应用，代表了人身危险性评估前沿应用技术的方向与测评路径。

一个人只要站在红外摄像仪这类非接触性的检测设备前十秒钟左右，检测即可完成，通过多模态框架下计算机系统后台的（生理–心理关联度）运算，随即就可以得到被检测者当时情绪、情感指标所反映的那时信息，包括这个人的心率、血压、呼吸频率、眼动，以及具体的喜、怒、忧、思、悲、恐、惊等基础情绪。如此，一个人即刻的心态是平静还是兴奋，紧张还是愤怒，满意还是充满敌意等社会性情绪可以得到较为清晰的呈现。

这项技术现在已经在于监狱服刑的部分罪犯身上进行了验证性实验。它实际上是传统的测谎技术和微表情、微反应评估技术的有机融合，将即时的面部、身体的生理指标与一个人的情绪、情感反应联合起来，通过人工智能计算和（犯罪人）大数据的比对、匹配，推算出一个人即时性的心理状态，并进而推断出其对周围环境具有的危险水平。

可以预期，随着数据库规模的扩大，以及学习机模型的不断成长，它的准确性也在稳定地提高，为罪犯和潜在犯罪人心态的及时掌控、犯罪危险性的判断，以及个性化、针对性的罪犯改造、犯罪预防提供精准的参考信息。这样只需要对中高风险的罪犯、潜在犯罪人实施重点监管，对更多的低风险或无风险人员，只需要做好日常管理即可；在监禁场所，对于罪犯在服刑期间的心理健康管理，预防罪犯自杀、自残和心理疾病，以及预防监狱内的重新犯罪有着极大的帮助；在社会公共场所危险预警中也有较大的应用空间。

随着这项技术的日益成熟，现在，可以大胆地想象一下，不久的将来，这项情感计算危险性评估技术运用在公共场合进行公共安全预警的场景：在机场、公共交通站，甚至是公共汽车上、生活社区中设置特定的安全筛选点，就可以实现快速而准确地保证居民安全的目的。

当然，对守法居民而言，这项技术可能会侵犯个人隐私。但是，只要依照法律严格管理数据，就不会造成大的危害。然而，对于那些居心叵测的极小部分人而言，这项技术是每时每刻、悄无声息地高悬在头顶的一把锋利的达摩克利斯之剑！情感计算危险性评估技术可以及时而精准地进行提前预警，消除安全隐患，对绝大多数人来说，对整个社会来说，还是好处明显的。正所谓魔高一尺，道高一丈。

现代心理学的每一种人格范型都是研究人格的一条途径，同一范型中不同的理论与研究方法和评鉴技术上也存在着差异。相应地，在结合运用于犯罪现象的人身危险性研究中，应注意吸收其合理的因素，摒弃其不合理的成分，并将合理而有效的主体内外因素结合起来，以企图实现对行为人的人格特征及人身危险性做出较为全面的阐述与理解。因此，其中的每一项人格范型对于探测特定人员的人身危险性都具有独特的应用价值。

弗洛伊德、斯金纳、马斯洛、奥尔波特与卡特尔等人是人类探索自身内心世界、外部行为模式过程的杰出大师，他们以各自的方法论，从心灵、行为（亲社会与反社会两大基本维度）的不同角度与层面，探讨了人类发展着的精神状态与行为规范，也直接或者间接地揭示了犯罪行为人人身危险性之心理成分，均具有各自深邃的理论与技术，都在包括对于犯罪现象、犯罪预防控制在内的社会生活各方面发挥着作用，在心理学、犯罪心理学及罪犯改造心理学等领域的作用更为直接与明显，而且，其观点也将深刻而持久地影响并引导心理学、犯罪心理学、犯罪行为科学等学科的发展。虽然他们在哲学论、方法论及各自具体的学术观点上并非尽善尽美，也需要随生活时代、社会文化要素与人类自身的心理历程而发展变化，但是其深邃的思想（同时也包含着存在的失误与教训）是人类自我探索与心灵进化过程中非常值得借鉴的宝贵精神价值与财富，也将不断地在犯罪心理学、犯罪行为科学对于行为人犯罪性人格、犯罪危险性等内在关键性问题的进一步探索进程中体现出人类理性的光辉。

职务犯罪心理及其预防

职务犯罪是智能型犯罪的特殊类型，犯罪人在绝对权力欲的获得、社会化过程中的缺陷、人格结构认知-情感因素的偏离、自我评价系统的偏差、社会浮躁心理的助长等社会文化心理因素的相互作用下形成了导致职务犯罪行为发生的犯罪心理品质（变形的价值观念、明显而强烈的贪利性动机、极端的两极性、隐蔽性与深刻体验性、消极的职业人格等方面）；职务犯罪心理的形成以其犯罪动机为核心，经历旁观刺激、价值观念动摇、犯罪决意、强化四个阶段，相应地，在进行职务犯罪预防时可以采取健康人格塑造策略、自我调节机制，以及心理监测、咨询与矫治手段等方面的预防、警示、惩戒与惩治相结合、心理-社会文化的综合治理模式。

职务犯罪概述

所谓职务犯罪，是指具有国家管理职能、依法从事公务这种特定身份的个体所实施的危害社会的、触犯刑事法律、依刑律予以处罚的行为。其典型的体现就是贪污、受贿犯罪及职务侵占、徇私枉法犯罪。职务犯罪的出现是基于公共权力只能掌握于特定的个体手中这样一种现实可能性，而掌握权力的人客观上滥用权力。于是公共权力便被转化、蜕变为个人的权利甚至成为一种特权，直至其权力遇到有效限制为止。与其他犯罪相比，职务犯罪普遍具有更强烈的社会危害性。

职务犯罪人的心理特征

职务犯罪是在职务犯罪主体的犯罪心理的作用下实施的特定犯罪行为，特定的犯罪心理是其导致犯罪行为的心理根据，并表现于行为人的心理状态之中。其主要的犯罪心理特征表现为认知、犯罪动机、意志、情绪与情感、消极人格等方面。

认知特征：变形的价值观念

绝大多数的职务犯罪人具有扭曲变形的价值观念，其核心是金钱至上的观念、享乐主义的蔓延与膨胀，这是职务犯罪人实施职务犯罪行为在认知观念甚至精神信念方面的支持力量，它往往是职务犯罪人犯罪心理结构中与社会价值对抗的性格基础，具有稳定而深刻的特征。

犯罪动机特征：明显而强烈的贪利性动机

职务犯罪以非法获得大量的物质财富为主要内心原因，其动力来源于物质性需要的推动力，即使在精神性动机的职务型犯罪中，其经济利益或间接经济利益的成分也是非常显著的。可能相伴随的职务犯罪的精神性动机有利己主义倾向的虚荣心（反社会性特征的过强自尊心维护动机）、带有精神力量歪曲特征的纯粹性占有欲及超强的自我显示（证明）欲等方面。由于职务犯罪人已经具有相当的社会地位，且较为熟悉自己职责领域内的规章制度与法规，他们在初次实施犯罪行为或萌发犯罪之初会存在强烈的动机斗争。这种动机斗争或是会克制犯罪的动机冲动，或是会在其认知观念的支持下寻求各种“合理化”理由进行自我辩解，减少或消除心理压力而继续指向犯罪。

意志特征：极端的两极性

职务犯罪人在对抗非法诱惑方面意志力较差（或者逐步转变为较差），而在自己职务领域内执行实现自我欲望的犯罪行为意志力表现得非常顽固，甚至可以克服很大的客观障碍或抵抗其体验到的强大的风险，是意志坚持性与退缩性的矛盾结合体。由此可以直接导致职务犯罪行为方面的强烈侥幸性、冒险性。

情绪与情感特征：隐蔽性与深刻体验性

受到该犯罪行为涉及的领域、行为发生的非外显性特点及行为人独特主体生活阅历经验、智慧、地位的影响，犯罪人在进行犯罪预备、实施期间及犯罪后都不会明显地外显其紧张、惊慌、兴奋、欣喜等情绪–情感特征，其体验更具有深刻性、隐蔽性的特征。与其他犯罪类型相比，犯罪人在犯罪实施之后也较少或较不显著流露其反常的行为反应。

消极人格特征：消极的职业人格

由于职务犯罪人原本是国家工作人员，他们的职务表明了其所担任工作的重要性；具有一些业务的交往关系与经验、技能，表现出一种职务上的优越感，这是特异的心理体验，也是促使其走上贪污、受贿、渎职等犯罪道路的重要心理因素，同时，他们也容易表现出其职业人格的消极特征，如对国家与公众利益的错误态度、惯于利用职务上的便利、富于心计、善用手段、灵活多变、狡猾奸诈、表里不一致等。

在此职务犯罪心理的支配下，当前职务犯罪呈现出如下的行为特征：犯案手段多样化，犯罪人反侦查能力强；犯罪呈现行业化，如贪污受贿在金融证券、建筑、工商、税务等经济管理部门及资源分配部门频繁发生，而且贪污受贿与行贿的互动性强，作案手段隐蔽，犯罪行为反复持续。

职务犯罪心理形成的社会心理因素

职务犯罪心理是行为人实施职务犯罪行为的内在根源，其形成受到与社会政治、经济、文化相关联的心理因素的制约。职务犯罪心理的形成既有现实性心理因素的影响，也存在个体成长性心理因素的作用。前者提供一种现实、合理而直接性的解释，后者则以一种更为隐蔽而弥散性的方式发挥作用。

绝对权力欲的获得

犯罪科学的原理及刑法司法实践都证明了“绝对的权力产生绝对的腐败，绝对的腐败来自绝对的权力”。职务犯罪之所以产生，重要的原因是职务人拥有特定领域的控制性权力。它展现于主体方面就是行为拥有（至少是在主观认知方面“具有”）特定领域的绝对权力欲，它是控制欲望与控制能力倾向的结合。其形成显然不是主体先天具有或突变式形成的，而是在外部有利环境的诱使下逐步造成的。这主要体现为社会监督机制的不力、权力制衡方面的缺陷及转轨时期的“相对真空”、管理中的漏洞。面对这种社会现状，是否必然产生绝对的权力欲取决于行为人认知系统中的选择性倾向（对于权力需要的关注与集中），而此种已经形成的权力欲是否导致犯罪行为发生则取决于行为人高级意识体系中的价值倾向，即权力欲指向利社会性的工作进程与业绩方面，或是指向利己主义的个人目标。换言之，从理论而言，职务人的绝对权力并不必然导致职务犯罪，其联系更关键性地决定于人性中基本而核心的价值的定向（道德与法律、规则、利他主义、公平正义等）。虽然犯罪现象中绝对权力与职务犯罪紧密联系，但是其实质并非因果关系，而是密切的相关关系。当然，此种关系从功利的角度出发也非常值得全面考量其在职务犯罪中的地位。

社会化过程中的缺陷

绝大多数的犯罪人并非天生犯罪人（甚至于没有先天犯罪的倾向），他们多为消极心理因素与消极的社会文化环境紧密结合的产物。职务犯罪人犯罪心理的形成与显现也是如此，它们是其成长过程中社会化缺陷的一种产物。绝大多数的职务犯罪人最初具备较好的业务素质与心理品质，其中还不少具有较高业绩，甚至有较大的社会贡献，最后却成为国家或公众的敌对者，从个体心理发展的层面而言，可以发现其社会化进程中显然具有不同程度的缺陷。其中，家庭力量对于行为人是否建立较为稳定而持久的伦理道德评价系统至关重要。道德评价系统即关于忠诚、怜悯、正义、公正的观念，这些观念在一生之中均会发挥强大的作用。无论个体处于何种环境，身处何种社会地位，它可以与社会现存的规范与法律体系紧密融合，共同支撑人的行为准则。如果行为人在智慧与人格品质发展中忽视道德的稳定建立，即使其智慧发展良好，也不能保证其一定能对社会和个人有利，有时，智慧的高度发展在无稳定道德系统的支持与指导下反而会促进其成为社会发展的障碍。因为没有稳定的道德系统会直接阻碍行为人建立支持其正当行为倾向的法律意识（包括法律观念、法律体验、法律意志与法律行为倾向等方面）。此时，拥有绝对权力欲而无道德和法律的规范与制约，就容易放弃本应遵循的原则而屈服于外界的诱惑，就必然会成为谋求个人利益而实施职务犯罪的直接力量。

人格结构认知 - 情感因素的偏离

人格的力量在理性的行为选择中具有不可替代的地位；职务主体产生犯罪行为与其人格发展的不健全有着较为密切的关系。联系相应的职务犯罪心理的产生，人格结构认知 - 情感因素（特质）的偏离从整体而言是人格发展的不和谐与偏离的社会价值，主要体现在以下一些特质方面：①世故性高，表现为精明能干而过于世故，高度迎合普通社会倾向而不具有对于社会责任的朴实性。②敢为性高，表现为冒险敢为，甘愿为自我目标铤而走险。③恃强性高，表现为好强、固执、独立主动而支配性强。④忧虑性高，表现为为了个人利益而忧虑抑郁，烦恼自忧。⑤有恒性低，表现为对于利他的活动，缺乏责任精神，也缺乏忠诚与正义的品质。但对利己的目标则可能认真负责，严肃而深思熟虑。这些人格品质本身并没有必然成为反社会的力量，其过度发展只是人格发展中的片面部分，其强烈的显现可能导致对其他人格品质的挤压与排斥，是一种人格不和谐的特质，而当这种不健全、不完善的特点与行为人的绝对权力欲及自我控制系统相结合时，则较可能发挥其对于社会的消极作用。

自我评价系统的偏差

行为人的行为来自内在的心理力量，职务犯罪人的犯罪行为动力直接或间接地与其自我评价系统的偏差相联系。行为科学的理论表明，无论是亲社会或是反社会的行为，其行为动力是目标效价与目标实现可能性相互作用的结果。职务犯罪者自我评价系统的偏差具体表现为两个方面：一方面是认知评价的片面性。偏向于自我需要系统中的某些层次，如物质性需要、精神性控制欲的指向，过分强调其在心理生活中的地位，而忽视或贬低其他心理需要的实际意义；偏向于过高评价自己，过高评价自己的知识与能力水平，可以直接引发强烈的冒险心理、侥幸心理、自我炫耀心理、唯我独尊心理；当这种自我评价不当体现于工作的业绩中时，就会引发居功自傲而以最大量地谋取私利或个别享受作为心理补偿的方式。另一方面是认知评价的偏执性。某些职务人员对于自己的经济收入与其（自恃）拥有的权力、地位不成比例的偏执评价导致其出现认知上的相对剥夺感；对当前现实中的工作业绩缺乏科学评价及对激励机制存在偏执评价导致其出现心理体验上的相对剥夺感；对于职务人员阶层整体遵纪守法状况及相应在法网疏密差异状态的偏执评价导致其出现态度及行为动力上的相对剥夺感等。这些不断积累的相对剥夺感必然导致其出现认知与情感、态度上的严重不平衡。从主体认知归因的角度而言，控制点是行为人对于影响自我命运的力量的看法，而职务犯罪人则多存在控制点结构极端不合理的情况，如不切实际地居功自傲，夸大自我的力量，或者完全彻底相信自己拥有的金钱、物质、地位等对于自我价值及家庭命运的主宰力量，排斥其他精神因素、社会评价的应有地位等。在这两方面相互联系的自我评价偏差中，多数情况是在职务犯罪人主体的主观意识的监督下完成的，也存在着少数的潜意识力量的作用。

社会浮躁心理的助长

现阶段，我国正处于转型的大变革时期，包括可预期与不可预期、物质方面与精神方面的巨大变化，必然给全社会带来全方位的冲击。其中更为凸显的是多元价值观念冲突与生活形态变化的挑战，而其消极方面的后果就是不同社会阶层成员浮躁心态的普遍产生。它在职务犯罪现象中的作用并非作为直接力量出现，而是一种具有弥散性特点的社会心理文化的背景，更可能以一种潜意识意念或不安定心境的方式发挥作用，而且，其作用力更可能是深刻而持久的。虽然这些社会浮躁心理始初并非指向特定的对象，但它们必然在不同的时空情境中帮助、助长职务人员的认知与意志，使其具备更多的情绪性、非理性的特征，这就促使了职务犯罪心理的形成与稳固，进一步激发了职务行为趋向非法目的的不确定性与难以预测控制性。

职务犯罪心理的形成阶段

职务犯罪绝大多数表现为继发性的渐变型的犯罪形态。通常行为人在职务工作初期并无劣迹，其社会化过程中也没有明显的缺陷表现，甚至被信任重用，或有显著业绩，但于工作的中后期，在外界刺激或不良环境中，原先存在的道德、法律意识的缺陷（社会化过程中的不完全或社会化的错误）逐步显现并加强、扩大，进而成了控制心理与行为的主导力量，最后蜕变为反社会的力量。职务犯罪心理的发生、变化有着自身的发展过程，其核心是犯罪动机的形成与发展，从分析的角度出发，一般要经历以下四个阶段。

旁观刺激阶段

职务行为人面临着大量的反社会性的刺激，并构成对其原来心理系统中认知、情感、意志及人格的挑战，行为人经历主动或被动的选择、顺应或同化的动机斗争。此阶段中，职务人犯罪需要及犯罪意向的初始性与模糊性，仍不具备明确的动力功能。

价值观念动摇阶段

职务人的道德观、法律意识进一步倾斜，心理结构的各要素更加不平衡，同时某些利己性方面的需要更加强化与极度膨胀。此时，个性中消极性的一些特征，如敢为性、恃强性、忧虑性、世故性等个性特质会大大地助长其加速深化，此阶段，职务行为已经明确地具有在职务领域实施反社会性行为的动机，其犯罪动机已经上升到行为主体的意识层面，具有明确的行为动力的功能。因此，此阶段是职务犯罪心理形成的关键阶段，也是职务犯罪心理预防的核心。

犯罪决意阶段

职务行为人在完全明确犯罪动机之后，随即而来的就是深思熟虑地计划何时实施犯罪行为、确定犯罪实施方式等问题目标，此阶段等同于犯罪动机的定型阶段，常常与犯罪的预备相伴随。

强化阶段

在职务犯罪现象中，经历了犯罪决意阶段之后，往往必然导致职务犯罪行为的现实发生，这与职务犯罪行为人地位的相对确定性与实施犯罪行为的相对隐蔽性有重要的关联。他们经过犯罪尝试而没有被及时发现、怀疑或逮捕，往往会大大地强化其犯罪的欲望，以致进一步实施职务犯罪。其间，还会通过比较其他职务犯罪人的犯罪行为、犯罪目标及结果而通过“旁观者效应”机制发挥类似的强化作用。当最终被侦破犯罪案件时，或获知其他类似职务犯罪行为遭受惩罚时，其职务犯罪的动机会受到遏制或逐步瓦解、消失，即发生不同程度的负强化（阴性条件反射建立）的过程。

关于职务犯罪心理预防

职务犯罪行为是其犯罪心理在特定社会环境中发挥作用的产物，预防职务犯罪行为的发生需要综合运用社会文化与心理因素的各种机制与策略，最为有效的方案是心理与社会文化模式的共同作用，发挥其协同性的网络功能。虽然两者是相对独立的，也各有自身不可代替的地位，但是无论如何，行为人的心理动力才是行为控制的最终力量，社会文化的策略与措施必须真实地作用到职务行为主体的内心世界才有可能实际地起到遏制、消除职务犯罪的动机。如果能够铲除引发职务犯罪的心理与社会文化因素，把职务犯罪心理消除或抑制于一定范围之内，那么职务犯罪就不会发生或较少发生。当然，我们也不能把职务犯罪看成一种纯粹心理现象的外化，其心理预防也不能简单地完全寄希望于心理策略、手段。结合职务犯罪人的主要心理特征、犯罪心理形成的社会心理因素及犯罪心理发展的核心环节，从广义的犯罪预防的角度来看，职务犯罪心理预防可以从下面三个层次予以展开。

健康人格塑造策略

无论是从现实性或是个体成长性因素考虑，人格的健康发展都需要良好的社会文化的影响，这些良好的社会文化具有民主、法治、公平、正义等基本特征，它体现尊重人的价值、道德与规范、法律的协调与统一。就现阶段而言，实施综合治理，营造一个利于塑造国家公职人员健康人格的环境是非常必要的：应大力推行社会主义法治，科学地健全监督约束机制，如建立与完善职务人员财产收入申报制度、实行职务犯罪的定期公示制度等有效的法治机制，从职务人的心理角度起到预防、警示、惩戒与惩治等多方面的作用。同时加强职业道德教育，适当提高物质生活与精神生活的待遇，满足职务人员多方面的需要，使之更加全面而和谐地发展。

自我调节机制

从职务犯罪的个体而言，要抵御犯罪动机的发生，就是要不断完善自我，形成一整套有利于理智优化心态的内在调控机制，从内心稳定有效地对抗不法欲望的诱惑。人的自我意识的形成，标志着自我观察、评价、修养和调控能力的形成；如果自我意识清晰、正确、理智而成熟，作为犯罪心理预防主体的个人就会积极地自我修养、完善、增强自我的调节与控制能力。这既是自我修养的方法，也是职务犯罪心理预防的途径。

心理监测、咨询与矫治手段

临床心理学中针对心理不适及人格缺陷的心理学策略、手段与技术，同样也可以有效地运用于职务犯罪心理预防的领域，这是犯罪心理预防科学化的一个方面。例如，心理不平衡、不适状态的疏导（如合理情绪疗法、听析技术等），咨询技术（如认知分析技术），特异性人格状态的心理量表（人性哲学量表、社会态度倾向量表、艾森克人格问卷、卡特尔16种人格因素问卷、矢田部–吉尔福德性格量表、明尼苏达多相人格测试、社会期望量表、人际信任量表、生活事件量表、生活满意度量表等）及投射技术，消极心理特征及症状的矫正技术（如行为主义心理塑造方案），甚至具体的职务犯罪心理的探测与侦查技术（如犯罪心理测试技术、犯罪心理画像技术），都可以通过司法机关或相关的国家授权机构直接或间接地借鉴、结合到职务犯罪的心理预防策略中来。它与社会综合治理中的其他策略结合，可以起到互补促进的作用。也即，不仅可以从外部法律制度规范来监督，更可以从行为的内心（道德与理想）自我监督约束的维度，对违法犯罪动机的萌芽状态实施精准的干预，让职务工作者形成“不敢–不能–不想”实施职务犯罪的基本心态。

由此可见，职务犯罪心理因其形成发展的社会文化与行为主体自我的心理因素而在犯罪动机、认知、情绪与情感、意志、消极人格等方面表达出其自身的独特性，相应地，在进行犯罪心理预防时需要结合我国目前的国情及职务犯罪现象的特点而采取心理–社会文化的多维度、多层次犯罪心理预防模式，预防、警示、惩戒与惩治相结合，以实现控制职务犯罪行为与预测、预防、矫正犯罪行为人的整体目标。

原生家庭与犯罪行为的高相关性

研究表明，子女的违法犯罪行为与其原生家庭环境及亲子关系之间存在较高相关性。

每一个个体在降临人世后，在母亲的照料、保护之下发育成长。在这一时期，母亲对于婴儿的饥饿、寒冷、疼痛、不愉快等生理性问题的解决与消除起着重要的作用。同时，父母与子女之间的这种接触和联系以及家庭教养方式、成长环境更具有重要的心理意义：父母是儿童所遇到的深刻的人与人之间关系的最初对象，父母对儿童的心理成长具有直接的影响力。

母亲角色作用与个体成长

现代儿童心理学的著名专家鲍尔比认为，人之所以成为违法犯罪者，是因为在其乳幼儿期，母亲的角色作用和教养方式存在着缺陷；几乎全部的问题都可以还原到孩子与母亲的关系上，没有什么重要的问题胜过乳幼儿期的母子关系。换言之，青少年偶尔或连续不断地发生违法行为，其原因可以追溯到乳幼儿期，常见的情况是，他们在以母亲为中心的人与人之间关系的建构上明显地出现了障碍；这种阻碍可以通过母爱不足的“母性丧失”和青少年消极的性格特征的影响而表现出来。鲍尔比的个案研究表明，在观察了44名有盗窃癖的儿童生活史之后，发现具有麻木不仁性格的儿童有14名（占31.8%）；出生后五年间与母亲或替代母亲完全离别，或长期离别六个月以上的人有17名（占38.6%），他们大多数具有不安全依恋的倾向，即易激惹而反抗性强。而且具有麻木不仁性格的儿童（青少年）的违法行为比其他人的违法行为性质更为恶劣，也易伴发攻击性、性罪错、说谎等行为，同时难以矫正。据此，鲍尔比认为，出生后五年间与母亲的长期离别及消极情感倾向是行为人产生违法犯罪行为的最大原因。

父爱的作用与子女违法犯罪

精神分析学认为，对于儿童青少年[①]的人格成长，母亲的作用在乳幼儿期特别重要，而父亲的作用则在儿童期以后特别

① 本书使用儿童青少年这一概念，为突出从儿童成为青少年这一阶段个体身心发展的连续性。

重要。孩子幼小的时候，依赖于母亲生长，但是，以后必须有亲生父亲或强有力的父亲形象，否则，子女就易形成女性气质的、被动性的人格特征，给以后的社会适应带来障碍，导致违法犯罪行为的产生。

在儿童的人格发展过程中，超我（道德化自我）和自我意识的发展是通过儿童对父亲的自居作用而实现的。自居作用是指儿童往往追随和仿效父母，以期将来也成为像父母那样的人，而其中以父亲的作用较为突出。男孩在自居作用过程中通过克服亲母反父（恋母情结）、女孩通过克服亲父反母（恋父情结）而度过人格成长的危机。而这一危机的解决正是在潜伏期（5—12岁）。假使情结顽固地保留下来，其危机将在日后的情境中，以曲折再现或补偿的形式表达出来，青少年违法犯罪便是其中典型的反抗意志的形式。这种情况在某些青少年罪犯身上常常表现为“罪恶感”“赎罪受罚动机”“性罪错”等方面。简言之，儿童是通过对父亲形象的认同和模仿而认识周围世界的，此时，父亲对子女的热爱、责任心和适度的严格要求就显得万分重要。否则，儿童的心理就可能开始偏离健康的方向，或怀疑或排斥抗拒周围世界。如果父亲在家庭中没有地位，也会对子女产生类似的消极后果。

父亲与子女之间的关系也是个体最初接触到的一种特殊的人际关系之一；父亲的形象对子女的人格和行为方式会产生一种持续而深刻的影响。同母子关系与子女违法犯罪的关系一样，父子关系的状态同样是子女产生越轨动机的重要根源。消极的父子关系对子女违法犯罪的影响主要表现为以下几个方面。

父亲过分严厉与子女违法犯罪

父爱是一种权威性的爱，父亲应当有适当的权威，这种权威与母亲正当的情感陶冶相结合，就会使子女个性和谐、健康成长。但是，如果父亲过分严厉（独裁型教育模式），对子女管束、干涉太多，子女缺乏与年龄阶段相匹配的自由，就可能造成父亲与子女之间的对抗，最终导致家庭悲剧，或离家外出，以攻击他人与社会，或自我受罚来间接表达对父亲和家庭的反叛。当父亲的严厉与母亲的溺爱相结合时，会更加强儿童和青少年的反抗性，逐渐地“逼迫”他们走上违法犯罪的道路。他们很可能形成强抑制的超我人格（过度发展），所以当自己在向上发展时却感到走投无路，而最终走向危险境地。

父亲的不良行为与子女违法犯罪

如果父亲有赌博、酗酒、暴力犯罪、性生活放纵等恶习，不仅会给子女以消极的父亲形象，容易引起青少年的情绪、情感障碍（长久的消极后果），也会使子女直接受到感染，从而产生各种行为问题，甚至走上违法犯罪的道路。在我国现阶段的青少年罪犯中，对其父亲有较好印象的仅占20%左右。由此，我们可以推测父亲的不良行为在诱发子女违法犯罪的因素（如叛逆、交往不良同伴、习得不良行为方式与品行障碍等）中占有相当的比重。

继父与子女违法犯罪

一些研究表明，继父与子女关系多数不是很融洽（父亲形象的削弱或抵消），有继父的子女大多性格怪僻，有较多的不端品行。继父品行不正，往往是儿童和青少年流浪、离家出走的根源。

无父亲与子女违法犯罪

无父亲会对子女的人格、情绪产生不良影响，因而无父亲的状态与其子女的违法犯罪行为之间存在关联。西方一项对无父亲与子女违法犯罪行为关系的调查表明，违法犯罪人中有22%至57%的人无父亲，特别是14至17岁的少年违法犯罪者中，无父亲的人居多数；而在正常人的对照组中，无父亲的只有11%至18%。但是，不好的父亲比无父亲的情况更糟。

家庭环境与教养方式

家庭是儿童青少年成长的初始天地，然而，家庭环境中存在诸多青少年违法犯罪的潜在风险因素。

家庭对人格发展的影响

新精神分析学派的代表学者埃里克森提出了心理社会发展理论，该理论认为个体的性格主要是通过和他人的关系来塑造的。在早期阶段，主要是和家庭成员以及其他监护者的关系。在儿童期个体面临的危机是“勤奋对自卑”的内心冲突，如在学校表现不佳可能导致低自尊、自卑和习得性无力感，从而使儿童不再努力。在学业成败、学校表现中，家庭的支持氛围与引导方法具有关键的作用。如果个体的心理能力不足、有学习障碍，家庭不能提供足够的心理支持与帮助，他们就倾向于逃学、辍学和其他不明原因的违规、违纪、反社会行为。这在很大程度上决定了青春期个体的持续性自卑与自我同一性混乱，而这正是其人格中自我意识混乱、角色混乱、未来理想缺失的基础，也是反社会人格的基础。研究表明，学业失败和行为问题（如攻击性、冲动性和无法集中注意力）与随后青少年及成人犯罪、物质滥用和精神障碍是相联系的。

家庭对青少年情绪表达和自我控制的影响

情感控制和表达的发展是一种与社会相处至关重要的自我控制，家庭及其他监护者对于这方面的发展起着重要作用。例如，在一项母亲婴儿互动研究中，母亲可以通过模仿婴儿的积极情绪表现来强化婴儿的积极情绪；同样也可以用赞同、失望、反对和自我榜样来教导孩子合适的表达情绪方式。攻击行为是情绪失控问题的重要表现，也与暴力犯罪最具有关联性。如果儿童认为伤害他人可以让自己得到想要的东西，他们就会用工具性攻击来这样做；他们也可以为了控制他人，或者报复他人对自己做的错事而使用敌意性攻击。

教养方式与攻击性犯罪

敌意性攻击（反社会行为与暴力行为）一般是在父母的影响下形成的。心理学家鲍姆林德提出了三种主要的教养风格（方式）：溺爱型、专制型和权威型。溺爱型的父母对孩子无原则地许可，很少要求孩子，管理宽松，有时惩罚前后不一致；孩子易形成不受控制的倾向，在同伴环境中因为习惯性的攻击行为而不易合作，也因为受到他人的攻击而易产生低自尊，为维护表面的自尊而产生攻击。如此，这种任性行为的恶性循环就渐渐形成了。专制型父母会在没有解释和正当理由的情况下严格地制定规则，并倾向于使用严厉的惩罚手段；孩子则更可能喜怒无常、悲伤、畏惧和忧虑，出现矛盾性的攻击行为。权威型父母有明确的行为规矩，前后一致地执行，因为孩子知道奖励与惩罚的原因所在，因此他们中的多数学业成绩好，与老师、同伴相处较好，与他人也有合作的意愿，其自尊水平与自我控制能力较好，因而，权威型父母教育下的孩子在青春期时很少或没有发生反社会行为。

当然，当不良的教养方式与其他风险因素相结合时，其反社会的风险可能会产生相互作用而放大效果。例如，当儿童具有不遏制型气质因素时，专制型或溺爱型教养方式就会明显地加强其反社会倾向，但在权威型教养方式条件下，他们的冲动性就能够得到较好的控制而渐渐改善。

恶劣的家庭环境

家庭是儿童青少年的成长环境，但有的家庭本身存在着毒性的环境，主要体现为虐待和忽视、家庭暴力及家庭犯罪史。

儿童虐待和忽视

对儿童青少年的身体虐待是指过度体罚、有意识的伤害，包括殴打、烫伤、窒息、拳打脚踢或用武器威胁等；忽视是指拒绝或延迟满足那些严重危及儿童青少年生命与健康的需求，遗弃儿童青少年，不适当的监管行为。研究表明，受过虐待和忽视的儿童青少年比正常的儿童青少年更容易有反社会行为，更加容易成为青少年犯罪人和成年犯罪人。1988年的一项对1500名受过虐待和没有受过虐待儿童的纵向研究表明：受过虐待和忽视的儿童更容易成为青少年犯罪人和成年犯罪人。美国少年司法与青少年犯罪预防办公室的报告表明：受过虐待和忽视的个体在更年轻时有更高的严重犯罪和多次犯罪的风险；

接触过多种家庭暴力（虐待、父母或其他家庭成员之间的暴力和家庭敌意性氛围）的儿童，比在非暴力家庭成长的儿童出现暴力的概率高出50%。

此外，儿童青少年经受过性虐待会和经受过身体虐待一样更可能违法犯罪，其中，遭受性虐待的女孩会比遭受身体虐待的女孩更容易参与卖淫活动。遭受两种虐待的儿童比只遭受一种虐待的儿童长大后更加容易犯罪，但是仅仅遭受性虐待的儿童比遭受身体虐待和忽视的儿童更少出现暴力犯罪。

家庭暴力

家庭暴力会增加青少年出现暴力的可能性。一项研究发现，生活在家庭暴力环境中但没有受到虐待的男孩，在长大后虐待伴侣的概率是正常男孩的10倍。同时受到虐待攻击和观察到家庭暴力的男孩长大后虐待伴侣的概率比只有其中一项（受到虐待或者观察到家庭暴力）的男孩高出50%。另外，家庭暴力对儿童青少年还有其他间接影响：在家庭暴力环境中长大的孩子比正常的孩子出现自杀、抑郁、吸毒、酗酒问题的概率高50%。

家庭犯罪史

父母对于毒品和犯罪的态度会影响到孩子对它们的态度：被容忍打破规则和法律的儿童更加容易成为青少年犯罪人。如果父母允许孩子吸烟、喝酒、吸毒，他们很容易成为酒鬼和瘾君子。家庭成员犯罪可以成为儿童青少年犯罪的榜样：大多数青少年犯罪人的父亲有犯罪记录；惯犯的儿子中有35%变成了惯犯。一项持续30年的研究显示：即使没有遭受虐待或忽视，而父母曾经被逮捕的儿童，他们成年后的反社会概率是那些没有父母被捕记录的儿童对象的3倍。

对于家庭因素在儿童青少年违法犯罪心理形成的作用，强制发展理论的解释是：家庭环境是早发性青少年犯罪的主要预测指标；父母对儿童青少年的监管不力及家庭暴力等是早发型违法犯罪行为发生的主要社会心理因素。在弥散消极倾向的家庭环境中，孩子学会使用强制性、胁迫式的方式（如乱发脾气、尖叫哀号）来逃避父母的惩罚和权威；起初，这会激发父母强制式的管教方式，然后形成两者之间的恶性循环：父母与儿童青少年都以对方厌恶的方式行事，以控制对方的行为。青少年反社会行为的发展轨迹正是这种强制的社会经验积累的结果。

因而，父母教养不足或者过于严格、亲子冲突和父母的攻击行为等因素与青少年犯罪确实存在着关联。其中，虐待儿童、父母对儿童的冷落、家庭暴力及父母对于违法犯罪的容忍态度等都是青少年行为问题的高风险因素。

与家庭因素相联系的是学校与同伴的影响力。青少年在学校和社区中结识同伴，同伴之间的相互影响不可忽略。研究发现，和反社会青少年同伴的交往与个体的违法犯罪行为有关。具有攻击行为的儿童可能会受到同伴的排斥和社会的谴责，产生孤立感，认同感缺失，因此容易形成小团伙；若缺乏经济来源，家庭教育缺失，容易形成犯罪小团伙；团伙对青少年犯罪的影响比同伴的影响更大。

精神分析理论关于个体人格成长

精神分析理论把十八个月以前的婴儿时期称为口唇期。在这期间，婴儿常常口含着母亲的乳头，刺激着口腔黏膜而获得快感，如果授乳期间经常不能及时满足婴儿的欲求或者过度满足其本能需求，婴儿则会产生不满情绪或偏执情绪。有学者认为，这个时期的母子关系，由于婴儿生理性需要的不满足，可产生婴儿的基本信赖或基本不信赖的心理倾向。此时婴儿的无助感最为强烈，如果母亲给予婴儿的照料和爱抚捉摸不定、不可预测的话，他们就会产生对人和周围世界不信赖的情感。而与基本信赖相伴随的心理品质是希望，他们将来更不怕挫折和失败；与基本不信赖更可能相伴随的心理品质是恐惧、退缩与反抗。而且，儿童及成人在不同的发展阶段都存在类似又前后相联系的两种品质的竞争危机，它们是以循环的方式联系在一起。前后相继的心理危机是：（1至3岁）自律对羞愧与怀疑；（4至5岁）创新对罪恶；（6至11岁）勤奋对自卑；（12至20岁）

自我同一性对角色混乱；以及（21至24岁）亲密对孤独；（25至65岁）关心他人与自我关注；（65岁以后）自我整合对失望。与各阶段对应，积极的心理倾向为希望－自我控制力－生活指向和目的－有能力－忠诚－爱－关心他人－智慧；消极的心理倾向是恐惧、退缩及反抗－自我怀疑－无价值感－无能力－不确定感－泛爱－自私自利－失望和无意义感。显然，上述消极的心理倾向具有较多的反社会性，与违法犯罪，尤其是青少年的越轨行为有着十分密切的关系，甚至有的本身就是青少年违法犯罪的直接驱动力。然而，无论积极或是消极的心理倾向，都与婴儿时期的最初情感倾向与母子之间关系的性质有着千丝万缕的联系，而且这种心理－情感联系并不是表面的、直接的，而是深刻的、潜在的。

西方关于青少年犯罪预防的社会控制理论强调依恋－积极性价值观－遵从传统－活动投入四个方面在推进子女完成积极的社会化过程而预防违法犯罪行为的作用。在父母与子女关系中主张母亲的关心、爱护，是婴幼儿安全依恋及良好情感的基础；父亲的形象是儿童、青少年认识世界的窗口。持续而深刻的母爱、父爱和良好的亲子关系有助于子女性格的健康发展；而消极的亲子关系和父母形象将大大地促使子女在日后的不利社会生活情境中产生违法犯罪的动机。

精神分析学派对母子、父子关系与子女违法行为之间关系的认识，有过于强调早期亲子关系的重要性而忽视现实环境与文化影响之嫌，也即精神分析流派的倾向。但作为一种独到见解，这种观点至少可以给父母、幼儿工作者与青少年犯罪预防工作者一些启示：

（1）早期的父子、母子关系具有相当的重要性；与此而产生的子女早期心理品质之雏形与其日后心理成长有紧密的连续性和相对的一致性。

（2）青少年违法犯罪有其深刻的早期心理成长的因素，其中消极的母子、父子关系及相应的消极品质很可能是其重要的方面。

（3）母亲对于婴幼儿的生理性、心理性欲求的适度满足具有重要价值：既要注重其生理照料，也应注重与婴幼儿的心理接触和交流，包括言语、表情、爱抚等；既要防止婴幼儿的生理或心理需要被剥夺，又不能造成过度满足。前者易形成退缩、胆怯及攻击、侵犯等补偿倾向，后者则容易导致依赖、娇气、自私、偏执等消极心理品质，如某些青少年罪犯身上存在的“恋母情结”及罪恶感等。在儿童期及青少年期，父亲的形象对子女社会性的发展将日益发挥出重要的影响力。

（4）加强良好的父母与子女关系的协同作用，即注重父母和谐关系、家庭和睦气氛（民主型家庭教养模式）等方面对子女积极情绪的影响。

“诈弹”行为人的犯罪心理分析

“诈弹”行为是犯罪行为人内心强烈欲望的虚张声势的表达。

近年来，“诈弹”事件在我国及他国已经并非单个的现象，包括公共场所“诈弹”与飞机“诈弹”事件。从行为主体原因而言，是主体内心需要（包括正常需要或不当需要）受阻碍后的极端敌对性表达，其中也不排除存在行为人已经处于特定的人格障碍或者其是边缘型人格的可能；从主体外方面而言，它是社会潜伏存在的某些尖锐矛盾、冲突的反映，也是社会人群中浮躁心理、失落心理、低自我调节水平、社会监控能力不足的强烈折射。当前，“诈弹”事件行为人的行为多具有匿名性（间接恐吓的行为加剧了行为人之责任扩散心理与去个性化倾向）和模仿性（如大众媒体不当渲染、对相关事件的效仿，青少年尤为明显）的特征。

犯罪动机与行为特征

“诈弹”行为是特定行为人通过编造或者故意散布所谓爆炸物的虚假恐怖信息以达到预先设计的目的的行为。在我国刑法中，它属于编造、故意散布虚假恐怖信息犯罪的范畴。现在世界各国都对此类事件特别关注研究，科以较为严厉的刑罚，并以多方位的社会预防维度进行预防。这类行为动机可以属于以下一种或者几种动机的结合。

贪财性动机

行为人在内心较为强烈的求财动机（物欲动机）下，遇有工作失败、生活困境等紧急性困境，便突变为贪财犯罪动机，并以带有较强的隐蔽性、极端冒险的行为方式试图实现。这在公共场所的“诈弹”事件中常见，如商场的“诈弹”。也即，以“诈弹”来敲诈、勒索商家或政府部门。相应地，当前处于社会劣势的边缘群体中的某些人较可能成为高危人群；其中，城市化进程中的阶层极大分化与反差往往加强了此种不正常的贪财动机。从现象上来看，某些边缘人群与社会底层中的极少数人在“诈弹”事件中扮演了更多的角色。

蓄意报复动机

行为人在面对自身的各种失败、挫折时，往往采取了对失败事件的错误、片面的归因，固执地认为自身的失败应由他人或社会负责，而产生强烈的心理失衡感。面对内心的失败感与压力，行为人采取诸如散布恐怖信息破坏商家经营活动或公共安全感等恐吓、间接的报复方式进行复仇。其中，也存在着单独针对某一特定个体对象进行的“诈弹”报复，如由于情感冲突或人际挫折事件，而对其乘坐的飞机进行电话“诈弹”威胁。

以上两种行为动机，在犯罪心理学的行为动机解释中，可以用挫折–愤怒–攻击学说来加以解释：失败导致了强烈的挫折感（在缺乏强有力的自我调节控制的情况下），挫折感通过对外攻击来表达。“诈弹”事件中行为人以自认为隐蔽而间接的方式进行。我国当前出现的一些“诈弹”事件，其主要的行为动机属于贪财性动机与报复性动机。

宣泄动机

此动机同样为行为人具有内心强烈的心理压力，甚至可能还伴随着不同程度的偏执型人格障碍或精神障碍（如所谓的在事件中遇到了某种“精神控制”）。此时，外界一些相关信息的刺激，激发了行为人解决心理困境的“方法”，而以虚假的恐怖信息来宣泄自己内心的失败感、失落感。与前述报复性动机相比，宣泄动机更明显地表现为内心较长时间积累的消极情绪的“尽情”发泄。

恶作剧动机

此动机可以更多地从心理健康水平的角度来加以解释，即以“诈弹”为恶作剧的方式。它是一种不正常心态的反映，属于行为的精神性动机，把自己的“快乐”体验与别人、公众的痛苦、惊恐相结合。青少年引发的“诈弹”行为，较可能是在失意、好奇心的驱使下，或者是在纯粹模仿下的恶作剧倾向；成人的“诈弹”恶作剧则更可能与反社会型人格障碍等问题相联系。这种特定的宣泄动机与恶作剧动机在犯罪心理学理论中可以从病态动机角度来解释。

特定精神动机

从西方已经出现的某些类似“诈弹”事件来看，存在着部分险恶政治动机的情况，即以恐怖信息扰乱正常生活或公共安全感，以实现特定的精神需要或者达到险恶的政治目标。此事件具有恐怖活动的性质，这是在网络信息时代较为突出的恐怖威胁。

对“诈弹”行为的犯罪预防策略

对于此类散布虚假恐怖信息的行为，可以从社会的各层面开展工作，以期建立相互协同作用的多维度的预防网络。

社区预防

加强社区工作，将行为激化的高危人群之心理矛盾进行更为科学有效的化解、疏导。一方面，恰当地解决其基本生活保障与创业发展问题；另一方面，更为着重地做好社会公民的心理健康教育，提高公民面对失败时的心理承受能力、心理健康水平、恰当的失败归因能力、自我情绪控制力。这是预防工程中长期而具有基础性的工作，也是全民心理保健与犯罪预防体系的组成部分之一。

专业预防

通过国家多级心理保健体系，从专业角度对精神偏激倾向的人群进行更系统的咨询与矫正工作，并与家庭、社区、司法机构紧密配合，为其提供有针对性的预防资讯。

技术预防

加强社会公共场所与重点场所的行为监控手段与技术，如爆炸物探测设备、视频监督技术、通信信息监控、网络信息安全监控等，及时有效地遏制犯罪行为或行为倾向，同时，这也可以大大地提高公民的安全感与信心以及公共安全防卫意识。

司法预防

严格依法及时从严、从重打击此类犯罪行为，及时全面地展现司法力量，从外部强化方面严厉打击潜在的犯罪意向。这在对我国现阶段出现的编造、故意散布虚假恐怖信息犯罪行为的预防工作（全面遏制与长期预防）中尤为具有战略与战术上的重要价值。

论恋童症犯罪的心理分析及矫治预防策略

恋童症是一种典型的性变态行为，是性对象方面的变态行为。作为儿童青少年性侵害行为中危害极大的一种，恋童症指成年人对性未成熟的儿童青少年产生强烈性幻想、性冲动的性变态。《精神障碍诊断与统计手册》的诊断标准是，施暴者年满16岁，对至少比他们小5岁的儿童产生性幻想，并具有周期性的、强烈的性冲动。在西方的临床心理及刑事司法实践中，大多数对儿童进行的性侵害可能被诊断为恋童症（美国精神卫生协会）。

恋童症概述

恋童症是性侵害儿童的典型代表，侵害对象包括儿童和青少年（恋青少年症）。在我国主要涉及犯罪的种类是强奸和强制猥亵儿童犯罪，在西方国家（如美国）则把大多数性侵害儿童的犯罪人归属于恋童症者而从重处罚。

恋童症者对儿童的侵害方式包括：将儿童脱光衣服盯看“观赏”；暴露自己的身体及性器官给孩子看；在孩子面前手淫；触摸或爱抚孩子的身体。大部分恋童症者都是男性，约三分之二的受害者是女孩，年龄通常在8至11岁。但也存在少数的女性恋童症者。在女孩的性虐待中有5%的女性罪犯，而对男孩的性虐待中大约有20%的女性罪犯。美国全国儿童虐待与忽视中心1981年的报告中明确指出存在着女性加害者。对于女孩来说最容易遭受成年男子的性侵犯，其次是遭受青少年男性的性侵犯，而对于男孩来说最容易遭受青少年男性的性侵犯，其次是遭受成年男子的性侵犯。

恋童症犯罪人分布广泛，在所有的社会阶层、各年龄阶段和各种职业中都会存在。他们之中甚至有的从事教师、牧师、教练、缓刑监督官等能近距离接近孩子的职业。例如，根据美国天主教会2018年公布的调查，发现在过去的70年间美国约有11000件、涉及300多名神职人员性侵害儿童的案件，其中就有相当的犯罪者属于恋童症者。他们利用自身职业的便利，获得儿童的信任，从而使孩子满足他们的性要求。70%至95%的受害者与性侵害者是熟人或亲属关系。很多的恋童症者是有孩子的已婚男性，虽然他们不认为自己是同性恋者，但是他们大部分侵害的对象是男孩。

恋童症的分类

在恋童症研究中，最具有代表性的分类是美国马萨诸塞州治疗中心的恋童症行为模式：依据恋童症行为模式将恋童症区分为固着型、退化型、剥削型与虐待型四种。①固着型恋童症，或称为幼稚型恋童症，表现为把儿童看成自己的性及社交方面的伴侣，对儿童有长期而唯一的偏好，很少结婚成家。通常只在其与儿童非常熟悉时才会发生性接触，并且很少使用攻击方式。这类罪犯很难治疗矫正，也最容易再犯。②退化型恋童症，有正常的青春期与同伴关系，并且有异性恋的经历，但后期出现了男性气概不足和自我怀疑的情感。他们的恋童症行为通常是由于自己遭受男性或女性同伴对自己性能力的打击而促发的。被害者总是陌生的女孩，这类犯罪人多数在事后懊悔，其预后较好。③剥削型恋童症，侵害儿童主要是为了满足其性需要，他们利用儿童的弱点，通过各种方法或者诡计使儿童顺从，如果有必要，他们会使用暴力和身体攻击以达到目的。人际技能方面存在明显的缺陷，这可能是他们选择儿童作为侵害目标的主要原因。这类罪犯难以矫正，其人际缺陷会影响到生活的各个方面。④虐待型恋童症，也称为攻击型恋童症，出于性与攻击两方面原因而侵害儿童。这类犯罪人往往有很长的反社会行为的历史，而且能适应环境。他们大部分偏好同性别儿童。因为其犯罪的主要目的是获得刺激而不关心对被害者的伤害，所以，他们会非常残忍而邪恶地伤害儿童。对儿童造成的伤害与痛苦越大，他们就越感到性兴奋。诱拐和谋杀儿童的罪犯大多数属于这种类型的恋童症。临床上，这类恋童症犯罪人最难以矫正。在后续的研究中，马萨诸塞州治疗中心的儿童性侵害分类在细化评估退化型与固着型恋童症时增加了三个新的因素——对儿童固着程度、社交能力水平、犯罪人和儿童的接触次数；将性侵害区分为身体伤害和虐待两个成分；增加自恋型的特殊类型。

恋童症形成的因素与机制

恋童症生物-心理-社会模型因素

以生物-心理-社会模型来看待恋童症的形成因素是当前被普遍接受的观点：其消极的生物学因素，包括神经因素、内分泌因素及体质因素。例如，研究人员给患者应用5-HT受体激动剂间氯苯哌嗪后，肾上腺素中儿茶酚胺类物质的血浆浓度变高，这可能和恋童症的交感-肾上腺髓质系统的激活增加有关。托斯特等人发现恋童症的脑机制涉及纹状体-丘脑-皮质环路。恋童症者控制纹状体-丘脑的额叶区域的认知功能有明显的损伤，尤其是与前额和驱动加工有关的神经功能如反应抑制、工作记忆和认知适应性损伤严重。希佛等人观察到恋童症双侧眶额皮质、双侧脑岛（岛叶）、双侧腹侧纹状体和一些边缘回（扣带回和海马旁回）的灰质体积的降低。

恋童症的心理因素集中于其人格特征方面：孤僻、自卑的人格。威尔森等对英国恋童症者俱乐部的成员使用艾森克人格问卷进行调查，发现这些人内向、害羞、敏感、孤独、抑郁以及缺乏幽默感。潘顿对被监禁的儿童性骚扰者和乱伦犯罪人在明尼苏达多相人格测试中的结果进行了比较。两组被试都表现出明显的自我意识障碍、焦虑、不适应和不安全感以及对攻击的抑制。

恋童症的社会因素表现于其早期创伤经历方面。对恋童症个案研究发现，他们中有较大比例的人于年幼时曾经遭遇过家人或其他亲密关系成年人的抛弃或者虐待。他们被抛弃或遭遇虐待大大地打击了安全的依恋关系，而进一步导致的“扭曲的情感”会产生错误认知，他们日后就将儿童的情绪反应曲解为兴趣信号，最终诱发为恋童症的癖好。也有研究者认为，童年期遭遇的性侵害导致了他们日后的攻击型恋童症行为。

当前，广泛普及的互联网成了恋童症者的高科技“共犯”：在互联网及新媒体迅速发展与极广泛应用的时代，新的人际交往途径也会刺激与诱发潜在的恋童症者的性侵害行为。在某种程度上，新的互动技术为潜在的（素质性）或可能的（情境性）恋童症者提供了便捷而隐蔽的犯罪手段，成了这类性变态者实施性侵害犯罪的助长因素。特别是恋童症者利用儿童青少年的性好奇心与较低的判断力，以色情图片、视频、文字、参与性冒险游戏等方式引诱，成了人类社会中真实的“性捕食者”。

由上述恋童症产生的因素可以看出，恋童症行为的典型动机包括：最明显的动机是异常的性动机；增强自己的强大和控制感；补偿个人童年期的虐待和创伤。

恋童症形成的理论

学者芬克雷等人阐述了对恋童症现象的五种理论解释。

情绪吻合理论

该理论发端于心理分析的“心理发展的停止”。恋童症者将自己视为具有幼稚的情绪需要和儿童般的依赖的人，因此他们感到与儿童在一起是最舒适的。

性唤醒理论

该理论主张恋童症者能够对刺激（儿童的特征）产生性唤醒，而出于各种原因对普通的人不能产生性唤醒。对于恋童症者而言，儿童时期的性游戏、性经验特别刺激；而成人之间的性游戏很少让其感到被唤起、满足和愉悦，甚至根本不存在。

阻碍理论

该理论认为恋童症是由于和成人关系中的正常性行为与情绪满足受到阻碍而引起的。由于通过正常渠道寻求性满足受到挫折，行为人转而寻求与儿童为伴。阻碍理论强调恋童症者的不自信、羞怯、无能与不成熟的人格，认为这些社交方面的缺陷导致其几乎不可能和成年女性发展出正常的社交与性关系。

去抑制理论

该理论强调自我控制的丧失和个人失去对行为的约束力。缺乏对冲动的控制、过量酗酒和吸毒以及各种紧张刺激都可以导致行为人行为的过界，而去实施其偏好的偏差性行为。例如，许多的恋童症者拒绝自我谴责或外界谴责，而将恋童行为归因为外界的力量。

认知扭曲理论

该理论认为认知扭曲是导致恋童症的原因。“儿童是有性欲的个体”“自己有特恃的权利与儿童发生性关系”“世界是危险的”等认知扭曲是导致恋童症行为的内在认知基础。

恋童症的矫治

恋童症行为具有极大的社会危害性，对儿童青少年的身体与心灵会产生严重的破坏。对恋童症犯罪行为的打击与对其心理、行为的矫治需要密切配合，以达到标本兼治的目的。对恋童症的矫治是以心理学的基本原理为基础，对其行为模式、认知观念及生理因素进行重新塑造。

行为矫治

由于恋童症犯罪心理与行为模式的顽固性，以行为改造为核心的行为疗法策略在矫治过程中尤其具有较好的针对性与可操作性。

对恋童症者的行为矫治，是在条件反射原理的基础上，采用包括厌恶疗法和手淫重建条件反射法等方法对其消极行为模式进行矫治。标准的厌恶疗法（包括内隐致敏法、电击厌恶疗法、厌恶训练等）对有些恋童症者有一定的帮助。通常使用厌恶疗法的程序是：使用能够激起恋童症者性欲的刺激材料，如儿童的实体照片，进行恋童行为的录像、录音，阅读描写恋童行为的文字材料或想象进行恋童行为等，来激起恋童症者的性欲，并在恋童症者出现性兴奋或性高潮时，给予厌恶刺激，如电击、让他们想象会受到的处罚、服用能够引起人作呕或者其他可以有不舒适感的药物，以及让恋童症者观看进行这类行为的人受到社会惩罚或法律制裁的录像或文字材料等，从而在进行恋童症行为的性欲与不愉快的体验之间建立起条件反射，抑制恋童症行为的发生。大多数恋童症者在接受治疗后对儿童的性兴趣有所减少，可以在一定程度上抑制恋童的欲望，但经过一段时间后较容易反复。例如，赖斯等跟踪136个攻击非亲属儿童的罪犯，其中50个人接受了厌恶治疗。在被释放后六年里，再犯率为31%，即治疗后的再犯率并没有明显降低。

当然，在使用厌恶疗法进行治疗的基础上，往往还要根据恋童症者的具体情况配合其他的训练（如认知矫正与人际交往技能训练），如此才有可能达到较好的效果。另外，有研究表明，如果在使用厌恶疗法时，用格式塔技术、催眠、视听反馈等方法作为补充，矫治效果可能会更好。

在手淫重建条件反射法中，最初给恋童症者呈现儿童的形象，激发其性反应；一旦达到勃起就给他们呈现一个更适当的形象，如裸体男（女）性；然后将其注意力集中于这些形象继续手淫直到性高潮。可以使用一系列逐步接近“正常”的形象供恋童症者手淫，使其性兴奋的对象不断正常化。手淫重建条件反射法具有其独特的优点：第一，它不像厌恶疗法那样有伦理问题，更容易被恋童症者接受；第二，它不需要实验室设备，所以可以让恋童症者在治疗间歇期自行练习。尽管有关其疗效的实验证据很少，但一般认为它较为有效。

实践证明，在恋童症行为疗法的实施中，团体治疗方案与集中监管方式具有特定的效果：以小组或小团体治疗方式（以类似匿名戒酒会的组织形式），采用如情景模拟剧、故事法、相关事件阐述与对质、事件反省、适宜方式交流等方法，可以在某种程度上冲击恋童症者已经建立的行为模式，治疗成员之间相互监督与提醒（包括单独接触儿童个体、儿童色情材料、非法药物、酒精），并提供一种可供选择的积极行为方式。当这种行为疗法与认知相结合时，往往比较能够达到更接近理想而稳定的治疗效果。

认知行为法的心理矫治

认知行为法大多数的消极心理与行为改造中都显现出较好的成果，对恋童症的矫治也是如此。认知疗法的核心在于矫正恋童症者对于儿童及儿童性欲错误的、偏差的观念或想象，对其讲解恋童症的基本常识（包括产生的生理心理社会原因、对社会对儿童的身心危害、科学的防治方案以及具体的阻止措施等），这在理论上有助于抑制恋童症冲动与行为。在对恋童症的矫治中，认知改变与行为修正成分的共情训练、社会技能训练、自我控制是常用的矫治方法。

共情训练：研究表明，受到神经活动及痛苦情绪低唤醒的影响，恋童症者一方面对儿童有特异的性冲动与情绪吻合，另一方面他们在实施儿童性侵害时又难以产生正常水平的同情感。共情训练正是针对其低共情性特征而展开的。在美国加利福尼亚州和佛蒙特州监狱机构中的革新项目中，包括恋童症者在内的性犯罪者接受训练后，其释放后重新实施性犯罪的平均犯罪率比没有参加项目的控制组降低了至少一半。在这些训练项目中，核心的训练是共情练习，以提高性犯罪者对其侵害者及侵害行为的敏感性。其中，常用的共情练习是让罪犯从受害人的角度描述对受害行为的感受。使用内隐致敏法，则是帮助罪犯拒绝偏差行为中时常出现的偏差性幻想。在训练的想象中，将涉及强奸和恋童的具体情境与令人厌恶的后果配对。例如，要求恋童症者想象自己在对儿童暴露自己的性器官或爱抚儿童身体时，警察或者自己的亲友突然出现在他面前。

社会技能训练：导致恋童症发生的原因之一是他们受到早期创伤经历及消极社会化的影响，没有形成合适的社会交往技能，不能建立起正常的自信心、自尊心以及与成年异性交往的技能，进而退行为一种更为幼稚的、以自我保护及本我式的自我放纵行为。对此，社会技能训练就是重新建立起其符合社会规范与个体心理健康的自尊心、自信心与社交技能。

社会技能训练在西方的矫正机构和社区环境中已经得到广泛应用，对于恋童症的行为矫正也具有一定的效果。社会技能的内容包括启始性社会技能（如聆听、提问）、高级社会技能（如求助、参与）、处理情感技能（如表达与理解）、攻击替代技能（如分享与自我控制）、处理应激技能（如应对失败、应对内心冲动）、拟定计划技能（如行为决策）六大部分。具体的训练中可以择其一作为切入点，渐渐扩展与强化。在进行社会技能训练时，可以采用示范（恋童症者成功自我控制的模仿）、角色扮演（如心理剧）、提示（明确语言指令）、家庭作业（如日记反省/过错总结）、反馈（及时准确的奖励与惩罚机制）、团体（匿名者小组）建设与犯罪得失分析等方法进行。如此，通过重建适宜的社会技能，让其情感与行为重回正常，重新适应社会规范，可以在人际技能方面避免对儿童对象的性冲动。

自我控制：指让恋童症者在产生恋童行为冲动之时，自己利用各种方法控制内心的恋童冲动，避免产生恋童行为的矫治方法，即通过一系列（从易到难梯度呈现序列）训练方法，如身体放松技术（稳定的腹式呼吸）、果断言语提醒、注意力转移、立即离开特定行为情境等，以达到抑制冲动行为的发生。在有严格监督（如团体小组或监督成员在场）的条件下，可以设置特定诱发情景，如让恋童症者面对儿童刺激，甚至激发其对儿童的欲望，锻炼恋童症者采取自我控制方法避免恋童行为的发生，如此经过反复训练（内心强化）与外部肯定（外部强化）增强其自我行为的控制能力。其中，最大的难点在于恋童症者没有进行自我控制训练的动力，但他们一旦在他人的帮助下开始系统性的训练，就一定能取得一定成效。

可见，认知行为疗法是一个更为全面的系统干预方案。此整体干预包括集中监管群体、愤怒管理、自信训练、人类性知识教育、沟通训练、控制异常性唤起和复发预防，参与者会学到对高风险复发情况的识别。第一个认知：行为治疗是认知重构，即识别扭曲或错误的认知，并用适应性更强的积极想法来替代。第二个认知：行为治疗是共情训练，在这种训练里罪犯被教会认识到自己行为的有害方面，并将自己放在受害者的位置上建立对受害者的共情。此疗法是有效果的，但其能否使恋童症者产生永久行为改变目前尚不清楚，可能需要系统的渐进的强化训练才能达到稳定的积极效果。

物理治疗：药物治疗及化学阉割、“物理去势”

对于顽固不化的恋童症者，药物治疗与神经医学策略，甚至于物理阻止策略是最后无可奈何的方案。

采用医学干预的方法，是通过降低恋童症者的睾酮激素水平而降低其性驱力。其中以阉割手术与神经外科手术最为极端。阉割手术由于要切除睾丸，必然导致睾酮激素的绝对化降低。虽然他们依然保持性兴趣及生理性勃起，但由于性驱力大大降低而减轻性侵害的风险。正如大多数人预测的那样，许多恋童症者及强奸犯被阉割后都报告他们的性驱力大大下降了，他们的实际重新犯罪率比一般强奸犯更低。但是，由于涉及罪犯的基本权利、伦理问题，当前世界各国对强制阉割手术存在着激烈的争论。这也导致即使已经颁布法律实施阉割措施处置恋童症性犯罪累犯的国家（如韩国法律中的“物理去势”刑罚措施），在司法实践中适用时也是非常谨慎的，而且须按严格的司法程序执行。可见，各国在司法实践中阉割处置的案件并不多见，阉割处置对恋童症者的心理威慑作用则更为突出。当然，其中支持者主张，鉴于恋童症者对儿童青少年身心方面的极大危险性，阉割措施的消极性是可以接受的。

对于化学阉割，相对伦理性争论也是尖锐而严峻的，主要涉及个人权利、尊严以及药物的副作用等方面。这种做法（或是刑罚处罚手段），通过使用抗雄性激素药物与雌性激素，如醋酸甲羟孕酮与醋酸氯羟甲烯孕酮降低睾酮激素水平，可以达到直接控制其性驱力的目的，而且，此种“化学阉割”通过人为干预也是可逆的。对于化学阉割的做法也存在反对的观点，认为其效果也可能不尽如人意。例如，伯林和迈内克追踪了20位使用抑制雄性激素药物的恋童症者，其中3人在服药期间再次犯罪；此外，停药后复发率很高。抗雄性激素药物治疗的一个严重问题是，有30%至100%的人拒绝服药。停止服药的人中，有很多都可能打算再次犯罪，因为药物并没有改变他们对性行为的信念和态度。而且，药物有一定的副作用，如增肥、睾丸萎缩，这也会降低恋童症者服药的可能性。另外，这种治疗只对睾丸激素水平极高的恋童症者有效，但有些恋童症者并不符合这一标准（他们更可能是对儿童的心理欲望），因此即使他们完全配合激素治疗也不会有任何效果。

最近的研究显示，药物治疗可能在较短时间内起到表面上的显效，但要达到稳定的持续的积极效果，还需要全面考量恋童症者的生理心理与家庭社会因素，在具体措施上，在集体辅导治疗形式的作用下，药物治疗与认知行为法相结合可能是降低恋童症者不恰当生理性欲与化解邪恶心魔的有效途径。

由于恋童症的复发率较高，因此在进行系统矫治的过程中，要及时预防其复发。在复发预防的技术层面中，矫正者或治疗者要帮助恋童症者：确认很有可能诱发其犯罪行为的情境；避免此类情境的出现；将这种行为视作习得的，也是可以改变的；辨别导致复发的因素，制订计划以避免这些因素。例如，由马克斯等提出的复发预防方案比较有代表性。它包括两部分：先在法庭附属医院对恋童症者进行集中治疗，出狱后再进行持续一年左右的支持性治疗。在此期间恋童症者将接受一些性知识和一般应对技巧的课程，包括放松、处理压力和愤怒以及一些社交技巧。

对恋童症犯罪的预防策略

性犯罪者的重新犯罪率较高，许多强奸犯和其他性罪犯即使受到监禁或接受了治疗，通常在其日后还是会重蹈覆辙。尤其是恋童症者，他们被监禁的时间越久，今后就越容易多次犯案；事实上，与强奸犯相比，恋童症者从监狱释放后的25年内的重新犯罪率超过90%。而且，作为高风险犯罪人群，恋童症者更可能不承认自己的罪行或拒绝承担民事与刑事责任。因此，对于恋童症者犯罪的一般预防与特殊预防都是非常必要的。

国民心理健康教育体系的建设——国民健康计划

在社会与政府的宏观层面，构建起全体公民的健康计划。其中国民健康计划之心理健康从组织机构机制到专业人员保障方面提供系统的支持。例如，家庭成长计划、社区和谐建设规划可以设计出具体的策略与技术，如亲子关系提升、婚姻促进提升、个体阶段性心理档案建构、危机干预策略等。

针对恋童症心理癖性的形成，需要特别强调，健康安全的亲子依恋关系是儿童青少年心理健康成长的重要保障。其原则性措施包括：减少、消除不安全依恋（回避型与反抗型依恋），对忽视、抛弃、虐待、残害的及时遏制与法律管理监控，对于天生具有困难型气质类型（不可遏制型神经类型）的儿童更应采用温和与关爱的扶养方式。这样，可以较大程度降低他们形成不安全依恋及对抗社会的可能，并有效预防儿童青少年性兴趣的偏差和攻击型的人际应对倾向。

另外，面对儿童青少年成长性危机干预，家庭与社会必须肩负起应有和足够的监管与教育责任。

法律制度建设与法律严惩

为准确而有力地打击、遏制恋童症者的性暴力犯罪，有必要确立专门的刑法——反性暴力法。恋童症者由于有足够的自我辨识能力与行为自我控制能力，对性暴力犯罪必须负有刑事责任能力，并科以重刑。在具体刑罚上，其罪责和高风险的长刑期监禁（甚至终身监禁）与化学阉割、“物理去势”威慑相匹配。同时，恋童症是极端性变态的代表，恋童症者既是犯罪者，也是病人。作为特殊的心理疾病患者，他们必须接受系统的强制治疗。

社区与网络公示制度

鉴于恋童症者的难以矫治且高重复犯罪率，当他们刑满释放时，司法机构需要及时而准确地掌握其生活行为轨迹，并以适当的方式警示其周围的民众，以做到有效的特殊防范。西方国家司法实践证明，这也是迫不得已但行之有效的预防策略。例如，美国性罪犯告示法（“梅根法案”，1996年）、英国“萨拉法案”（2008年）规定，法律委托警局通知社区——在该社区居住着一个已经从监狱中释放的性犯罪者或恋童症者，这一做法有效地警示、遏制了该罪犯在社区的性犯罪风险。性罪犯告示法有利于保护潜在的受害者，虽然这会使已经被释放的性罪犯难以适应这种被贴上耻辱标签的生活方式，如找不到工作，或被迫离开社区，或承受较大的心理压力，甚至不可能过上正常的生活，但这些后果与保护儿童青少年免受性侵害的需要相比被普遍认为是可以接受的。

专案组打击方案

针对恋童症犯罪行为对儿童青少年危害（身体危害与心灵危害）的严重性及其犯罪行为的隐蔽性，在司法实践中已经探索性地采取主动出击的侦查打击方案。西方有的国家采取成立“性犯罪专案组”的策略技术就是其中典型的代表（如美国联邦调查局的恋童症犯罪专案小组），其基本工作模式是全天候网络监控、实时电子侦查取证、发现性捕食者、现场抓捕犯罪嫌疑人。此方案甚至于在一定程度上可以突破已有法律规定的某些限制（如“钓鱼执法”），可采用预设陷阱而“诱捕”的侦查手段，预先打击此类对儿童青少年危害性极大的性犯罪。

主动防御技术

由于互联网已经成为恋童症者实施色情犯罪的隐蔽阵地，父母及学校、社会职能机构有责任保护孩子免受潜伏在互联网上的恋童症者的伤害。一些专门软件可以帮助限制、监督儿童青少年访问不合适的网站、聊天室。如今许多国家的司法机构设有专门针对计算机互联网暴力、色情犯罪的技术部门，其目标就是打击现行的或潜在的“性捕食者”。

儿童青少年强烈好奇心与社区阅历、自我辨识能力较差的特征决定了他们作为潜在的“受害者”接受“犯罪免疫教育”的必要性：教导儿童青少年保持基本的防卫意识与谨慎性。掌握以“不要与陌生人说话”作为人际交往基本策略，在真实世界与虚拟世界中均是适应的原则。“及时告知自己遭遇的伤害”，以得到及时的救助，并防止更大的、持续的伤害发生。“学会识别伤害行为”“学会阻止伤害”，果断说“不”，适时逃跑，大声呼救，及时报警等。

另外，当性侵害已经发生时需要专业机构专业人员启动危机救助与心理干预措施。例如，团体治疗或小组治疗被证明有助于儿童青少年去面对急迫的危险情绪（甚至日后才出现的情绪–情感残留）、保持自尊以及最大限度地降低他们体验到的压力。同时，以亲情关系为核心的家庭支持（陪伴与情感接纳）在度过心理危机时也是尤其重要的。

恋童症是一种反人性的极端越轨行为表现，是性变态的典型类型，是性暴力犯罪的内在动力之一。它对儿童青少年具有极大的身心破坏力。其心理动机与行为模式的形成有其先天生理因素，也有早期社会化过程中创伤性经历（尤其是依恋情感的创伤）及其所导致的阴暗人格特征。相应地，对恋童症犯罪的矫治与预防也应该结合其消极的生理特质、心理特征及家庭社会关系，采取行为疗法、认知疗法、生物医药技术与严格的法律监控策略技术，从歪曲的观念、错误的行为模式、阴暗的情绪–情感等方面修正与控制其危险性。当前恋童症高风险性的现状，也使得个体层面的主动防御与社会机构组织及法律严厉打击、防卫的紧密配合对于构建有效的恋童症犯罪预防系统具有迫切而务实的价值。

精神病态及其犯罪危险性解析

精神病态是一种极端化的反社会型人格障碍，是具有明确工具性攻击倾向的一系列人格特征。当代神经犯罪学的实证研究发现遗传和环境因素都与精神病态特征的发展有关：精神病态者的杏仁核机能及移情功能发育明显受损，而儿童青少年的成长环境（以不安全的依恋、忽视或虐待等为代表的消极家庭因素与青少年人际创伤）与精神病态的发生、发展有着密切的关系。精神病态者具备以冷酷无情为核心的人格特征（人际关系/情感特征、生活方式/反社会特征），这就决定了其具有较高的犯罪危险性与现实的社会危害性。对精神病态者的犯罪预防既包括特定个体神经生理学的医学维度，更应该强化儿童青少年时期亲子之间心理关怀与积极性人际互动以及认知技能、社交技能方面的具体指导。

什么是精神病态

精神病态，本质上并不是精神病，而是一种极端化（特异化）的反社会型人格障碍。这种疾病的主要临床特征是极端化的以自我为中心而冷酷无情、缺乏罪恶感和共情、高操纵性和冲动性。这类人既不是精神病人，但也非正常人，是介于精神病人和正常人之间的一种状态。

对精神病态的探讨历史较长，在人格障碍的研究中也远远多于其他类型的人格障碍。早在1835年，英国精神病学家普里查德提出“悖德狂”概念，而将它从普通型精神病中区分出来；1876年，意大利精神病学家、犯罪学家龙勃罗梭在其天生犯罪人学说中划分出“道德卑劣”；1884年，俄国精神病学家巴林斯基在对罪犯进行司法精神病鉴定时使用了“精神病态”概念；1891年，德国精神病学家科赫提出“精神病理性卑劣”来代替悖德狂的概念；后来德国著名的精神病学家克雷丕林采用“病态人格”来代替精神病理性卑劣的概念。

现代精神病态的概念是从赫维·克莱克利的观点演变而来的。在他影响深远的著作《理智的面具》中，精神病态者被描述为外表看起来很正常，但却非常冷漠，无法表达悔恨或内疚，似乎没有人类的情感；尽管缺乏爱的能力，但这些病人的智力通常高于平均水平，而且看起来很迷人。他们的社会行为明显反社会。起初的患者也表现出缺乏明显的焦虑或神经质特征，尽管对这些特征与疾病的关系现在还存在着争论（因为在有的精神病态亚型中也表现出不同程度的焦虑、神经质特征）。而在当代，对于精神病态的研究则注重于与极端的精神障碍及犯罪性人格之联系，如加拿大精神病学家黑尔自二十世纪八十年代以来对犯罪人反社会型人格障碍、精神病态的标准诊断与治疗进行研究。

在普通人口中精神病态患病率较低，精神病态症状多见于男性、城市居民以及社会经济条件较低的阶层。一般而言，西方国家报告的该疾病男性患病率为3%，女性则少于1%。但是在特殊人群中其患病率则明显增加。例如，英国普通家庭中精神病态的患病率仅为0.6%，而在英国监狱的罪犯人群中精神病态的比例为7%至8%。[①]精神病态与犯罪行为之间关系密切，与非精神病态相比，精神病态被认为是较高犯罪率（尤其是暴力犯罪）的主要原因。

一些临床医师认为精神病态是一种特殊的反社会型人格障碍，这导致反社会型人格障碍与精神病态之间存在着重复或相当大的重叠。因此，所有被认为是精神病态的患者都满足反社会型人格障碍或非社会型人格障碍的标准，但满足反社会型人格障碍或非社会型人格障碍标准的人中只有三分之一能达到精

---

① Coid, J., Yang, M., Ullrich, S., Roberts, A., Moran, P., Bebbington, P., & Singleton, Net al.（2009）. Psychopathy among prisoners in England and Wales. *International Journal of Law and Psychiatry*, 32, 134–141.

神病态的诊断阈值。

精神病态是司法心理健康领域中一个高度相关的问题，但是在世界范围内的刑事司法界，它仍然是一个非常有争议的问题，它涉及精神病态反社会行为的极端危险性，精神病态者的刑事责任能力、受审能力，以及罪犯处遇及改造治疗的顽固性等方面。在《精神障碍诊断与统计手册》或《国际疾病分类》中并没有精神病态的诊断。因为精神病态作为一种临床疾病的实体表现，其概念因与精神病理性障碍这一术语存在交叉而进一步复杂化。然而，多数学者认为本质上，精神病态作为一个临床术语，就是一种特殊类型的反社会型人格障碍。

为了诊断精神病态，必须由经过专门培训的临床医师使用精神病态检测量表。按此专业量表，黑尔于1985至2003年间以其编制的《精神变态症状清单》对特定来访个体及在院治疗的精神疾病患者进行评估后指出：只要达到精神病态检测量表设定的阈值以上（通常阈值为30分，最高得分为40分）的得分者即可明确诊断为精神病态者。其中，对精神病态与精神障碍犯罪行为具有密切相关性是被视为精神病态“黄金标准”的精神病态检测量表作为暴力和累犯的评估工具具有良好的预测效度的原因。一些评论家认为这是不言而喻的现象，因为现代精神病态的概念仅仅是将犯罪行为医学化。

精神病态与反社会型人格障碍的关系

精神病态的临床状况与反社会型人格障碍有很强的重叠性，这两种疾病似乎是不可分离的。反社会型人格障碍是《精神障碍诊断与统计手册》的一个诊断类别，主要基于个人的行为特征。其特征是忽视社会规范和规则，而采取反社会行为、冲动和不负责任的持续模式。反社会型人格障碍在罪犯中较为普遍，60%至70%的男性罪犯符合诊断。[①]因此，尽管许多被诊断为精神病态的罪犯也会被标记为患有反社会型人格障碍，但是临床上只有三分之一被诊断为反社会型人格障碍的罪犯完全符合精神病态的诊断标准。[②]

可见，精神病态是反社会型人格障碍的一种极端化类别，或者是一种特殊化的反社会型人格障碍，反社会型人格障碍具备的大多数人格、行为特征与精神病态相同。但精神病态具备的极端化的人格、行为特征，如冷酷无情人格特征、病态的自乱行为模式，反社会型人格障碍并不一定典型化具有。通俗地理解，反社会型人格障碍突出地表达为对社会规则、规范的违背与破

---

① Fazel, S., & Danesh, J.(2002). Serious mental disorder in 23000 prisoners: A systematic review of 62 surveys. *Lancet*, 359, 545–550.

② Coid, J.(1998). The management of dangerous psychopaths in prison. T. Milon, E. Simonson, M. Birket-Smith, & R. Davis (Eds.), *Psychopathy: Antisocial, criminal, and violent behaviour*. New York: Guilford Press, 431–457.

坏（并不一定表现为明确而强烈的冷酷无情），而精神病态则典型地具有内心阴暗、冷酷无情等无人类基本道德的人格特质。

精神病态的犯罪危害性

精神病态的犯罪风险性

传统的观点认为精神病态者是危险的、操纵性的和不可治疗的。虽然并不是所有的精神病态者都会表现为反社会及犯罪行为（其反社会动力转向为基本迎合社会规范而以合法的途径满足自私的强烈欲望），但是由于其基本心理状态与行为特征的倾向性，他们更可能实施违反社会规范的破坏行为，在残酷的暴力犯罪人群中精神病态可能是最为突出的。精神病态者的犯罪大多数具有本能性的特征，如性本能、攻击本能及两者结合，即形成本能性、病理性的犯罪动机，并进而形成更为顽固的犯罪性人格。一般而论，他们在犯罪的道路上不会自动停止，而是直到被刑事打击为止。加之精神病态者大多数具有超出普通人的智力，使得其犯罪过程的设计与实施具有精心策划的特征，所以，精神病态犯罪人多数是“成功的犯罪者”。同时，与非精神病态罪犯相比，被贴上此标签的人在监狱或医院中的滞留时间会显著延长，因为精神病态诊断的结果似乎对他们的矫正和治疗产生了不相称（有时是相反）的影响。可以推测，在监狱中服刑的长刑期罪犯与罪大恶极的罪犯中，精神病态罪犯往往占相当的比例。

现在有越来越多的实证研究支持关于精神病态与暴力行为的密切关联的结论。一项研究发现精神病态检测量表评分与一般累犯、暴力累犯和性累犯之间存在显著相关性。对于一般累犯，精神病态者的再犯率是非精神病态者的3倍，而对于暴力累犯，精神病态者的再犯率则是非精神病态者的4倍。[①]此外，精神病态检测量表评分比其他精算化（如犯罪史、人格障碍）风险量表对暴力行为的预测能力更强，但对一般累犯的预测能力较弱。然而，精神病态与暴力的关系并不是直截了当的联系。攻击行为可分为反应性行为或主动/工具性行为。布莱尔认为，工具性攻击的高水平可以将精神病态者与其他疾病患者区别开来（这些疾病同样与攻击性或暴力有较高的关联）。[②]其支持证据也来自对暴力犯罪者和杀人犯的研究结论：几乎所有由精神病态者实施的谋杀都是出于工具性动机。[③]

---

① Hemphill, J.F., Hare, R.D., & Wong, S.(1998). Psychopathy and recidivism: A review. *Legal and criminological Psychology*, 3, 139–170.

② Blair, R.J.R.(2001). Neurocognitive models of aggression, the antisocial personality disorders and the psychopath. *Journal of Neurology, Neurosurgery & Psychiatry*, 71, 727–731.

③ Porter, S., Woodworth, M., Earle, J., Drugge, J., & Boer, D.(2003). Characteristics of sexual homicides committed by psychopathic and nonpsychopathic offenders. *Law and Human Behavior*, 27, 459–470.

由于普通的社区服务机构往往不愿意承担监管与照顾精神病态者的责任，他们被社会“放弃”的时间也会延长。事实上，许多服务机构不接受精神病态者，因为他们认为无法提供给精神病态者需要的专业服务。作为为精神病态者提供专业服务的回应，西方国家于二十世纪九十年代开始建立专门的监狱医院来处置这些特殊罪犯。其实，这些特殊监狱也是特殊的医院，他们同时具有罪犯与患者的身份。例如，英国于1999年成立了四个专门处遇精神病态罪犯的监狱医院：称为“危险和严重人格障碍机构”（布莱德摩尔、兰普顿等监狱医院）。

精神病态特质与犯罪驱动力

精神病态具有较高程度的反社会行为与犯罪行为，这主要与其特殊的心理状态及人格特征相联系。从整体而言，精神病态以自我为中心而冷酷无情、缺乏罪恶感和共情、高操纵性和冲动性为主要的临床特征；具体而言，精神病态具有独特的心理状态与人格特征体现于人际关系/情感特征与生活方式/反社会特征两类因子方面。

因子一（人际关系/情感特征）：油嘴滑舌/表面魅力、浮夸的自我价值感、病理性说谎、纵容/操纵；缺乏自责或内疚、肤浅的情感、冷漠/缺乏同情心、对自己的行为不承担责任。

因子二（生活方式/反社会特征）：需要刺激/容易厌倦、寄生的生活方式、不良行为控制、早期行为问题、缺乏现实的长期目标、冲动性、不负责任；青少年犯罪、有条件释放的撤销、犯罪多方向性以及滥交性行为与众多的短期婚姻关系。

这个模型可以更精确地理解精神病态特征与精神病态的认知、情感和功能相关的方式。显然，包含二因子共四方面（人际关系/情感特征与生活方式/反社会特征）的精神病态分析模式，可以具体地展现自我中心而冷酷无情、缺乏罪恶感和共情、高操纵性和冲动性等人格特征与心理状态以及反社会的历史，这些特征与素质正是其早期产生反社会行为与成年后持续实施犯罪行为的内在基础，也是精神病态者顽固地实施暴力犯罪及欺诈犯罪的具体驱动力，即“反社会性（人格指向）”与“冷酷无情（人格特征）”。

精神病态的生物基础

精神病态的遗传性

关于精神病态可能具有遗传基础的推测可以追溯到卡普曼，他指出这种疾病的核心人格特征可能是家族性的。最近的研究支持这一观点，一些研究表明，作为精神病态的核心人格特征，冷酷无情人格特征可能是遗传的。许多研究工作都是基于双胞胎研究。例如，泰勒等人的双生子研究得出，精神病态者冷酷无情人格特征的总遗传方差达到42%。这大大超过了他们估计的23%的反社会行为的遗传基础。[①]精神病态研究中最大的双胞胎样本之一是由维丁、布莱尔等人研究的3687名7岁左右的双胞胎儿童。这项研究的重点为研究冷酷无情人格特征和反社会行为，结果显示其具有很强的遗传特性。[②]另一项研究中，对1090对同卵和异卵双胞胎的研究评估了遗传和环境因素对精神病态的人际、情感和行为/生活方式特征的影响。结果表明，这三个特征中的每一个都有总体的遗传影响。此外，对情感和行为/生活方式特征有独特的遗传贡献。

精神病态的神经化学因素

关于精神病态的神经化学知识相对较少。在对精神病态的神经化学因素研究方面的代表是对犯罪人催产素水平的研究。在大脑中，催产素通过与杏仁核内侧核中的受体结合来驱动形成附件和巩固人际关系的需要，从而发挥关键作用。然而，它也可以作用于杏仁核内的其他核，以减少恐惧反应（精神病态的情绪反应特征）。最近的研究结果表明，吸入催产素后会加

---

① Taylor, J., Loney, B.R., Bobadilla, L., Iacono, W.G., & McGue, M.（2003）. Genetic and environmental influences on psychopathy trait dimensions in a community sample of male twins. *Journal of Abnormal Child Psychology*, 31, 633–645.

② Viding, E., Blair, R.J.R., Moffitt, T.E., & Plomin, R.（2005）. Evidence for substantial genetic risk for psychopathy in 7-year-olds. *Journal of Child Psychology and Psychiatry*, 46, 592–597.

剧嫉妒、幸灾乐祸[①]和群体间偏见，包括非人道的种族外群体倾向。[②]因此，催产素似乎可以增强亲社会和反社会情绪，这取决于个体所处的具体情况和对情况的判断。

英格兰伯明翰大学的心理学家伊恩·米切尔等人在其开创性的研究中显示，尿催产素水平（可以作为大脑水平的一个指标）在被定罪的严重罪犯中显著升高。此外，催产素水平与精神病态检测量表的因子二评分高度相关，表明催产素水平与该障碍的生活方式和反社会特征相关。还有研究表明，经历过严重早期虐待的少女在应激后催产素水平显著升高，皮质醇水平较低。这些研究结果综合起来表明，早期虐待是监禁罪犯被试的一个常见心理创伤，它可以导致特异的神经化学变化，这些变化与其日后的反社会人格特征和行为之间存在较密切的联系。

精神病态的恐惧神经生物学模型

对于精神病态的神经学研究与关于杏仁核的功能研究相联

① Shamay-Tsoory, S.G., Fischer, M., Dvash, J., Harari, H., Perach Bloom, N., & Levkovitz, Y.（2009）. Intranasal administration of oxytocin increases envy and schadenfreude（gloating）. *Biological Psychiatry*, 66, 864–870.

② De Dreu, C.K., Greer, L.L., Van Kleef, G.A., Shalvi, S., & Handgraaf, M.J. et al.（2011）. Oxytocin promotes human ethnocentrism. *Proceedings of the National Academy of Sciences*, 108, 1262–1266.

系：涉及患者的恐惧识别与体验能力受损以及形成厌恶性条件作用的能力下降。

精神病态者的低恐惧感与其杏仁核功能下降相关。一段时间以来，人们一直认为杏仁核是关键的神经结构，它参与了情感面部表情的处理，尤其是恐惧的表达。在杏仁核中恐惧面部表情的处理与神经活动之间具有紧密的关系。因此，双侧杏仁核损伤患者对恐惧面部影响的认知受损。可以预测，精神病态与低活性的杏仁核功能有关。高顿等人的研究发现支持这一假设的证据：精神病态人格量表得分高的非犯罪者的杏仁核在做面部情绪识别任务时不如得分低的参与者活跃。这显示神经反应的减弱与情绪人际关系方面有关。①

精神病态特征可能与特定的神经心理缺陷有关。这些缺陷中的关键是识别他人面部表情出现问题，特别是对恐惧表情的识别。布莱尔的模型假设认为：暴力抑制机制可以解释为什么精神病态者如此容易使用工具性攻击；精神病态者无法检测面部表情，尤其是恐惧和悲伤，这使得他们很容易继续以恐惧诱导的方式行动。由于精神病态是一种发育性疾病，因此这些缺陷可能会出现在整个生命周期中。事实上，布莱尔等人已经证

① Gordon H.L., Baird A.A., & End A. (2004). Functional differences among those high and low on a trait measure of psychopathy. *Biological Psychiatry*, 56, 516–521.

明，有精神病态倾向的儿童在识别恐惧和悲伤面部表情方面存在缺陷。[①]因此，从很小的时候起，由于对恐惧和悲伤线索的认识不足，具有较高精神病态特征的个体难以真切地体验别人的痛苦情绪。

精神病态与厌恶性条件作用能力下降相联系。对可怕面部表情识别缺陷和对面部眼睛区域的注意力不足都表明杏仁核功能受损。精神病态者可能缺乏基于杏仁核的恐惧反应，而不缺乏焦虑体验。杏仁核功能受损可能会给精神病态者带来其他缺陷，包括通过厌恶性条件作用的学习能力受损，即精神病态者由于杏仁核的功能缺陷无法体会到正常的恐惧情绪，因此不能进行对恐惧刺激的回避学习与防御学习。研究表明，被定罪的精神病态者在伴随着杏仁核功能异常时，其形成厌恶性条件联想时的能力下降。[②]这些缺陷被认为存在于儿童时期，限制了人们了解自己的行为给他人造成痛苦的能力，从而损害了早期的道德社会化。这一观点得到了高和雷恩研究的支持：在纵向研究中表明，不良的厌恶性调节能力与更危险的侵略性行为和

---

① Blair, R.J.R., Colledge, E., Murray, L., & Mitchell, D.G.（2001）. A selective impairment in the processing of sad and fearful expressions in children with psychopathic tendencies. *Journal of Abnormal Child Psychology*, 29, 491–498.

② Birbaumer, N., Veit, R., Lotze, M., Erb, M., Hermann, C., Grodd, W., & Flor, H.（2005）. Deficient fear conditioning in psychopathy: A functional magnetic resonance imaging study. *Archives of General Psychiatry*, 62, 799.

日后生活中的犯罪相关。[①]

在精神病态之生物学因素探索方面，除了着重于杏仁核功能与精神病态的关系探讨之外，犯罪性人格理论也是一个重要的神经生物学方向。例如，英国心理学家艾森克的犯罪性人格理论，也证明反社会型人格障碍及精神病态的内外向性、神经质与精神质与违法犯罪之间的高度关联，即高外向性、高神经质与高精神质能较好地预测其犯罪行为及再犯罪行为，而高外向性（刺激寻求）、高神经质（不稳定性）与高精神质（冷酷无情人格特征）正是分别与其中枢神经系统及网状结构功能不均衡、自主神经系统的偏差、内分泌系统中高雄性激素水平有直接的联系。简单而言，中枢神经功能及内分泌功能（尤其是睾酮含量高）的缺陷是反社会型人格障碍及精神病态的生物基础。

精神病态与儿童青少年成长因素

与精神病态发展相关的家庭因素

早期创伤性经验，无论是由于疏忽或虐待，通常被认为是

① Gao, Y., Raine, A., Venables, P.H., Dawson, M.E., & Mednick, S.A.（2010）. Reduced electrodermal fear conditioning from ages 3 to 8 years is associated with aggressive behavior at age 8 years. *Journal of Child Psychology and Psychiatry*, 51, 550–558.

后期反社会行为的预测因素。然而，早期不良经历与精神病态的关系是复杂的。对精神病态至关重要的冷酷情感特质被认为是遗传性的，因此不受社会和环境因素的影响。而生活方式/反社会特征被认为是后天获得的，可能构成对恶劣环境的情绪响应。这些环境因素包括父母冲突、拒绝、忽视和严厉或不一致的惩罚。这一观点得到了坎贝尔等人的研究支持：青年人的精神病态特征与早期身体虐待和非父母生活安排有关。[①]这些结论也得到了纵向研究结果的支持，这些纵向研究确定了几个家庭风险因素，这些因素可预测精神病态反社会方面的发展，但不能预测人际和情感特征。而且，心理病态倾向与父母的忽视更为相关，而不是早期的身体虐待。因此，在考虑精神病态者潜在的神经化学变化时，虐待和忽视的区别及其与精神病态的关系具有重要意义。

儿童青少年依恋、精神病态和犯罪行为

犯罪学研究相当重视依恋在犯罪中的作用。婴儿和其主要护理者之间的依恋关系在发育过程中被认为是相对恒定的，并塑造了成人时期亲密浪漫关系的本质。安斯沃思等人使用陌生人情境范式划分出四种不同的依恋类型：安全型、矛盾型、回

---

① Campbell, M.A., Porter, S., & Santor, D. (2004). Psychopathic traits in adolescent offenders: An evaluation of criminal history, clinical, and psychosocial correlates. *Behavioral Sciences & the Law*, 22, 23–47.

避型和混乱型。其中的后三种类型被认为是不安分型。在成人关系中也发现了类似的婴儿依恋类型（安全型、占有型、轻视型和恐惧型）。这四种风格被认为是不同程度的对抗焦虑和避免亲密关系的结果。

经历过早期身体虐待的儿童倾向于表现出一种回避的依恋方式，而忽视与矛盾的依恋有关。此外，受身体虐待的儿童会比被忽视和控制的儿童表现出更高的攻击性和反社会行为。依恋困难与犯罪和药物滥用有关，轻视的依恋方式与反社会人格特征和性侵犯有关。而且，不安全依恋风格与精神病态之间有直接联系：被监禁的精神病态者通常表现出轻视的依恋风格。

关于精神病态的整合性观点，美国当代神经心理学家詹姆斯·法隆认为，即精神病态三因素理论似乎是一个可接受（有临床验证效果）的生物因素、自我因素与后天环境条件相交互的理论。其通过脑功能性磁共振技术对精神病态者与非精神病态者的脑区功能进行对比后得出结论：精神病态具有典型的生物制约性。他主张以杏仁核、海马为代表的边缘系统（生物本能与情绪中心）、额眶部皮层发育相对滞后（道德与伦理体验功能中心）与大脑背侧前额皮层（高级认知功能中心）为产生精神病态的生物学基础，早期家庭养育中积极情感的作用能大大减缓其消极潜能的爆发，而强烈的不安全依恋、持续的忽视或虐待（尤其是性侵害经历）的出现则会大大助长精神病态潜能的展现。在儿童或青少年早期，更多的以品德障碍或破坏性行为障碍出现（被认为是有效的精神病态的前期预测变量），而在成年之后，则更明显地以精神病态的临床心理及行为特征体现出来。仿佛对于具有精神病态生物负性的人来说，早期的成长环境是决定其成年之后现实表达的重要影响因子：或是促进剂（在消极养育环境中为忽视或虐待），或是刹车阀（在积极养育环境中为无条件的爱与信任情感）。需特别强调的是，在后者的环境中，他们虽然仍然存在精神病态的潜能（如同样具有自私、不关心他人、行为偏激等），但是，除非在成年时期遭遇重大生活创伤，一般不会以反社会的方式展现出来，反而在基本符合社会规范的领域发挥出自己理智功能出众的潜能，大多会取得较好的社会成功（如学术出众或创业成功、创新独特）。

对精神病态的临床评估

当今被最广泛接受的确定特定个体是否可以被诊断为精神病态的工具是精神病态检测量表。精神病态检测量表是在半结构化访谈和档案信息的基础上完成的，共有20个项目，每个项目的得分从0分到2分，取决于每个项目在被评估人身上的存在程度，最大可能得分为40分。如果得分在北美大于30分，在欧洲大陆大于26分，在英国大于25分，则会被诊断为精神病态。精神病态检测量表项目分为两大因子：评估精神病态的人际关系/情感特征，测量精神病态的生活方式/反社会特征。

精神病态检测量表的变体也已开发出来。包括精神病态检测量表青年版（用于评估年轻样本中的精神病态特征），以及精神病态检测量表筛选版（一个源自精神病态检测量表的12项评分量表），以及自我报告问卷。其中最常用的两种是精神病态人格量表和列文森自我报告精神病态自评量表。

精神病态检测量表的一个潜在局限性是它产生了一个单独的精神病态评分，而没有展现出因子一和因子二项目的相对贡献。这就排除了识别精神病态亚型的可能性。此外，其评估无法解释现在已经发现的以特征性焦虑水平升高为特征的精神病态亚型。

精神病态的亚型

美国精神病医生克莱克利的经典作品《理智的面具》描述了典型精神病态者在临床上的通常表现。然而，人们普遍认识到，具有高精神病态特征的个体，甚至那些具有精神病态正式诊断的个体，都可能明显偏离这一模式。学者卡普曼描述了他称之为初级和次级疾病的亚型。这两种情况之间的关键区别在于，原发性精神病态者与原发性精神障碍的形成一致，会表现出缺乏紧张和无法体验恐惧和焦虑。相反，继发性精神病态者表现出神经质和焦虑。这项研究引起了一些争论，即是否存在具有高水平特质焦虑的精神病态亚型。

心理生理学研究为区分原发性和继发性精神病态提供了支持。原发性精神病态者在厌恶性条件反射模式中产生了异常的生理反应。[①]因此，相对于继发性精神病态者和非精神病态者的对照组，原发性精神病态者对厌恶性刺激的反应较弱，条件联想迅速消失。这一结果与精神病态的情绪低落仅限于原发性变异的结论一致。这一观点得到了观察结果的支持，即原发性精神病态者经常表现出无畏的精神状态，并可能积极寻求引起恐惧的挑战。

最近关于精神病态亚型最令人信服的证据可能来自应用统计技术发展个体的集群或分类，这些个体在其表现出的特征的特定集合上有所不同。以成年男性罪犯为大样本，使用这种技术，已经确定了精神病态检测量表上三种不同的极端得分者类型：其中两种类型表现为“真”精神病态（操纵型和攻击型），而第三种类型被称为社会病态（更类似于反社会型人格障碍）。

对此，刑事司法心理学家在理论与临床实践的基础上，归纳出导致持续型犯罪的暗黑三人格。这代表了精神病态犯罪人内心的邪恶性与冷酷无情。而且，这些人格特征与行为人的犯罪思维模式有千丝万缕的联系：具有强烈的独一无二的意识、

① Lykken，D.T.（1957）. A study of anxiety in the sociopathic personality. *Journal of Abnormal and Social Psychology*，55，6–10.

权力感意识，具有隔绝道德观念的能力，具有隔绝恐惧的能力，没有规范意识、没有服从的观念、承认自己是罪犯但不承认罪责，往往指责外界或他人。[①]近期，西方有研究者开始探讨精神病态者是否典型地存在“施虐性”的人格特征或者行为特性。

关于儿童青少年精神病态的特征

关于儿童青少年是否可以被诊断为精神病态（精神病态倾向）一直存在很多争论。这在一定程度上反映了一些临床心理医师不愿意给年轻个人贴上如此严重的诊断标签。同时这也是因为，在儿童青少年时期出现的任何明显的冷酷无情人格特征实际上可能是短暂的，而不是持久的特征（此时其人格特征尚未成熟稳定）。这与其在儿童期或青春期的神经系统的发育及功能调整相关联。

当然，与精神病态的表现相似的是儿童青少年的“行为障碍”。“行为障碍”指青少年和儿童表现出持续的反社会行为，其行为表现为冲动和不负责任。在这种模式中，其他人的基本权利或社会习俗被藐视。它经常被视为后来反社会行为的

① ［美］斯坦顿·萨梅洛著：《犯罪心理分析》，姚峰等译，人民邮电出版社2017年版，第90页。

前兆。许多患有行为障碍的人对他人几乎没有同情心和关心，并且经常误认为他人的意图比实际情况更具敌意和威胁性。行为障碍的患病率很高，高达97%的青少年罪犯符合诊断标准。这些特征与工具性攻击模式有关，类似于成人精神病态者。这些行为特征从童年到青春期都是稳定的，并且可以预测成年期的精神病态。具有行为障碍特征的儿童青少年更有可能表现出在成人精神病态者中观察到的行为和神经心理特征，包括恐惧识别的缺陷与厌恶性条件作用能力的下降。这些实证的证据，可以揭示一些儿童青少年的行为障碍与成人精神病态之间的变化相关与连续性。

当前普遍认可的观点是，在儿童青少年行为障碍明确而且稳定的情况下，即使其行为障碍存在伴随或合并的注意缺陷统觉障碍、对立违抗性障碍基础，或者还存在进一步发展成为破坏性行为障碍的情况，此类儿童青少年也只能被称为“精神病态倾向”个体，而不是真正的精神病态者。随着大脑成像和神经心理学评估技术的发展，精神病态人格的神经生物学基础越来越被人们理解。对潜在机制的深入了解将促进对表现出精神病态特征和问题行为的儿童和成人进行更精细的干预和工作技术。

综上所述，精神病态是一种极端化的反社会型人格障碍，是具有明确工具性攻击倾向的一系列人格特征。遗传和环境因素都与精神病态特征的发展有关；精神病态的神经生物学被认为与杏仁核功能障碍和移情发育受损密切相关；精神病态者表现出情感异常（冷酷无情），包括难以识别与体验恐惧和从厌恶的社会和情感线索中学习经验。

精神病态不仅是个人的心理健康问题，更是对公共安全的潜在风险。由于其内心阴暗的心理特质，在暴力犯罪（本能攻击性行为）及欺诈犯罪（精心策划与伪装行为）中，精神病态的作用较为明显。由于其心理特质的稳定性与顽固性，其犯罪行为具有明确的持续性，其接受改造的预后较差（无论是传统的行为疗法与认知行为疗法，还是神经心理学的干预）。

在对精神病态的一般性预防中，个体早期的安全型依恋与积极的家庭教养模式是关键的因素，同时，现实中的生活事件也很重要。而对待精神病态的特殊预防，首先，确认其犯罪人与患者的双重身份，既应按“罪刑法定原则”予以惩罚（他们具有相当的自我控制力是其具备“罪过”的心理基础），又应采取精神病院式监狱进行专业性的治疗与护理。从策略与技术层面，采用风险管理策略，即风险－需求－反应原则（RNR原则），实行风险分级、类型分型的精细化监管与治疗，如此才可能达到针对性的效果。本质上，对精神病态而言，积极性的情感（无条件的爱与关心）投入才是预防与监管的关键所在。

犯罪动机在刑事司法中的应用价值

犯罪动机与犯罪性人格是导致犯罪行为的内在力量，犯罪动机在犯罪现象的分析及刑事司法实践中具有非常重要的地位。作为刑法科学体系中的分支学科，犯罪心理学可以在刑事一体化的进程中，起到犯罪学、刑法学与基础心理学、应用心理学之间良好的桥梁作用：为犯罪心理学开辟了研究犯罪的新视角，丰富了刑事科学（侦查、审讯、审判）的内容。对犯罪的研究，犯罪心理学具有不同于其他刑事学科的研究方法。通过对犯罪动机、犯罪目的的分析，可以为界定犯罪动机与犯罪目的在犯罪构成要件中的地位提供理论依据。[1]

---

① 罗大华：《刑事一体化视野中的犯罪心理学》，载《政法学刊》2004年第5期，第3–5页。

犯罪动机与刑事侦查

人的活动总是从一定的动机出发，犯罪行为也不例外，它是一种在动机支配下的自觉行动。犯罪动机是犯罪人实施犯罪行为的内心起因，犯罪行为是犯罪动机的外部表现。动机引起行为，没有某种动机就不会产生相应的犯罪行为。因此，正确地把握犯罪动机与犯罪行为及犯罪结果的因果联系，判明犯罪动机，对于寻找特定的犯罪嫌疑人有重要的指向价值。

犯罪动机与侦查假说

侦查假说又称侦查假定，是指侦查人员以已知案件事实为依据，对犯罪构成、犯罪动机、犯罪人等所做的假设性推测。

侦破工作需要借助于侦查假说来展开，因为案件发生在前，侦破工作在后，罪犯是在侦查人员一无所知的情况下作案的，这就给侦查人员认识案件的本质造成了各种困难。于是工作人员只能从已掌握的材料（现场勘查结果和调查访问所获得的材料）出发，依据已有的侦查知识和工作经验，运用各种形式的推理，对案件发生的原因、过程等做出各种推测性理解，即建立侦查假说。然后以侦查假说为指导，拟定侦破方案和步骤并付诸实施。否则，侦破工作就难以有目的、有计划地开展。因此，侦查假说是开展侦破工作不可缺少的手段。

犯罪动机对侦查假说的建立具有重要意义。首先，关于犯罪动机的假说是侦查假说的重要组成部分，以案找人，就必定要建立关于犯罪动机的假说，进而划定侦查范围和侦查方向。其次，前面谈到过要对犯罪现场的各种痕迹和物品进行系统的分析就要以动机为纲，只有这样，才能把各种零散的信息整合起来，建立关于犯罪过程的假说（犯罪过程与犯罪现场重建），识别现场的真相和假象，所以说犯罪动机对侦查假说的建立具有不可替代的作用。

犯罪动机与犯罪心理痕迹

在犯罪现场留下的侦破案件的痕迹线索一般包括物质痕迹、意识痕迹和心理痕迹。物质痕迹和意识痕迹是传统的痕迹内容。随着社会科技文化的高速发展，犯罪人的手段也越来越高，留在现场的物质痕迹和意识痕迹越来越少，仅根据这两种痕迹破案的难度越来越大。但犯罪心理学认为，犯罪人智能化程度越高，作案手段越狡诈，其心理活动就越复杂，心理特征就越明显，心理痕迹表现也就越突出，越能反映出犯罪的本质特点。因此，心理痕迹在现阶段的侦破工作中有很重要的作用。

犯罪心理痕迹是支配行为人实施犯罪行为（包括犯罪行为实施过程中和犯罪实施后）的各种心理因素的总和，是案犯在一定情景中和特定条件下，心理过程和个性特征的综合反映。犯罪心理痕迹既是犯罪心理外化为犯罪行为的具体表现和客观遗迹，也是犯罪心理的结果，又具体反映着犯罪心理、犯罪过程等。犯罪心理痕迹是可认识的，它的形成与犯罪动机有一定关系。任何犯罪行为都是在犯罪动机的支配下进行的，犯罪过程就是将犯罪动机付诸行动的过程。在这个过程中，由于心理活动支配着犯罪人的行为，不可避免地会将犯罪的目的留在现场的被改变的迹象中。犯罪动机不同，现场遗留的变动迹象则有所不同，如入室抢劫案和杀人案中被侵害对象的侵害部位、程度都会有所不同，心理痕迹和物质痕迹是有关系的，心理痕迹必须以物质痕迹为载体，存在于物质痕迹之上。对犯罪心理痕迹的分析需将物质痕迹心理化——对物质痕迹进行解读。这就需要侦查人员对现场物证回溯推理，寻找辨别和把握心理痕迹。在犯罪现场进行实地勘查时，侦查人员要对现场与犯罪有关的各种细节，如指纹、工具痕迹、车辆痕迹、枪弹痕迹、血迹、毛发、唾液、精斑、烟头、纸片、衣物，以及物证间的关系、现场中反映出来的反常现象等进行全面细致、准确客观的观察。在这些分析观察的基础上分析犯罪人的案件性质、作案动机以及个性特征。

由于犯罪动机是个性化的，所以可以通过分析心理痕迹来分析犯罪动机的个性特征，进而确定侦查方向和侦查范围。一个人的个性特征如兴趣、习惯、生活方式等不仅会影响其犯罪动机的形成，而且会在其犯罪动机的实现中有所表现。一个人的个性可以形成个性化的动机和行为模式。例如，入室盗窃现场虽然有某些贵重物品，但是嫌疑人只盗走了现金和集邮册，却未动那些贵重物品，说明嫌疑人急需钱并且是一个喜欢集邮的人，这一动机说明该嫌疑人并不同于那些单纯贪利型的盗窃犯。

利用分析心理痕迹表征的反常性，识别犯罪嫌疑人的动机。有这样一则案例，一位妇女被害，现场勘验时，侦查人员发现该妇女的全身被犯罪嫌疑人用刀砍得血肉模糊，但该妇女的腹部却丝毫未伤。从被害人身上伤口的数量与深度可以看出，犯罪嫌疑人行凶时情绪处于高度亢奋状态，是希望置被害人于死地的。侦查人员也意识到，该现场同时反映出犯罪嫌疑人的反常之处，即犯罪嫌疑人全然不顾被害人的生命，行凶时显然是挥刀乱砍，却为什么刀刀避开该妇女的腹部？当法医将尸检报告呈现在案情分析人员面前时，这种反常现象便得到了合理的解释。原来被害人已有身孕，犯罪嫌疑人显然对此知情，并且非常顾忌伤害到被害人腹中的胎儿。这只能推导出一种结论，即犯罪嫌疑人是胎儿的父亲。俗话说虎毒不食子，犯罪嫌疑人即使迫切希望置被害人于死地，也不忍心伤及胎儿。根据这种分析，侦查人员将被害人的丈夫作为嫌疑对象，其承认了自己的犯罪事实。这起案例就是侦查人员通过嫌疑人仇恨被害人却对腹中胎儿表现出保护、疼爱这一反常动机来确定的。

利用解读心理痕迹来分析犯罪动机的冲突和强度。一般非预谋和初次犯罪中犯罪动机和反对动机的斗争强烈，心理会表现为恐惧、紧张、慌乱。这种心理状态使犯罪人难以控制自己的情绪，行动上难以完全按原计划周密进行，因而往往出现自己预料不到的漏洞和破绽。这类犯罪现场杂乱，所留痕迹物证较多，因此反映出上述紧张慌乱的心理痕迹。而惯犯一般动机斗争较弱，情绪稳定，作案时思路清晰，现场处理得干净，痕迹较少。另外，根据犯罪现场还可以判断动机的强度，动机强度大，现场就会表现出克服一切困难、势在必行，即需要强烈，而动机强度小，在出现困难时则一般就会选择放弃。

根据心理痕迹所反映的犯罪动机个性特征的共同性，组织并案侦查。犯罪人出于一个动机可能会在不同时间、不同地点实施多个犯罪行为。由于受相同动机支配，同一个犯罪嫌疑人在实施每一个犯罪行为时，都带有自身的特定性和相对稳定性。这种特定性和相对稳定性表现在各个犯罪现场上就会呈现出共性。犯罪嫌疑人在首次作案成功后其行为方式在大脑皮层建立了稳定的刺激，在此后遇到相似条件或情景时，仍会采用相同或相似的手法继续实施同一性质的犯罪活动，形成较为稳定的犯罪特点，留下其共有的心理痕迹。在侦查工作中，正是通过分析研究此案与彼案的相似与共同之处，才得以采取串案分析、并案侦查，以及查对犯罪情报资料档案等侦查对策。

犯罪动机与侦查中的假象

“刑事案件是通过许许多多的现象表现出来的，透过现象才能认识案件的本质。刑事案件的现象是异常复杂的，有些现象同案件的本质相一致，这类现象叫真象；有的现象同案件的本质正好相反，这类现象叫假象。”①案件的假象是由刑事犯罪的本质派生的。犯罪的违法性和受惩罚性不可分割地联系在一起。犯罪分子既要犯罪又想逃避惩罚，这是一个不可调和的矛盾。因此，制造假象，掩盖真相，就成为犯罪分子的一个惯技。案件出现真伪相混、真假难辨的复杂情况，往往会把侦查人员的视线引到错误的方向，导致侦查的错误。从真相中寻找案件的本质并不难，从假象中寻求案件的本质虽曲折复杂，但也不是不可能实现的。只要认真把握假象和案件本质之间的内在联系，以动机为纲，找出它们联系的环节和细节，就能够从云雾弥漫的假象中理出线索，去伪存真，还案件以本来面目。犯罪行为是犯罪心理外化的结果，犯罪分子实施犯罪活动的过程是和其心理活动相一致的。

嫌疑人为了达到犯罪目的而又不想被怀疑，多将犯罪现场伪装成另一种性质，千方百计抹去现场可能指向自己的各种蛛丝马迹，隐瞒案件性质、真相，企图将侦查视线引入歧途。例如，一起杀人案件中，女死者被勒死，现场被翻动，贵重物品被掠走，似乎是抢劫杀人。但侦查人员进一步勘查发现死者的

① 岳茂华、魏平雄著：《刑事侦查中若干理论问题的探讨》，山西人民出版社1982年版，第77页。

艺术照被撕毁，衣柜的大量时装被剪破，分析犯罪行为人对死者容貌和女性特征极为厌恶，男女私情杀人的可能性较大，而且作案人很有可能是在此私情中受到伤害的女性。确定了犯罪动机，又为嫌疑人进行了大致画像，侦查便有了一定方向，警方按此侦查思路开展工作，最终迅速破案。结果证实：死者为插足他人婚姻的第三者，作案人是破裂家庭的女主人和其弟，本想伪装成抢劫杀人，但犯罪人按捺不住心底的愤怒和憎恨，于是撕毁照片、剪破衣服。嫌疑人无论怎样掩饰现场，都无法掩饰其心理痕迹，往往在一个极小的方面就会暴露自己的动机。只要明确了动机，那基本上就可以分清现场的真相和假象了。“侦查假象和真象并存的状况，是人们认识案件的不利条件，但这种不利条件又包含有利因素，即通过真象和假象比较，可为认识案情真相引出新线索。”

事发后嫌疑人的一些反常行为会充分暴露其动机。例如，探听消息，严防死守；散布一些谣言，混淆视听，并极力断言这些谣言是亲耳听到的。嫌疑人的这些言行都是与其作案后极力逃避打击、掩盖罪行的心理活动有关。有些嫌疑人被抓捕归案后还拼死抵赖，矢口否认自己的罪行或者找出某种理由为自己开脱，试图改变犯罪行为的性质或减轻自己的罪行。这时讯问人员就要根据获得的材料分析其动机及作案过程，回溯案件，以此来击溃犯罪嫌疑人的抵抗心理，使其认罪服法。

犯罪动机与犯罪心理画像

犯罪心理画像是以行为科学、心理学科与刑事学科为基础而创立的刑事侦查技术，是现代刑事侦查中的重要辅助技术。其概念可理解为：根据犯罪现场或所在地的物证和犯罪行为人的行为的外显形式，对犯罪人的人格特征和心理状态进行推论与概括性描写，从而重塑分散独立的证据的完整性。[①]在判断犯罪嫌疑人的过程中，犯罪心理画像技术通过三个方面的问题来重建犯罪行为过程及对犯罪人分类——“犯罪现场发生了什么”“为什么犯罪行为会发生”“什么人会实施这些犯罪行为”。另外，在犯罪动机周期性的作用下，欲求的类型、强度与满足途径、方式的关联，由犯罪心理而导致的犯罪行为外化的机制也存在差异。这样在最初的侦查阶段即可划定一个犯罪人类型的范围，并将其从普通人中分离出来。可见，其中的核心工作，就是从犯罪惯技与犯罪标识等现场痕迹线索（包括物质痕迹、意识痕迹和心理痕迹）入手剖析犯罪人的犯罪动机。其基本过程是：分析犯罪现场痕迹–确定犯罪动机–筛选与匹配犯罪嫌疑人。

犯罪心理痕迹是支配行为人实施犯罪行为（包括犯罪行为实施过程中和犯罪实施后）的各种心理因素通过客观事物的变

---

① ［美］布伦特·E.特维著：《犯罪心理画像——行为证据分析入门》，李玫瑾等译，中国人民公安大学出版社2005年版，第42–43页。

化而显露出来的某些固定的、典型的和相对稳定的迹象，是犯罪人在一定情境和条件下心理过程、个性特征及行为倾向性的综合反映。[①]犯罪心理痕迹既是犯罪心理外化为犯罪行为的具体表现和客观遗迹，也是犯罪心理的结果，又具体反映犯罪心理、犯罪过程等。犯罪心理痕迹是可认识的，它的形成与犯罪动机有密切的关系。绝大多数的犯罪行为都是在犯罪动机的支配下进行的，犯罪过程就是将犯罪动机付诸行动的过程。在这个过程中，由于心理活动支配犯罪人的行为，因此不可避免地会通过行为动作、言语表现、手段手法等方面将犯罪的动机与目的留在现场的被改变的迹象中。犯罪动机不同，现场遗留的犯罪迹象则会有所差异。犯罪动机在犯罪心理画像中的运用包括以下方面。

（1）通过考察犯罪心理痕迹直接分析犯罪动机和犯罪目的的性质。犯罪的心理痕迹一般直接表现在犯罪行为的结果、作案的手段与方法方面，它与犯罪目的有着更为密切的关系。但是，由于犯罪动机的类型与强度直接影响到犯罪目的的指向与方法、手段的选择（通过犯罪目的推断犯罪动机，通过犯罪动机验证犯罪目的），因此，犯罪动机也间接地影响到犯罪心理痕迹的状态。反之，考察犯罪心理痕迹可以直接分析判断犯

---

① 吴宗宪主编:《法律心理学大词典》，警官教育出版社1994年版，第212页。

罪目的与犯罪动机的性质。[①]

（2）从绝对意义上而言，每个犯罪人及其犯罪动机都具有独特性，可以将每个案件看作独特的犯罪动机与外界环境相互作用的结果。因此，通过分析心理痕迹来分析与犯罪动机密切联系的个性特征（一个人的个性特征如兴趣、行为习惯、生活方式等不仅会影响其犯罪动机的形成，而且会在其犯罪动机的实现中以无意识或前意识的方式有所表现），进而以行为人个性特征辅助性地确定对犯罪行为人需要进行的侦查方向和侦查范围。

（3）利用心理痕迹来分析犯罪动机的冲突和强度。习惯型犯罪人呈现较强烈的犯罪动机，甚至是更为稳定的犯罪动力定型，相应地，其在犯罪过程中情绪稳定，作案时思路清晰，现场处理得干净，遗留的有直接价值的心理痕迹较少。但这其实也间接提示出某些重要的线索，如嫌疑人为习惯型犯罪人或有前科的迹象等。一般非预谋和初次犯罪、偶然型犯罪中犯罪动机与反对动机的斗争强烈，情绪表现为更高水平的恐惧、兴奋与慌乱，因而容易在犯罪过程中出现预料不到的漏洞和破绽。同时，犯罪现场的信息也有助于判断犯罪动机的强度：动机强烈，现场就可能表现出志在必得、不顾一切实

---

① 邢红枚：《论犯罪动机》，中国政法大学2004年硕士学位论文，第18页。

施犯罪行为的态势；犯罪动机强度较小，就可能表现出犯罪行为不够彻底、不够完善的情况，当再遇上计划之外的情节或实施障碍时就更可能出现犯罪的未完成形态（犯罪未遂或犯罪中止）。[①]

（4）利用分析心理痕迹表征的反常性，识别犯罪人的特定犯罪动机。犯罪动机通过犯罪目的与犯罪手段加以体现，但在直接的犯罪实施过程中，由于受到犯罪情景、气氛与意外因素的影响，与犯罪动机紧密联系的犯罪行为会表现出与平常行为很大的差异以及反常行为，这种差异与反常实质上正是常态性的犯罪动机（财物占有动机、性动机、情绪动机、好奇动机、自我价值动机等）与变态性的犯罪动机及其表征（征服动机、自罪动机、补偿动机、迷信动机、超价观念、特异宗教动机等）之类别与强度的自然投射。在某种意义上，犯罪动机是犯罪心理痕迹的内在根据，犯罪心理痕迹是犯罪动机之有意识的表达或无意识的显现。当然，对于变态型犯罪而言，这种内在关系更为不合常理与常识，也更具有行为人生理－心理维度的直接关联。

（5）根据心理痕迹与犯罪动机的共同性判断共案与系列案件。犯罪心理是犯罪行为的内在原因，犯罪动机是犯罪行为

① 邢红枚：《论犯罪动机》，中国政法大学2004年硕士学位论文，第19页。

的直接激发与维持力量。只要中等及中等以上强度的犯罪动机存在，行为人就可能在有利的犯罪情景下主动创造犯罪条件实施犯罪行为。即使一次的犯罪失败，也并不能消退或者遏制犯罪动机的驱使力量（如犯罪人可能归因为某次运气不好而失败的）。强烈而稳定的犯罪动机则会持续发挥作用，从而导致在相同或不同的时空条件下相同或相似案件的出现。甚至在遇到相似条件或情境时，犯罪人比较可能自动化地采用相同或相似的手法继续实施类似的犯罪活动，甚至在犯罪动力定型作用力的驱使下，犯罪人难以自我控制，“仿佛是鬼使神差地干了坏事”。如此形成的较为稳定的犯罪行为模式特点，自然会在无意识中留下其共性的心理痕迹。这些案件更多地体现于财产型的习惯犯罪、性犯罪与伤害型犯罪类型中。在侦查工作中，正是通过分析研究此案与彼案犯罪惯技、犯罪标识与犯罪动机的相同性与相似性，才能实现串案分析、并案侦查以及采取利用更多有效的犯罪情报资料等侦查对策。这是针对系列犯罪之心理画像技术应用的重要关注方面。

犯罪动机是犯罪心理画像技术的重要组成部分，是归纳、集合众多杂乱犯罪痕迹的核心成分与主导成分；犯罪动机与犯罪心理画像相互联系、相互支持。在犯罪动机的统领和指引下，能更好重建犯罪现场与接近真实的犯罪行为过程，更有效地寻找犯罪证据链条与甄别隐藏的犯罪人。

犯罪动机与刑事审讯

审讯是依法获得证据的过程。刑事审讯的目标包括使犯罪嫌疑人承认所犯罪行、犯罪事实与使无辜者说明与澄清事实。

刑事审讯是确定犯罪嫌疑人及其犯罪事实的重要活动。要达到这一审讯目标，就要充足地掌握犯罪事实，确定犯罪嫌疑人的行为与犯罪危害之间的因果关系。相对而言，犯罪事实主要由犯罪证据链条来证明，而犯罪嫌疑人的行为与犯罪危害之间的因果关系主要由行为与危害之间的关联性来证明，其中作为行为主体方面原因，系统的犯罪动机是一个必不可少的方面。只有确定行为人的行为动机（可能的犯罪动机）与犯罪行为、犯罪事实之间存在直接、决定性的联系，才能推断其因果关系的成立，也才能完整解释从犯罪预备到犯罪实施的犯罪过程，才能解释犯罪者的犯罪痕迹在犯罪观念、犯罪情绪、犯罪情感、犯罪行为（习惯）等方面的体现。从理论上来讲，犯罪动机的存在是刑事责任与刑事惩罚能够确立的根据之一，只有包括犯罪动机的犯罪构成，才是完善的犯罪构成。

犯罪动机与心理防卫

犯罪人在被明确涉案后，会自动控制地产生高度的防卫心理。但由于刑罚的强大威慑力量，其防卫心理作用下的掩盖倾向往往会导致难以克制的内心恐慌与害怕。他们在审讯过程中会不由自主地表现出焦虑、恐惧、畏罪、侥幸、愤怒等情绪与行为倾向。[①]担心司法机关已经掌握自己的犯罪证据而高度焦虑、恐惧（生理–心理紧张度较高，而且身体、表情与行为外显），为自己犯罪后果的严重性及相应的刑罚而畏惧，为自以为是的犯罪设计与反侦察手段而暗自庆幸得意，为自己的大意或同伙的告发而愤怒等，这些犯罪人自然或不经意表露的信息，是审讯中极有价值的信号，也是推断、分析犯罪动机的重要切入点与参考。把握这些包含犯罪动机要素的细节往往是审讯发生转机的关键。

整体而言，犯罪人的防卫心理及其策略存在有意识与无意识两大方面，可以分别通过犯罪动机结构的分析运用与防御机制的剖析加以控查，最终确定其犯罪动机及犯罪证据。

犯罪人在有意识的防卫心理的作用下，使得犯罪动机非常隐蔽，但通过对其动机或犯罪动机结构之层次、要素、强度的分析，可以发现其与特定犯罪案件的关联并加以确定。犯罪动机是行为人生理因素、行为因素、认知因素与情绪因素协同作用的产物，它包括相应的生理成分、行为倾向成分、认知成分与情绪成分。这些成分又各自具有自身的亚成分。它们在不同的犯罪中、在不同的犯罪人身上的地位不尽相同。犯罪性的生

① 陈清刚、刘金凤、李永志：《犯罪嫌疑人人格特征及心理防御机制的对照研究》，载《中国行为医学科学》2004年第2期，第161–162页。

理、情绪、认知观念与行为倾向会在犯罪痕迹中不同程度地显露出来；犯罪动机的结构分析就是找到犯罪事实与犯罪人的优势动机相匹配与契合的信息。

犯罪的生理动机与人类的本能冲动及情绪反应密切相关，主要包括强烈的生存动机（财物占有动机、安全动机）、性动机、竞争动机与勇敢动机等，它们存在的强度是引发犯罪行为的重要指标，同时也可能在审讯过程中被揭露出来。除了侦查人员对犯罪人的经验观察、言语表情与身段表情（体语）的信号采集之外，与之相关的应用心理技术是犯罪心理测试技术（俗称为“测谎技术”）。犯罪心理测试技术是依据情绪（尤其是极端情绪）与生理指标（植物性神经系统控制下的生理反应）之间的对应关系而推断行为人对于特定刺激物反应的心理状态。犯罪人在与犯罪相关刺激的作用下，会自动控制地表现出特异性的高兴奋性生理反应（如紧张、恐惧、愤怒）而被揭露其内隐性情绪与犯罪现象、犯罪动机的联系。

犯罪动机的行为倾向成分是犯罪动机在社会文化环境中习得的成分，它主要与行为人的挫折感有关，即其动机分析就是从犯罪行为的驱动力与犯罪目标的诱惑力两方面加以考察动机。一方面，针对某一犯罪事实及受害人与犯罪人存在的社会关系，分析其可能具有的利益冲突及强度（经历挫折的强度越大，其消除挫折感的报复性动机就越大），同时开放性考察犯罪人行为习惯的形成（包括成长中的创伤、对特定目标的期望价值与行为习惯、曾经越轨的历史），以此考察该行为模式与犯罪行为模式之间的可能契合性。另一方面，考察在与犯罪案件相关的时间、空间中，犯罪人实际面临的诱因目标的可能性，或趋向目标以消除挫折，实现自我利益的可能性，以及行为人过去与当前可能具有的道德阻却力量的大小。与之相关的应用心理技术有心理测验技术，如攻击性心理量表、焦虑量表、部分人格特征量表等，它可以辅助对犯罪人挫折与攻击水平的判断。

犯罪动机的认知成分是行为人的犯罪态度、犯罪信念等理性观念与偏激性的归因方式、思维模式等认知方式，它集中体现为犯罪目标价值与犯罪合理化、自我效能感与犯罪思维模式。犯罪人具有这些动机的认知成分（或其中的一部分），就代表了其理性观念或认知加工方式倾向于接纳犯罪现象或适应于犯罪行为的激发、外化。这种动机的认知成分在对抗性的交往中一般较为隐蔽，应用心理学策略时，可以采用心理访谈的技术进行深度剖析：通过针对性的结构式心理访谈，即通过特定的道德论点与假设性的道德情境、生活情境而非犯罪案件本身，从观念与认知加工方式两个维度加以考察。

变态性犯罪动机的分析

变态性的犯罪动机分析是针对那些离奇而不合常理或非常残忍的人身伤害案件而展开的。通过与言语、行为观察、生活档案史相配合的特种人格量表（如精神病态检测量表）与某些心理投射测验，发现某些病理性、变态性的犯罪动机，包括人格障碍型犯罪动机（反社会型、边缘型、分裂样、冲动型人格障碍动机）、性变态犯罪动机（色情狂、恋童癖、施虐狂、纵火狂等）以及精神病的纯粹病理动机（以妄想、偏执、情感不稳定为主要特征的思维障碍与情感障碍）。

此外，刑事司法实践中还存在着一种特殊的情况：如果行为人并不具有或蕴含有犯罪动机及犯罪行为，但是行为人自己供述了“犯罪事实”，那么就要分析行为是否具有虚假供述动机或情境压力的存在。

犯罪动机与虚假供述

虚假供述是由供述者的特定需要而诱导的供述，或者故意伪造供述，或者供述内容与事实不符。虚假供述可以通俗地理解为“一个人对自己未犯的罪行进行供述”。虚假供述具体包括两种情况：犯罪嫌疑人根本没有犯被指控的罪行（也可能犯有其他的罪行）；犯罪嫌疑人与所指控的罪行有关，但他在羁押讯问期间会夸大自己在犯罪行为中的作用。显然，虚假供述的危害体现为：无罪之人被定罪与接受刑罚；引发不当定罪；真正的犯罪人有机会逃脱惩罚。

结合社会心理学对于个体在不同压力情境下态度改变（顺应机制与同化机制）的研究知识，虚假供述可以划分为自愿型、依从型与内化型三大类。

刑事案件中的虚假供述客观存在于司法实践中，揭露出来的案件之后还可能存在着不同程度的隐案。虚假供述造成的危害性与潜在的消极作用直接危及刑法的正义与公正的价值目标。虚假供述中自愿型、依从型与内化型的不同类型表现出供述人差异性的心理需要与动机，也体现出不同的强制条件与行为人人格特征的互动作用力。虚假供述的鉴别及消除对于预防与打击犯罪、保障人权均具有直接的重要价值；是司法心理学原理与犯罪动机分析技术对于证据可靠性评估与刑事责任之科学支持的重要应用领域，也是刑事审讯时司法机关主动澄清犯罪嫌疑人的无罪事实的潜在内容。

对于犯罪人无意识防卫心理及策略的心理对策是对行为人防御机制的揭露。犯罪人在面临刑罚的强大威慑力量时，会在防卫本能的作用下，自动地、无意识地采取一种或多种防御机制。虽然这也是犯罪人的一种防御措施，但其因为内心的恐惧感过于强烈，往往会不由自主地或者欲盖弥彰地表露出其犯罪动机。这是审讯人员在与犯罪人进行心理交锋时具有重要价值的信号。

防御机制概念来自精神分析理论，指人在潜意识中自动地进行克服本我、自我、超我冲突和外界压力所产生的内心焦虑以自我保护的方法。也即，主体为了压抑焦虑、恐惧和罪责感，为度过心理危机而无意识地进行安抚自我、歪曲现实、维护心理平衡的一种心理机能。在面对刑事审讯时，犯罪人进行防御的机制有合理化作用、投射作用、自居作用与反向作用等类型。

犯罪人可能表现出其中的防御或多种防御机制的相互渗透，以舒缓焦虑、恐惧情绪。审讯人员如深刻分析，反而正好能够发现其隐隐约约的犯罪动机。对此，应用心理学的对策是心理投射测验技术的运用，如主题统觉测验与罗夏墨迹测验等投射测验则可以更为专业、系统地揭露犯罪人隐蔽的、深层的犯罪动机。

在刑事审讯中，犯罪动机分析是重要的支持技术，这一技术是从犯罪动机结构的理性层面与防御机制的无意识层面判断犯罪人是否存在犯罪的推动力与诱惑力，从而可以更全面而深入地配合犯罪事实、犯罪证据的确定性以及犯罪构成的完整性。

犯罪动机与刑事审判

犯罪动机之于刑法实践的意义

犯罪动机能够反映犯罪人的主观恶性程度，从而影响定罪与量刑。

犯罪动机的不同性质往往反映了主观恶性的差异。不同的犯罪动机具有不同的性质。西方传统的犯罪学家根据犯罪动机的性质，把犯罪动机分为财物欲、性欲和攻击欲三大类。我国的刑法学者主张将犯罪动机分为11类，包括财物动机、性动机、报复动机、自尊动机、友情动机、妒忌动机、戏谑动机、恐惧动机、好奇动机、政治动机及其他动机（此分类与以需要为核心的犯罪动机划分相似）。在人类崇尚的价值系统中，生命权大于健康权，健康权大于财产权；精神自由的价值大于物质财产的价值。相应地，犯罪动机的性质不同，所反映出来的侵害的价值客观及主观恶性存在着差异。例如，谋财害命的贪利性动机比出于自尊动机而侵害他人的主观恶性大，人身伤害或置人于死地的报复动机比财物破坏、泄愤的报复动机之主观恶性更大。

犯罪动机的强度不同往往反映的主观恶性也不尽相同。犯罪动机的强度是和主观恶性的程度成正比的：犯罪动机越强烈，主观恶性就越大；主观恶性不断在犯罪行为中得到实现，反过来会强化犯罪人已有的犯罪动机。

因而，把握犯罪动机有利于在刑罚执行过程中，适应罪犯罪行与犯罪心理结构的差异，更好地起到刑罚的效果。

现代社会的刑罚实践已经证明，刑罚对犯罪的威慑作用是很有限的，有时甚至是徒劳的。因此预防犯罪不能仅仅依靠刑罚的效力，应该使刑罚成为社会用以防卫的次要手段，应着眼于消除促使犯罪产生的各种因素——人类学的、地理学的，和病理学的、心理学的、社会学的实际因素相适应。而把握犯罪行为人的犯罪动机及犯罪性人格，有利于在刑罚过程中了解犯罪行为人实施犯罪的内心起因，使犯罪行为人的生理、认知、情绪-情感与行为本身形成一种积极方向的合力，从而更有针对性地从“犯罪行为人的角度”对其进行教育改造及心理矫正，以达到积极刑罚的预防、改造效果。

犯罪动机作为犯罪构成的重要组成部分

当犯罪动机被法律选择，作为某些犯罪的构成要件时，犯罪动机的存在与否，就应当成为区分罪与非罪、此罪与彼罪的界限。在我国当前的刑法典中，犯罪动机并不是犯罪构成要件；犯罪动机无关定罪，只是可能影响量刑。如此，从法理上，解决犯罪人应受道德规范和法律规范的谴责与否定的根据时，就显得不能形成完整的恰当逻辑性。[①]因此，可以借鉴一些国家（如美国、德国）的做法，将犯罪动机作为犯罪构成的选择性要件明文规定在刑法典中。在刑法分则中明确规定某些犯罪行为，必须具有某种动机才构成犯罪，否则就不构成犯罪。由于传统意义上的“目的犯”本质上就是“动机犯”，如“为谋取不正当利益，给予国家工作人员以财物的，是行贿罪”。此

① 梅传强：《犯罪心理学研究的核心问题——刑事责任的心理基础》，载《现代法学》2003年第2期，第72-77页。

“为谋取不正当利益”很显然是行为人行贿的动机，而非行贿行为的目的。因为行贿人不能通过行贿行为本身就为自己谋取到不正当利益，还要通过国家公务员职务上的行为才能够达到。因此，“谋取不正当利益”是促使行为人行贿的内心起因，即犯罪动机。[①]在刑法修正时有必要将目的犯之“目的”恢复其本来面目为“动机”。例如，将“以谋求不正当利益为目的”修改为“以谋求不正当利益为动机”；将“以牟利为目的”改为“出于牟利的动机”；将“以非法占有为目的”修改为“出于非法占有的动机”；将“出于泄愤报复或其他个人目的”修改为“由于泄愤报复或其他个人动机”。因此，在以情节严重、情节恶劣为构成要件的犯罪中，犯罪动机是影响定罪的因素。但对此应特别注意其潜在的危险，因为犯罪动机作为“主观见之于客观”的心理活动，是不易为人们所探知的，实践中认定时，一定要结合客观事实进行判断，否则极易造成主观归罪的局面。[②]而在刑法条文有明文规定的情况下，犯罪动机是犯罪成立的必备要件，它和法定犯罪目的一样，是犯罪构成的选择性要件。此为还原犯罪动机在犯罪构成中重要地位与价值的第一阶段（水平），也是完全具有可操作性的刑法考虑。

---

① 徐德华：《犯罪动机研究》，西南政法大学2004年硕士学位论文，第36–39页。

② 徐德华：《犯罪动机研究》，西南政法大学2004年硕士学位论文，第34–35页。

从另一层面，与犯罪动机具有内在一致性的犯罪性人格，在当代刑法理论与实践中也日益显现其特定的价值。在当前世界各国监狱人满为患，效能低下，刑不压罪的犯罪危险中，迫使犯罪学科反思曾经的行为人刑法与当今占统治地位的行为刑法的不足与弊端，也极大地催化着刑法思潮。其中，最具有代表性的是人格刑法理论。该理论认为犯罪构成要件该当性的行为，是作为行为者人格体现的行为；违法性是客观法要素（行为）与主观违法性要素的结合；有责性以对具有相对自由意志的行为人的行为的谴责为核心，同时也考虑到以行为背后的行为人的犯罪性人格为基础。刑法理论的核心是既重视客观行为又考虑行为人的人格。人格刑法理论的主张不仅对于刑制改革、克服刑法危机（“危险的刑法”）有实际的参考意义，而且具有重大的理论价值：只有从犯罪者人格的角度，才能真正理解刑法中规定犯罪事实的意义、犯罪原因、犯罪实质、犯罪目的，才可能真正地在刑法中将人作为刑法的目的，而不是作为实现某种目的（如一般预防或者特殊预防）的手段。

现代刑法理论中对于犯罪性人格（或犯罪危险性人格）的重视包含着对犯罪动机的重视。因为犯罪性人格由动力系统（以需要、动机、价值观为核心）与静态系统（以气质、性格与智能为核心）构成：犯罪动机在犯罪心理结构中是动态、发展变化的要素，以犯罪动机为核心的变化代表了犯罪心理结构的发展变化过程。同时，犯罪动机变化会必然导致犯罪行为人人格状况的变化；犯罪动机恶性变化的终极表现就是犯罪性人格的形成。犯罪动机是犯罪性人格的核心动力因素，是犯罪性人格的典型代表，而犯罪性人格是犯罪动机相对稳定的、静态的结构性表征。

相应地，人格刑法理论建立刑事法人格化的构想，将犯罪性人格（犯罪危险性人格）引入定罪、量刑、行刑全体规制，使之贯穿于《刑法》《刑事诉讼法》《监狱法》等刑事法中。在定罪中，确立二元定罪机制，即刑罚惩罚的对象不是行为，也不是行为人，而是具有犯罪性人格的、实施了符合刑法规定的构成要件行为的犯罪人。对于仅仅具有犯罪性人格（由专门的犯罪性人格鉴定机关进行人格鉴定）而无符合犯罪构成要件行为的人，不能定罪，应当由心理医生进行矫正治疗；对于只具有符合犯罪构成要件行为，而无犯罪性人格的行为人，应当进行非犯罪人与非刑罚化处理（如给予相应的保安处分或教养等行政处分）。

可见，刑事法人格化的犯罪行为与犯罪性人格之二元定罪机制，既注重事实判断要素，又重视价值判断要素，是刑事科学中实现“人是目的本身，而不是手段”目标的创新性探索。但是，由于此二元定罪机制对于现行（包括我国国情）犯罪构成理论的改造、衔接以及犯罪心理学对犯罪动机、犯罪性人格探索与鉴定的成熟水平，此机制的现实推广（也如量刑将遇到的难题）还需要刑法科学学者与司法心理学研究者的理论与实证性努力探索才能得以实现。当然，这一现实性思考的谨慎性丝毫不影响其理念与理论的先进性。

犯罪动机及人格在量刑中的价值回归

犯罪动机影响量刑是刑法学者与司法心理学者的共识。犯罪动机是犯罪人在实施犯罪的过程中存在的主观心理活动，它反映了行为人的主观恶性程度及行为的社会危害性程度，因此，对相同的犯罪可根据其动机的不同，在量刑上可有适当区别。虽然我国刑法理论界的通说认为，犯罪动机会影响到犯罪的社会危害程度，进而影响到量刑，但是表现在刑法条文中，却没有在法定条文的犯罪中出现“动机”字样，甚至在量刑情节及其相关的司法解释中也少有出现“动机”字样。对此，首先应从立法上明确犯罪动机在量刑环节的法定地位。我国的刑事立法可以参照日本、德国等国的做法，明确赋予犯罪动机在量刑环节的法定地位，规定犯罪动机是量刑必须考虑的情节之一。[①]行为是出于利己动机还是利他动机，是出于高尚动机还是卑劣动机，是出于自救动机还是害人动机，这些都应该给予不同的考虑和区别性对待。尤其是对于一些出于正当动机（尤其是社会赞许动机或高尚道德动机），而且是迫不得已，但又

① 徐德华：《犯罪动机研究》，西南政法大学2004年硕士学位论文，第38–39页。

不完全具备正当防卫或者紧急避险形式要件的行为，应当给予某种程度的宽宥（如强制令、罚金、经济补偿），甚至可以考虑赦免。①

由于旧派的报应刑、新派的目的刑及合并主义刑罚理论及其罪刑均衡、刑罚个别化量刑存在着弊端与不足，人格刑法取向教育刑的量刑观念与原则。其对应的量刑的准则是，刑罚手段只能适用于具有犯罪性人格、实施了符合犯罪构成要件行为的犯罪人。对于犯罪人的裁量，不仅要考虑其客观行为，而且要考虑其人格状况。也即，犯罪性人格应纳入量刑标准之中，应当获得与犯罪行为同等的地位：在量刑中，应对犯罪人的人格作（危险性）鉴定，鉴定结果与犯罪行为共同作为量刑的准则；犯罪行为的认定由法官进行，犯罪性人格的鉴定由具有专长精神医学、法律心理学、生理学等专业知识组成的犯罪性人格鉴定委员会进行；在认定构成犯罪后，在法定刑范围内（严格遵循罪刑法定原则）由法官依据行为具体的犯罪性人格（主观恶性、矫正可能性及回归社会性）及行为来科以刑罚。此外，人格刑法下的量刑还包括刑罚个别化与刑罚轻缓化。刑罚个别化体现为：对于实施相同行为而具有不同犯罪性人格的犯罪人，应当根据可矫正难易程度决定执行不同的刑罚，对难以

---

① 邢红牧：《论犯罪动机》，中国政法大学2004年硕士学位论文，第27–28页；徐德华：《犯罪动机研究》，西南政法大学2004年硕士学位论文，第37–38页。

矫正犯罪性人格的惯犯、累犯，可以实行相对不定期刑。这样既有利于其犯罪性人格的矫正，又有助于防止其再次危害社会。刑罚轻缓化体现为法庭可以选择的刑罚有监禁刑与罚金刑，以及司法警告（最轻的刑罚）、缓刑（犯罪人在一定期限内接受社会工作者或法庭指定人员的监督与指挥）、社区服务（被强制要求在社区工作者的指导下从事一定时间的社区公益活动）。相应地，刑事法人格化中，同样重视犯罪动机与犯罪性人格在刑罚裁量中的价值。这样，刑罚既使犯罪人感受到一定程度的报应，又不违背文明社会的基本要求，而且在此情境中可以进行更为有效的犯罪性人格矫正，以使之回归社会，达到防卫社会的目的。可见，人格刑法下的二元定罪与量刑机制具有文明进步的前瞻性与刑事法的科学性，但它在现有刑事法体系下要现实地实施与进行协调一致的有效司法操作，还需要犯罪科学与应用心理学的全面配合与继续探索。

虚假供述的本质与价值分析

虚假供述是刑事司法实践中并不罕见的现象，其中包含着潜在的行为动机与特定原因。虚假供述可以划分为自愿型、依从型与内化型三大类。人们供认从未犯过的罪行存在着不同的心理原因、面临着差异性的强制条件及讯问策略。虚假供述与真实供述的鉴别与克服对刑罚功能的实现具有具体的指向价值，对其可以从动机、压力源、撤销供述时间性、行为人供述解释、记忆的动态性失真、人格特征等方面进行分析。

犯罪嫌疑人的供述心理是当今司法心理学研究中重要的应用领域之一。在刑事司法实践中，供述与否认可以划分为四类：真实供述、真实否认、虚假供述、虚假否认。虚假供述是指由供述者的特定需要而诱导的供述，或者说故意、无意中伪造的供述。虚假供述在刑事案件中最大的危害性表现为“无罪的人认罪”。在故意杀人和恐怖犯罪等重大刑事案件中，由于许多犯罪嫌疑人往往受到更长时间的审讯、遭受更大的压力，就会增加虚假供述的危机。虽然评估司法案件中虚假供述的概率较为困难，但虚假供述的出现与当事人被羁押讯问期间的内在与外在条件（如监禁与非监禁等）之间一定有着密切的关系。

什么是虚假供述

理论上，通过诱导犯罪嫌疑人可以得到虚假供述。虚假供述是由供述者的特定需要而诱导的供述，或者故意伪造供述，或者供述内容与事实不符。虚假供述可以通俗地理解为“一个人对自己未犯的罪行进行供述”。虚假供述具体包括两种情况：犯罪嫌疑人根本没有犯被指控的罪行（也可能犯有其他的罪行）；犯罪嫌疑人与所指控的罪行有关，但其在被羁押讯问期间夸大自己在犯罪行为中的作用。显然，虚假供述的危害体现为：无罪之人被定罪与接受刑罚；引发不当定罪；真正的犯罪人有机会逃脱惩罚。

虚假供述产生的主要原因是什么？供述人的原因，或者是情境因素？最早关注虚假供述的心理学家莫斯伯格认为，讯问过程中当“情绪的冲击”歪曲记忆时就可能诱导出虚假供述；虚假供述是由异常环境引发的正常现象。同时，警方的“过分热衷”是更为普遍的和具体的原因：警方有一些证明某人涉嫌犯罪的间接证据（或者猜测），具有强烈办案动机或情绪影响的警方无意识地倾向于将怀疑转化为确定的事实。警方相信自己维护的是最公正的利益的同时，可能会恐吓犯罪嫌疑人以得到供述，或者施加压力让证人作出自己想要的陈述；隐瞒或忽视其他证人的无罪证据；等等。如此，某些心理脆弱或急于实现自我需要的个体就会在各种讯问技巧和心理压力的作用下，不由自主地作出虚假供述。

结合社会心理学对于个体在不同压力情境下态度改变（顺应机制与同化机制）的研究知识，虚假供述可以划分为自愿型、依从型与内化型三大类。从中可以发现，人们供认从未犯过的罪行存在着不同的心理原因（需要与动机因素），也面临着差异性强制条件及讯问策略、讯问技术和技巧的作用力。

自愿型虚假供述

自愿型虚假供述是个体在没有任何外部（警方）压力下提供的虚假供述。他们可能通过电视或者报纸得到某一案件的信息，而且通常是这些人主动到警方“自首”，并承认警察正在侦查的犯罪。他们错误地相信自己确实犯了罪，或者故意误导办案警察。自愿型虚假供述的出现不同程度地与个体的人格障碍、心理障碍、病态性心理需要有关，是某种特定需要的实现方式。其虚假供述的具体原因包括以下方面。

清除罪恶感的无意识需要

先前的犯罪或者犯罪欲念可能是行为人的一种假想行为。其内疚感与罪恶感是个体内心世界自我与超我（“道德化自我”）冲突的结果，即个体具有深深的罪恶感，体验到焦虑与不安。而其内疚感与罪恶感可能不是具体犯罪行为所致，而是自我观念、情绪–情感矛盾冲突所引起的。这种逐步形成的罪恶感需要加以减轻与消除，当罪恶感累积到一定程度时，遇到某一相关的事件（如类似的案件），通过自我惩罚以对先前的犯罪行为（或犯罪欲念）进行补偿的无意识需要就直接表现为虚假供述。实证调查发现，某些个体具有很高的与特定犯罪有关的内疚感创造水平，能影响到其行为的各个方面，包括自愿虚假供述的需要。此也可称之为“次级变态人格”。

出恶名的变态渴望

这是个体提高自尊的病态尝试，个体在现实世界体验到强烈的不满足感，并强烈渴望被重视，即使被确定贴上“罪犯”标签并为未犯之罪行受惩罚。显然，这些个体常常是严重的人格障碍者或精神病态者。

幻想的作用

自愿虚假供述是因为个体不能准确地区分真实事件（实际发生的事件）与其内心世界考虑的、计划的、幻想的事件。这通常是意识的“现实监督”障碍所致，虽然也发生于正常个体的日常行为之中，但多出现在心理疾病（如精神分裂症）患者身上。

“英雄主义”的力量

希望帮助与保护真正的罪犯是自愿虚假供述的一项重要原

因。这在涉及青少年的案件中经常发生。他们意识到，如果自愿供述，其他人就可以避免犯罪的惩罚后果，如涉及青少年的案件中年幼的青少年会作虚假供述，以保护年长的青少年避免被控诉。当然，这些虚假的供述并不都是自愿的，如某人涉嫌一案，但他意识到只有作出虚假供述，与他有密切关系的真凶才容易被发现。

报复动机

为报复他人而进行的自愿的虚假供述，实现直接或间接地报复他人的目的。这种报复既可以指向直接与自己有利害关系的个体，也可以指向潜在的或间接的对象。

争取“宽大处理”的个人利益

某些可能涉嫌案件的人为了自身利益，表面上是进行自愿的“真实”供述，但其内心则是为了顺应办案人员的想法（如尽快查清案情、完善证据链，给办案人员建立“合作”的印象等），以实现对自己有利的目的。

依从型虚假供述

依从型虚假供述是个体在讯问压力的作用下进行的虚假供述。犯罪嫌疑人没有进行自愿供述，但是却因为即时性附带利益而服从于讯问者的要求。换言之，犯罪嫌疑人进行虚假供述是为了自身的某些即时性利益而顺应讯问者要求的。常见的附带利益有：供述后结束讯问、准许回家、避免警察的羁押等。

依从型虚假供述者为了逃避目前的压力而追求即时性的附带利益，这一行为动机的出现与行为人的特定人格特征与思维模式存在着较密切的关系：场依从型的人格特征者较场独立型的人格特征者在相同的讯问压力或强制压力下更容易选择虚假供述的策略；注重近端行为后果的思维模式者，比较而言，比注重远端行为后果的思维模式者更容易为虚假供述的“附带利益”所驱使。

根据讯问中压力的条件，可以将压力区分为一般性讯问压力与强制性讯问压力，相应地，依从型虚假供述也可以划分为非强制依从型虚假供述与强制依从型虚假供述，其中，强制依从型虚假供述是主要的类型。无论是一般性讯问压力还是强制性讯问压力（包括合法的和非法的措施），犯罪嫌疑人自我推理为无法回避讯问，讯问情境的压力使得自己必须做出选择，同时，他们感知到虚假供述所能直接获得的即时性附带利益可以成为逃避重压与无法忍受环境的策略之一。犯罪嫌疑人可能不太清楚或完全不清楚自己所作的有罪供述的可能后果；他们所感知的是即时利益已经超过了不确定的长期后果。同时，他们可能觉得短时间内作的有罪供述明显比持续沉默或否定的惩罚后果更为直接、更为理想，或者说，他们相信迟早会真相大白，法庭调查或律师能够辨认出他们的供述是虚假的。因此，无论强制或非强制依从型虚假供述，行为人都自己清楚地知晓供述的真实性，他们进行了虚假的供述，但其内心世界的认知只是进行了表面的建构，并没有成为其认知结构“真实的”有机组成部分，这是依从型虚假供述与内化型虚假供述的主要差别。

内化型虚假供述

内化型虚假供述指即使犯罪嫌疑人完全不记得自己犯了罪,但在警察讯问期间开始相信自己确实犯了罪而进行的供述。此类供述的虚假性非常明显，因为供述人自己完全没有犯罪记忆，只是在外界的强烈影响下，相信了附加的“犯罪事实”。内化型虚假供述表现为两种情形：一是即使犯罪嫌疑人已经认罪，但实际上其对指控的犯罪毫无记忆。犯罪嫌疑人记不清楚案发时自己的行为，并相信自己可能犯罪。二是警察讯问之初，犯罪嫌疑人清楚地记忆自己没有犯罪，但随着讯问者的人为影响，他们开始怀疑自己的记忆与信念，最后记忆自己有犯罪事实。相应地，内化型虚假供述的发生包括两个相对独立的过程：高度受暗示性的类催眠状态之过程（“我可能是犯了罪？”）；伴随自我概念变化的信息内化过程（“我肯定是犯了罪！”）。

内化型虚假供述根据强制性的程度，可以划分为高强制的内化型虚假供述与低强制（或称压迫性）的内化型虚假供述，其中低强制的内化型虚假供述是常见类型。但是，内化型虚假供述导致的是行为人对内部本有信息的怀疑与改变，以至于行为人最后相信了原本不真实的信息。与之相联系的是行为人的“记忆怀疑综合征”的出现。换言之，行为人不知道或不能确信真实的信息。与依从型虚假供述主要是依赖“明显的社会控制技巧”相比，内化型虚假供述主要是依赖“较为隐蔽而精细的诱导方法”实现的，其主要发生机制是诱导犯罪嫌疑人产生心理怀疑和慌乱，并逐步改变现实的感知与记忆。讯问者可以成功地使犯罪嫌疑人确信：“即使他们对犯罪毫无记忆，但有确凿证据证明他们犯了被指控的罪行；他们也无法记得犯罪的发生有合适的、充分的原因。”

那些潜在的对促使犯罪嫌疑人产生内化型虚假供述发挥作用的“精微的”讯问策略与技术有：

（1）讯问者很确信地重复陈述犯罪嫌疑人有罪的观点；

（2）漫长的讯问策略与强大的情绪强度影响技术；

（3）犯罪嫌疑人被包围于“有罪假设”的多个讯问者中；

（4）讯问者反复声称有证明犯罪嫌疑人有罪的确凿的科学证据；

（5）讯问者持续提醒犯罪嫌疑人存在记忆问题（破坏行为人的回忆自信心）；

（6）讯问者引起犯罪嫌疑人的心理恐惧；

（7）讯问者以可能利益暗示或别的方式要求犯罪嫌疑人接受假设与所指控罪行；

（8）讯问中的暗示性技术；

（9）讯问中催眠技术的运用及其消极后果的利用；

（10）讯问中精神药物的非法使用。

在内化型虚假供述中，讯问者谈话的暗示性技术是重要的变量。司法心理学的实证研究已经证明：封闭式问题类型导致的调查问题效应、压力情境的启动效应、诱导性提问、模糊语言或非语言线索暗示、定式诱导、导向性想象等讯问暗示技术、技巧等对于目击者证词与供述人的供述偏差都存在着明显的影响，尤其是在青少年的证词与供述中更为显著。例如，儿童对封闭式问题回答的正确性显著低于开放式问题，在封闭式问题中，是非型问题比其他问题更影响记忆准确性。普尔和林德赛指出，在回答是非问题时，儿童常回答“是”。在他们的实验中，儿童对是非型问题的62%回答“是”。海曼等人于1996年的实验也证实儿童对开放式的问题通常能提供比较精确的回答。在实验中，他们向参观发生过一起损伤性事件的房子的儿童提问，最初是问开放式问题，然后问封闭式问题，如“你自己在哪儿，你是否伤了膝盖”。儿童对开放式问题的回答显然要正确得多，两者的正确率分别为91%与45%。因此，为了获得与自己的怀疑一致的信息，有偏见的访谈者（包括有意识或者无意识）就可能不提开放式的问题，如“发生了什么事”，而倾向于提一些有引导性的封闭式问题，如“你是否……”“除了老师之外还有谁碰了你的私人部位”或“你的母亲也碰过吗”。同时，有偏见的访谈者都不会对与他们的假想不一致的报告进行批判性分析。当一个儿童提供了不一致的或异乎寻常的证据时，这一证据要么被忽略，要么按访谈者最初假设的框架来加以解释。

当前，讯问中催眠技术的运用也是一股非常特殊的影响力量。在案件发生后，大部分案件的破获有赖于从目击证人和受害人供述中得到的线索，但当事人的记忆会因各种各样的因素——主观的或客观的——发生减少、歪曲、重组或改变，如强烈的情感冲击、和犯罪嫌疑人的利害关系、犯罪情境的罕见性引起的夸张记忆、受到惊吓而刻意遗忘、时间的推移造成的记忆模糊等，会使侦查人员无法确实了解犯罪过程、掌握案情，致使侦查方向易陷入错误。在催眠过程中，受术者的回忆是否准确，受到诱导的影响：在催眠者操作不当的情况下，会出现一些诱导性的信息，而相信催眠效果的专家可能进而会相信这些“催眠诱导性”证据。在催眠过程中，催眠者对所调查案件信息的掌握必须是全面的，还要具备获取证据合法性的法律知识，如果经过催眠后得出的信息事先为催眠者所知，就存在通过微妙的暗示所得的可能。实验证明，即使在正常状态下，诱导性提问也可以增加回忆所产生的细节，在某些情况下甚至可以增加一倍，但是证词的正确性和精确性的下降却比不提问时快得多，这在某种程度上是对问题进行暗示的结果，更不用说以暗示作为作用机制的催眠技术了。目前关于催眠对记忆的作用的研究有很多，但结果却分为两派：支持催眠增强记忆的和反对催眠增强记忆的。有人认为通过催眠确实可以改善受术者记忆，使其回忆起某些已经被遗忘的信息，持这种观点的主要是警察和执法工作者。但有的心理学家却认为，这种记忆增强现象并不是真正引起了记忆，而是人们试图重复记忆相同的材料的结果，而且在正确记忆增加的同时，不正确的记忆也增加了，由催眠获得的记忆的真实准确性值得怀疑。由于关于催眠对记忆的影响尚未有最终的结论，所以要特别谨慎地对待催眠技术的应用以及正确地分析由催眠获得的供述。

内化型虚假供述者多数并没有心理疾病，而且与依从型虚假供述者相似，他们的虚假供述倾向于与其人格特征有较密切的关系，但主要表现在受暗示性高、非常相信权威、低自信（尤其是记忆力信心）、高焦虑等人格特征方面。

虚假供述心理分析的价值思考

刑事案件中虚假供述心理分析的意义在于服务于刑法的价值实现，即自由与正义、功利与目的。具体而言，在于真实供述与虚假供述的差异鉴别。关于虚假供述的分析对于刑事司法实践的价值主要表现为以下六个方面。

（1）供述时动机与原因的关注。必须特别注意到自愿投案自首的犯罪嫌疑人的供述，需要评估没有犯罪嫌疑的供述动机与原因，如有的人确实会为了保护真正的犯罪人或因犯罪行为人的强制要求而“承担罪责”，从而作出虚假供述。

（2）虚假供述的压力源是多方面的。虚假供述的发生既有外界的强制因素影响，如法律强制程序、现实存在的非法讯问、强制手段，也有精微的讯问策略与技术所导致的诱导作用影响，还有潜在发挥作用的人格特征的力量影响。虚假供述是行为人内在的与外部的、监禁强制与非监禁强制、认知策略与情绪因素共同作用的产物。即使是合法的讯问策略技术或强制程序也可能会导致难以预计的消极后果。

（3）自愿型虚假供述更多的与人格障碍、心理疾病特征相关，依从型虚假供述与强制性压力（解除即时性压力的动机）关系密切，内化型虚假供述与讯问策略技术（诱导行为人的心理操作性）有紧密的联系，其中依从型与内化型虚假供述更显著地具有人格特征上的依存性关系。

（4）撤销供述的时间性是区别依从型与内化型虚假供述的重要暗示：一旦即时性压力解除，依从型虚假供述者会很快地收回或撤销虚假供述，而内化型虚假供述者则在只有自己被确认无罪时才会收回或怀疑自己的供述。

（5）记忆的失真、歪曲现象与犯罪嫌疑人的虚假供述有直接的利害关系，这对于正常的行为人（如强烈情绪对记忆的干扰作用）与病态性行为人（如记忆怀疑综合征）之记忆力与记忆力信心表现出相似的特征。例如，童年性虐待的记忆恢复、虚假记忆被证明是内化型虚假供述的“孪生子”。

（6）犯罪嫌疑人对于已作虚假供述的解释是确定供述真实性与有效性的重要参考因素；案件侦查人员与其他司法工作人员可以以行为人对于供述内容的解释性信息作为客观分析的依据之一。

刑事案件中的虚假供述客观存在于各国的司法实践中，其自愿型、依从型与内化型的虚假供述类型表现出供述人的不同心理需要与动机，也体现出不同的强制条件与行为人人格特征之反作用力状态。虚假供述的有效鉴别及消除对于预防与打击犯罪、保障人权均具有直接的重要价值；虚假供述是刑事司法心理学原理与分析技术对于证据可靠性评估与刑事责任之科学支持的重要领域。

对犯罪人的心理学策略

临床心理学在刑事司法实践中的应用涉及刑事侦查、审讯、审判与监狱管理、犯罪人的近期和远期改造等全方位的活动，也与社会大环境的一般预防体系相联系：刑事司法心理学通过对犯罪人的心理评估、矫治（心理动力学、行为主义心理学、人本主义心理学与认知心理学的策略）可以对犯罪人发挥管理与改造的特定效果；并在犯罪的一般预防与特殊预防中，以犯罪主体的视角产生心理预防与回归社会的独特作用。

法律心理学作为心理学体系中的应用分支学科，是心理学基本原理与技术在法律实践活动中的运用，而犯罪心理学是其重点发展的应用领域。心理学家为刑事司法系统提供各种各样的专业服务（应对策略与技术方案），其中的一些工作涉及给侦查机关、法院和执法机关提供咨询，如刑事侦查中的心理学应用（犯罪人行为与心理学特征描述、警察讯问策略）、刑事法庭的心理学应用（证言心理、行为人心理证据的分析、作为专家证人的心理学家角色）、犯罪的预测与预防心理的应用。但是，司法心理学目前主要的作用是帮助刑罚系统管理与改造犯罪人。

对犯罪人心理治疗的历史与普遍的心理治疗的历史是并行发展的。第一次世界大战后西方国家建立起来的诊断和接收中心就开始聘用心理学家。1946年，英国的一些地方就已经拥有自己的监狱心理学服务机制与专业人员。现在，矫正心理学是一种拥有自己职业标准的特殊行业（如在美国，矫正心理学家协会成立于1980年）。二十世纪六十年代以来，早期心理动力学观点的统治地位已经逐渐被多种多样的方法取代。至少有400种罪犯心理与行为治疗技术已经得到确认，其中的大多数建立在有关疾病的实用理论的基础上。在犯罪人矫正领域中，治疗方法通常不同于一般的心理保健活动，因为这类心理保健活动很少考虑与犯罪人问题、犯罪人与犯罪行为的关系问题有关的理论。由心理学家给犯罪人提供的这种服务，也会因心理学家接待来访者的工作环境和法律程序而有差别。一些缓刑犯罪人可能在社区接受临床心理学服务，这种服务对于转移到健康监护系统的精神障碍犯罪人也是可使用的。而在社会服务机构中的青少年犯罪人也可能被交给或联合教育心理学家或儿童青少年临床心理学家处理。

在司法实践中，尽管各国的刑事司法系统处理大量的案件，但在法庭受审的那些人所能得到相应心理学方面的服务总是有限的。心理学服务趋向于集中在监狱、青少年犯罪人矫正机构、教养机构以及精神病保安医院这样的机构中。服务的作用和功能随使用机构的变化而有所改变，但重点主要集中在犯罪人的心理健康服务方面；在监狱心理学服务机构工作的心理学家对犯罪人的管理与矫正做出了重要的贡献。

在刑罚系统中，心理科学的传统功能是评估、治疗、矫正和研究。监狱心理学家的一般任务是为评估、预防和治疗犯人问题而提供服务，并且帮助建立一种安全和积极的环境。可是，这种环境中的心理健康问题，比精神病学中的能力与意识丧失更为宽泛，有犯罪人作为常态人在特殊环境中产生的心理适应问题，也有犯罪人作为特殊群体而具有的诸如犯罪动机、犯罪行为模式等犯罪心理问题，包括认知错误与缺陷、情绪-情感缺陷、人际缺陷和应付技能缺陷，等等。

对犯罪人的心理评估

对犯罪人的心理评估是对犯罪人进行心理学策略与服务的前提。评估是收集资料的过程，这一过程对于做出关于治疗对象的明智决定是必要的。心理学评估通常依靠收集资料的客观方法加以区分，也以测验、评定或结构性观察的形式进行的假设检验加以区分。在刑罚领域中，评估最初是为了分类和治疗计划而进行的，或者为假释而进行评价。在这种背景中，评估更有区别性的特征集中在特殊的问题上，如反社会性信念、性变态或危险程度，但总体上，对犯罪人的评估很大程度上吸收了用于心理健康领域中的许多程序与技术。

监狱心理学家早期的作用是通过常规的心理测量评估，促进对新犯人的分类和安置，这种心理测量评估采用智力、学业成绩、人格和精神病理学方面的标准化与经验化的测验。评估的有限功用通常反映了对测验的不加鉴别的使用，对测验的选择是根据其可用性进行的，而不是根据测验与罪犯问题的关联性进行的；评估的有限功用也反映了把评估本身作为一种目的加以对待和报告，而不是作为一种理解或功能分析的手段加以对待和报告的倾向，其中也隐含着一些与普通人心理评估一样（甚至于更为突出）的不当或者失真的风险。

对于犯罪人的能力评估也是心理治疗的一个组成部分。首先，能力评估要识别需要服务的罪犯。例如，美国矫正心理学家协会建议，对所有判处一年以上监禁的罪犯进行短期的甄别，包括先前的经历、情绪和智力的异常。当显示必须进行治疗时，应当对这些异常进行进一步的深入评估，使评估发挥一种有用的治疗或处置方面的功能。其次，能力评估要在通过匹配治疗或因人施治进行矫正的情况下进行与矫正有关的分类。治疗计划需要对那些可能影响治疗的个人特征，如人际成熟水平、认知技能、精神病态和转变动机，进行评估。

我国对犯罪人的心理评估系统，一方面，自二十世纪七十年代以来大量地借鉴了西方一些成功的测评技术；另一方面，自1994年开始由犯罪心理学专家、心理品质测评专家与司法实践工作者联合着手研制本国文化背景的犯罪人心理评估（测试）量表（包括犯罪人心理评估、犯罪人个性测量、心理适应、矫正系统、回归社会方案等子系统）与犯罪人再犯罪预测量表，自2006年起已经在我国的监狱系统较大规模地投入试测应用与验证。其矫正效果正在接受检验、验证，并与其他传统改造手段密切结合而发挥着积极的作用。

对犯罪人的心理矫治

虽然因受过训练的临床心理学家与工作人员数量有限，导致监狱系统中的专业心理干预一直很少，但是治疗其实是矫正心理学家的一项长期的功能。不管犯罪人的心理烦恼是否由与其犯罪有关的原因所引起，治疗服务对于减轻犯罪人的心理烦恼是有利的，因此，区别容易引起犯罪的临床目标和调节犯罪行为的因素是非常重要的。心理干预随着心理学家的取向而改变，心理学家的取向可能是行为主义的、心理动力学的、人本主义的或者是认知方向的。不过，认知–行为倾向的观点在二十世纪九十年代以来的发展中已经占据优势地位。

与医学治疗相比，对犯罪人的心理治疗更类似于补救教育，最终实现的目标是使犯罪人能够处理自己的问题而不再继续去犯罪。因此，干预的恰当目标是那些提供“犯罪纽带”的价值观念，是那些在功能上与犯罪行为有关的情绪问题、技能缺陷以及不恰当的社会行为。同时，欧美国家对待某些特殊类型的犯罪人——如醉酒的司机、轻微的性犯罪人或者商店行窃者——的心理门诊也很普遍，但是，犯罪行为只是心理治疗的间接目标。这样的行为常常不是直接可观察到的，所要改变的目标是重复进行犯罪行为的倾向。例如，对谋杀的干预主要集中在可能起支持作用的、未来指向的个人与社会因素上，而较少集中在其先前的杀人行动上。

心理动力学的心理矫治

心理动力学理论根据神经症性冲突（本能冲突与强烈的焦虑感、挫折感）、罪恶感或者超我发展的失败来解释反社会行为，但作为一种治疗方法的古典精神分析，则集中在神经症性冲突方面，关键的因素是由治疗人员对治疗对象过去的调查和治疗人员的解释，使得治疗对象获得顿悟或重新自我认识。在刑罚环境中，古典精神分析的应用是罕见的，但具有心理动力学取向的方法已经被用于犯罪人的个别治疗和集体治疗中，常常出现在对于犯罪人深度的认知“咨询”上。或者是由专业的心理分析人员进行计划性较强的心理分析治疗，或者更可能作为其他心理治疗后续阶段的强化与巩固（如作为行为疗法最后阶段的强化与必要补充）。在矫治的对象上，心理动力学的一些矫治方案与技术也更倾向适用于文化知识背景较好与认知领悟倾向较为明显的对象上。另外，其矫正的效果也不是非常直接与明显化的，但是，一旦犯罪人在心理分析技术的引导下自我领悟到了自己犯罪的动机、实质与其不可避免的消极后果，其心理及行为矫正的效果均会是较广泛而持久的。

行为主义的心理矫治

行为主义倾向的心理及行为矫治以经典的条件反射与操作性条件反射原理为基础，以犯罪人的行为为直接目标，期望通过外部行为达到行为与犯罪动机的阻止与改造。此种倾向的犯罪人矫治典型而集中地体现于系统行为矫正计划中的代币强化法方案之中。

二十世纪六十年代与七十年代，世界各国的矫正机构先后建构与实践了许多形式的代币强化法方案。在矫正机构中实行的刺激（条件）-行为-结果相依的管理方法普遍采用代币强化法的形式。代币强化法是一种以行为主义条件反射原理为基础的行为矫正方法，即以“代币”为强化物塑造所需要的行为模式，消除不需要的行为模式。在美国及其他一些国家，代币强化法被用来矫正犯罪人，其奖品不但有日常生活所需要的物品，表现特别良好的还可以用减少刑期的办法加以鼓励，从而达到培养犯罪人良好行为习惯的目的。代币强化法的具体使用步骤是：①行为分析。对犯罪人的犯罪行为及监狱生活准则进行全面分析，明确应当治疗和矫正的不良行为习惯，并将对这些不良行为习惯的治疗措施纳入监狱生活准则之中，建立一套完备的、能够矫正犯罪人不良行为习惯的监规纪律。②目标制定。将监规纪律具体化为犯罪人一日之内在吃、穿、住、行等各个方面必须达到的行为目标，使犯罪人在生活的各个环节上都有章可循，有明确的努力目标。③奖励规则。在确定犯罪人努力的目标之后，应当制定详细的奖励规则，使犯罪人了解到其行为表现达到何种程度才能受奖以及受到什么奖励等，为行为评定确立标准。④行为评定。根据所制定的目标和奖励规则，对犯罪人每天的行为表现进行评定，做出记录，如记上分数、标上小红旗、发给代币或奖券等。⑤定期兑现。可以按周、月、季度、年等时间间隔，对标明犯罪人改造情况的代币或分数进行兑现，如兑现实物、提供优惠权利（如看电视、看电影、听音乐、散步减少劳动、更换更好条件的居所、增加职业培训机会）、减刑等。

代币强化法是根据操作性条件反射原理发展起来的一种行为疗法。使用这种方法时，首先要提出良好行为的规范，要有具体项目，并通过正式宣布、宣传或公开张贴等方法，使犯罪人知道努力的方向；其次要每天对照规定对犯罪人的表现进行评比检查，对表现良好的犯罪人发给奖券或红星、加上分数等；最后要定期兑现，根据犯罪人所得奖券、分数的多少，发给相应的奖品，奖品可以是糖果、香烟、食品、电影院的入场券等，也可以是犯罪人需要的其他东西，如打电话的权利、外出或会客的许可证等。这种方法可用来矫正犯罪人或者潜在的犯罪人“不可遏制的”侵害意向、侵犯行为与焦虑症、孤独症、躁狂症、恐惧症等病态行为。

自二十世纪八十年代中期以来，代币强化法已在我国犯罪人改造活动中有较多的运用（如分级处遇制），所使用“代币”通常是作为强化物象征的分数。通过强化物的引导与控制，达到对犯罪人的行为及心理重新塑造的目的。司法实践中，虽然人们对其远期效果存在着不同的看法（包括对于忽视犯罪人深度心理的批评与技术上的改进方案等），但是，这种代币强化法对于目标行为、犯罪人自我管理、规则服从、劳动改造与教育活动都具有直接的、较明显的影响。

人本主义心理学的心理矫治

虽然常常不易区分“对犯罪人心理咨询”计划是否贯彻了人本主义原则，但是二十世纪八十年代以来的一些对犯罪人的“咨询”计划普遍性地渗透了人本主义的原则。这些咨询计划也通过治疗关系集中在意识层面的自我认识之上（如自我价值、自我潜能与理想目标等），但治疗的重点是通过对个人自主选择的训练和个人责任的建立而促进个人成长。

罗杰斯的当事人中心疗法是人本主义心理治疗的典型，其相似的原理已被用于一些“较新的”疗法之中，如现实疗法和相互作用分析，它们在美国的犯罪矫正环境中已经得到普及（称为对犯罪人的人本倾向的心理学服务体系）。现实疗法试图在热情的、指导性的治疗人员的指导下，发展满足个人需要的现实主义的和负责任的方式，由治疗人员渐进和有计划地鼓励行为转变计划的实施。

认知疗法的心理矫治

认知疗法是二十世纪六七十年代在克服精神分析疗法与行为疗法某些缺陷的基础上发展起来的心理与行为矫治技术。认知疗法主要通过三种途径改变人们的认知：发现现存的信念与事实之间的矛盾；改变信念的建构系统；对认知加工过程中的不合逻辑之处进行领悟。在罪犯治疗中对认知疗法的应用，主要按照认知重建与认知技能训练这两种模式进行。认知重建模式中，认知干预活动的重点是转变信念、价值观和态度的内容，如合理情绪疗法和思维错误矫正技术。而认知技能训练模式中，认知干预活动的重点是改善认知过程，即推理的结果与形式，而不是推理的内容。在探索性地采用道德推理训练的方案中，借用道德两难问题或情境，经由治疗团体成员由浅入深的思索与针锋相对的对质来提高犯罪人的道德水平，促进犯罪人或潜在犯罪人的道德认知、道德情感、道德意志，以期在人的较高意识层面对抗与抑制犯罪欲望和犯罪动机。

认知疗法的治疗对象是可以观察到的人的行为与心理的特征，即思维和行动。而那些反复实施犯罪行为的人，有着不合理的思维方式，存在着不负责任的“思维错误”：他们会存在大量已经内化、习惯化的反社会价值观，严重缺乏社交技能和其他认知技能。这些特征比无意识动机、恐惧和焦虑（它们是精神分析疗法和其他疗法的治疗目标）等更清楚、更容易观察，因而，认知疗法便在罪犯改造中加以使用。

在美国一些监狱中使用的具有更多的人际取向的方法是相互作用分析法。这种分析法通常依靠集体背景，在这种背景中，研究者带有促使更健康相互作用的目的，采纳“我行–你也行”的态度对异常的相互作用进行考察。这实际上是行为主义与认知心理学倾向相结合的认知行为疗法。犯罪人在不成熟的发展水平上活动，通过依靠社会“游戏”回避真实的问题，他们期望对这些人进行的集体暴露，可以促成个人的心理成长与独立性。

心理学在社会预防与司法发展中的作用

无论心理与行为矫正是不是心理学策略与服务的主要目的，它都不是心理学策略与服务唯一的目的。作为社会组织的监狱把不平常的要求强加于居住和工作在那里的人，很多监狱心理学家把他们的贡献更多看作应用社会心理学和组织心理学来改善生活环境，而不仅仅是对罪犯提供直接的服务。由于实际上利用了社区心理健康模式，所以，较多地强调二级预防和一级预防。心理咨询、训练、矫正计划设计和评估等方面广泛展现的积极效果使心理学家能够成为犯罪人或潜在犯罪人在监狱组织、监狱工作环境之中与之外都可以广泛利用的资源。例如，英国监狱系统中已经体现这些作用的发展：咨询服务管理者提供有监狱人口特征的信息，也提供有关罪犯的一般问题的信息，还提供有关处理特殊问题群体的策略方面的信息，如自杀危险、被其同伴拒绝的人。这些服务也包括危机管理指导，如扣押人质情境中的谈判。工作人员训练计划的范围包括基本的相互作用过程指导、提供药物和酒精问题咨询的技能，或提供行为技能训练的方法。例如，通过应激管理小组，向工作人员提供支持。矫正计划的设计和发展，不但包括新颖的心理学干预，而且包括监狱机构中广泛的娱乐、职业和教育活动。此外，矫正计划评价强调研究的作用，这种评价可以指向矫正机构内的个人和群体矫正计划，也可以指向与政策含义有关的长期结果研究。

当今世界范围内，更为人们所接受的积极性方案是非监禁刑的广泛应用，心理学的基本原理与技术也同样发挥相应的影响力。此观念集中体现于社区矫正与社区干预之中。社区干预之理念与假设是，当行为训练和实际的生活环境相似时，新习惯与技能更有可能拓展，所以，以社区为基础的犯罪人或潜在犯罪人之行为矫正被认为是更有希望的。社区干预能够利用非越轨模式的影响，也可以利用那些能够控制犯罪人在自然环境中的偶然事件的转化力量，如融合性地体现于教学家庭模式（如群体之家）、父母管理训练与行为家庭行为疗法、功能家庭疗法、工作访谈技术。从二十世纪七十年代以来西方许多国家运用社区矫正方案来看，融合心理学原理的社会化回归与干预取得了较为满意的成效，而且，现在也是各国司法机构所推崇与引导的对犯罪人、潜在犯罪人及越轨者干预的方向。

由此观之，临床心理学的理论与技术在刑事司法实践中的应用已经成为世界各国应对犯罪与犯罪人的必然趋势，它涉及刑事侦查、审讯、审判与监狱管理、犯罪人的近期和远期改造等全方位的活动，也与社会大环境的整体预防体系相联系，从中也客观而明确地揭示出：法律心理学对于犯罪人这一特定群体能达到以往传统管理与改造手段与技术不能完全达到的一些效果。目前，法律心理学的主要精力集中于对犯罪人的心理与行为转变的目标中（如我国正在进行的社会主义文明监狱建设中的犯罪人心理咨询项目、犯罪人心理评估系统、犯罪心理预防系统等），而且，在社会需要的激励下，较快速地向其各领域拓展（中外的大量司法实践证明，认知行为疗法具有较好的矫正效果）。从犯罪人改造与潜在犯罪人（包括违法者、某些越轨者）预防的整体效果来看，心理动力学、行为主义、人本主义心理学与认知疗法等不同改造策略各有长处与不足，应该将躯体治疗、精神药物疗法、心理疗法、认知行为治疗与社会技能训练、家族社区支持等方案相互结合，形成生理–心理–社会性紧密联系的改造、预防系统，以期望能够达到较为持续而深刻的、改造与回归社会的积极效果。

当代中国犯罪心理研究的困惑与反思

犯罪心理学是对犯罪心理与犯罪行为进行动机、对策研究的应用型学科，它在心理学与刑事法学的支持协作下进行了一百余年的发展，建立起各种犯罪心理理论与应用技术，并在揭露犯罪、预防犯罪与罪犯矫正等对抗犯罪的司法活动中日益发挥出独特的作用。然而，当代在对犯罪心理的研究过程中，一直存在着一些困惑与困境，对于这些困惑的反思也正是犯罪心理研究者所必须面对的价值课题。

关于犯罪者的人性：性善观与性恶观的冲突

人性论中的性恶论、性善论、无善无不善论等理论在犯罪心理研究中体现为精神分析的性恶论、人本主义心理学的性善论与行为主义的无善无不善论。

精神分析大师弗洛伊德主张人类的本性基本上是消极性

的，是性恶的。个人的心理问题及犯罪心理就是人性本恶的体现，性本能、攻击本能与潜意识的冲动是导致越轨与违法犯罪最根本的原因。

人本主义心理学对人性提出了明确的性善论，强调人性将随着成长自然适应并不断趋向完善。罗杰斯主张，人类本性是善良的；违法犯罪心理是个体内在潜能与价值实现在社会现实中受到阻碍而发生的。

而行为主义心理学则持有无善无不善的人性观。斯金纳主张，人性非善也非恶；人的遗传因素为外界环境通过可操作性条件反射而形成个性、行为之善或恶提供了某种可能。因为本质上犯罪心理与犯罪行为是自然环境和社会环境的产物。

如此三种经典人性观，正如人类文化中早已存在的思想，深刻地影响着人们对犯罪行为、犯罪人心理的看法，对于解析犯罪动机、犯罪性人格及犯罪心理改造有着直接的价值观念导向的作用。[①]它们在特定犯罪类型、犯罪人的心理及行为解析上似乎都有合理的成分：为什么在人类发展的不同时期都存在着早发性、持续型犯罪人？为什么自然犯罪都倾向性地表现为暴力犯罪、性犯罪与掠夺型犯罪（在变态型犯罪中尤其明显）？为什么有些犯罪人的犯罪行为如此邪恶，甚至完全超过了犯罪

① ［美］罗伯特·奈著：《三种心理学：弗洛伊德、斯金纳和罗杰斯的心理学理论》，石林、袁坤译，中国轻工业出版社2000年版，第159–161页。

目的的必要？为什么有些犯罪人的作恶行为习惯是如此的顽固不化？这些似乎让人看到人性中极为阴暗人性的代表，是攻击破坏本能与性本能力量的体现。然而，大多数人不会发生犯罪行为的现实，以及在相同或相似成长环境中有的人犯罪、有的人不犯罪，有的犯罪人在适合惩戒措施下可以弃暗投明（尤其是青少年犯罪人），使人看到行为主义所确认的社会化环境的力量。同时，社会行为中存在着大量的关爱行为、慈善行为，以及勇敢、利他行为，犯罪人中也存在着许多的弃恶从善、浪子回头的真实故事，这让人也无法回避人性中是否普遍性具有积极性潜能与向上自我力量的思考。

或许人性本身就是复杂的混合物，既有受到人类残酷无情的进化而习得的掠夺性、破坏性倾向，也有在人类文明与理性发展中建立起来的向善成分，或者这两者成分只是隐藏于人类的基本意向（隐含型），其表现更多地来自个体后天环境的激发（表现型），可能对不同的犯罪人、不同类型的犯罪行为及犯罪个案具有差异性的解释价值或适合解释度，如对于明显邪恶性的、持续性的、精心算计的犯罪人之性恶倾向的解释，对于偶然性、情景性的、一过性的或迫于生存生计的犯罪人之“性无善无不善”倾向的解释。更甚至于，犯罪心理、犯罪行为与人性的本质之间是否真实地存在着必然的关系的“理性遐想”。人性的观点困扰着犯罪心理研究者对犯罪行为、犯罪人的价值观念，但这一根本性问题的探索将持续于守法者与违法犯罪者的对抗过程中。

关于犯罪心理形成：生物性与社会性的博弈

犯罪心理研究的历史与现状却产生了明显的两种学派，即生物学科（自然科学）取向的犯罪心理学与社会学科取向的犯罪心理学。它们所持有的理论观点及实际研究工作具有明显的差异。

生物学科（自然科学）倾向的犯罪心理学研究自古有之：从古希腊学者亚里士多德的“骨相学”，到近现代意大利犯罪学家龙勃罗梭的“天生犯罪人”理论，以及现代犯罪生物学派的观点。二十世纪以来科学技术的发展大大地支持了从生理上寻找犯罪原因的科学基础与实验验证的可能，并已经取得科学上一定程度的认可或确认的成果，如通过双生子研究、染色体异常研究、收养子女研究得出的犯罪遗传决定论，内分泌失调说，物质代谢异常说，体型类型犯罪学派，等等。特别是在近二三十年来脑科学研究、新的生物化学技术的推动下，对犯罪人生物因素的实证而精细的研究成果大大地加强了这一趋势，如二十一世纪以来神经犯罪学相关研究成果有：发现了遗传基因中“战斗者基因”（或称为“犯罪基因”）；暴力犯罪人脑内血清素（5-羟色胺）的增强性特异化；脑损伤、脑功能轻微障碍与注意缺陷多动症和犯罪行为的密切关联；铅中毒及其他化学物质成分对脑部伤害及与犯罪的关系；通过正电子扫描、功能性磁共振技术发现犯罪人脑部的特异状况；对恒河猴这种人类近亲动物发生暴力行为时自身内部生化变化的研究及其对人类行为的意义，等等。[①]这些研究成果，仿佛是在证明犯罪行为是“坏种子”的结果，犯罪人具有天生作恶的动力因素，至少是先天具备了侵害他人的原始基础力量。

在其对立面，在针对犯罪人犯罪行为的社会性研究方面也获得了让人欣喜的成果，如行为主义阵营中的不同接触理论对于青少年犯罪、成年团体犯罪的解释，在经典的、操作性条件反射原理上建构的条件反射学说，犯罪模仿理论，新行为主义代表的强调强化与惩罚作用的社会学习理论，等等。在社会现实本身，确实能够让人在很大程度上相信与解释许多犯罪现象的成因，但是，人类的特定行为与个体自身的决定力量（自我意志）及生物力量之间是否存在着明确的联系？这种“被动”印象又让人们的理性难以接受。

面对研究成果的差异性现状，可能对不同类型犯罪行为、犯罪人的差异性考察与解释更具有可操作性的实务价值，即在观念上承认犯罪行为是生物性、社会性与自我（心理属性）三属性共同作用犯罪人的行为的前提下，对极端的、异常的犯罪

---

① 刘邦惠主编：《犯罪心理学》，科学出版社2004年版，第26页。

人的行为采取与之匹配的极端性解释：特异的、消极的生物性因素（比喻为“罪恶的子弹”“邪恶的种子”），或极端消极的社会因素（比喻为“扳机激发者”“肥沃的坏土壤”），或者在其支配下的自我监控力量的削弱或散失；对于大多数的、常态的犯罪人的行为采取“多元、综合的”解释：消极生物因素与消极社会因素的结合（比喻为“子弹+扳机激发者”或“种子+坏土壤”的相互作用）。

虽然这种理念取向有浓厚的调和意味，但在促进对犯罪人及不同类型犯罪现象进行深度探索的同时，可能也有助于刑事司法实务的可操作性价值。

关于实证方法论：定量研究与定性研究的对立与统一

在二十世纪中后期心理科学之实证研究范式的强烈影响下，犯罪心理学研究也普遍性地走上了实证的研究道路（自然科学研究范式），并以实证数据作为本学科发展规范化、科学化的主导标准。

然而，在现阶段的研究工作中，定量研究与定性研究在很大程度上存在着某种排斥、对立的情形。有的研究者将实证研究理解为定量研究，甚至于实验研究：没有实验数据、实验报告及数据定量分析（统计分析）就不能称之为科学的犯罪心理研究。这是一种错误的倾向，至少是不全面的观点。其主要原因有三：其一，现实性误导的存在。这种研究取向中错误的存在，主要与当今中外心理学及犯罪心理学学术界成果形式的追求有很大的关联，如研究报告呈现或专业学术期刊的成果发表，多以实验数据报告及详尽分析为“黄金标准”。而人的心理及犯罪人的心理是复杂的、多因素决定的，并不能通过观察或实验这一种实证方法得到求证。其二，由于犯罪行为是法律与道德所打击与谴责的行为，犯罪罪责的确立使犯罪人面临着强烈的内外惩罚，犯罪人在接受心理实验时，绝大多数情况下具有强烈的抵触情绪、对抗情绪，或者受到恐惧心理的影响，这种研究对象的特殊性可能导致犯罪心理实验难以进行或者信度、效度降低；同时，受到道德与法律规范的制约，有些“犯罪性”（模拟犯罪情景）的心理现象不适宜进行实验研究（否则可能导致潜在的心理伤害或者现实的法律突破）。其三，结合刑事司法实践应用性研究成果证明，与实验法并列的一些实证方法，如观察法、对犯罪者的访谈、犯罪现场研究以及犯罪人档案分析等，都可以在适当的数据分析技术的支持下取得较好的解释与对策成果。例如，青少年犯罪人的犯罪预测、极端暴力犯罪人成长因素与暴力激发的结构性访谈，心理画像技术对于犯罪侦查、心理咨询对于犯罪人回归社会的支持等，都是很好的明证。

值得注意的另一种情形是：定量研究与定性研究并非相互

排斥的，而是相互配合和统一的，它们都是实证研究的途径之一。一方面，统计分析与定量分析是现代犯罪心理研究的必备工具，是学科科学化的必然要求；另一方面，“统计分析万能”或“定量分析万能”的观点是片面的。恰当的理念是：定量研究中需要有分类、比较、归纳甚至理性思辨犯罪人价值观、信念与动机等深度探索过程，而定性研究中也需要有科学的数据处理分析技术支持（当今我国的各学科研究中尤为迫切需要），两者相互补充、相辅相成，形成混合式的研究模式，以共同完成科学实证的过程。

关于犯罪性人格与犯罪行为：犯罪的幽灵

在犯罪心理学理论与应用中，犯罪性人格是一个富有吸引力而又极具争议的概念，它的存在与否及存在状态，正如一个“犯罪的幽灵”，激起研究者的想象力与探索的热情，又让人心存疑惑。

犯罪性人格，指犯罪人所持有的相对稳定的反社会行为倾向的独特身心组织。[①]这个犯罪心理研究中的幽灵所引起的困惑集中于是否存在“犯罪性人格”及其实证证据，具体体现为

① 张文、刘艳红、甘怡群著：《人格刑法导论》，法律出版社2005年版，第100–102页。

"犯罪性人格存在说"与"犯罪性人格不存在说"两种对立的观点。

"犯罪性人格存在说"主张人格是行为人心理特质的身心组织，是人的内心世界与外部行为的表现与决定力量；犯罪性人格是行为人实施犯罪行为的内心动力系统与表征系统。犯罪行为与犯罪人是不可分割的，犯罪性人格决定犯罪现象与具体犯罪行为的特点；犯罪性人格应该成为犯罪人理论的基石；犯罪者的人格与正常人的人格具有本质的差异。

其有代表性的实证性证据包括以下内容。美国精神病学家约奇逊和斯坦顿·萨梅洛的犯罪人的人格调查成果：犯罪性人格是以诱发犯罪的思维模式为核心的独特人格类型。[①]犯罪学家格卢克夫妇对青少年犯罪人的人格差异调查成果显示：青少年犯罪人具有的破坏性、攻击性人格特征（冲动性、强烈的不安全感、敌意、普遍的焦虑感等）远远超过非青少年犯罪人对照组。国内外学者进行的许多研究都证明了在犯罪人的身上存在一种独特而相对稳定的人格因素。而同时期的大量研究中归纳出与犯罪行为密切相关的人格：攻击性、冲动性、敌意、不能延迟满足、追求刺激、过分神经质、情感不成熟、缺乏道德感与罪责感受等反社会人格特征，实质上就是犯罪性人格特征

① ［英］霍林主编：《罪犯评估和治疗必备手册》，郑红丽译，中国轻工业出版社2006年版，第80页。

的描述。

“犯罪性人格不存在说”则主张并不存在所谓独特的犯罪性人格。主要理由是：其一，犯罪人并不是具有某种特殊素质而注定要犯罪的人，而是实施了犯罪行为的人；犯罪人与非犯罪人的区别仅仅在于他实施了刑法所规定的、具有社会危害性且应该受到刑罚处罚的行为。犯罪行为的发生是犯罪人与社会环境相互作用的产物，并不存在某种预定的必然实施犯罪的个性特点；犯罪现象不能用个人的个别特点加以说明。其二，犯罪人与常人具有共同的特点，并不存在本质的差异，任何人包括优秀人物都存在着犯罪的倾向（或称为“犯罪倾向说”）。其三，“犯罪性人格存在说”的某些实证研究的研究样本并不具有充足的代表性，其他的临床观察、调查中也不能提供充足的证据。例如，“犯罪思维模式”特征与临床心理疾病诊断的反社会型人格障碍、精神病态或者边缘型人格障碍的特征相重合，并没有确定犯罪性人格是一种独特的、独立的人格类型。其四，刑事法学中研究的犯罪性人格问题，实际上是行为人在社会化过程中的一种缺陷人格，而非犯罪性人格。

在犯罪性人格的争论中，折中的观点是：犯罪性人格不是一种独立于正常人格的另一种人格，犯罪性人格与正常人格有异有同；犯罪人虽然是实施了犯罪行为的人，具有人格上的偏差，但他同样与正常人的人格具有相似之处，只不过在正常人格中具有特殊属性而已。

由此可见，关于犯罪性人格现象本身，是真实的“犯罪的幽灵”，还是虚构或臆想的“犯罪的幽灵”？这个尖锐的问题既体现于刑事法学与心理学科之间，更集中体现于关于犯罪行为决定因素或者核心力量的理论观点方面。实际上，当前对于犯罪性人格的争论仍然较为激烈，犯罪性人格的存在与否，以及犯罪性人格的特质、表征等关键问题的研究仍然在持续而深入地进行。

关于犯罪者的认知与情感：认知与情感力量对于犯罪的决定性

在犯罪心理学研究历程中，对犯罪者的认知或情绪、情感都进行过针对性、侧重性的研究，它们各自对于解释犯罪行为都有一定的价值。

二十世纪初美国犯罪学家戈达德与格卢克夫妇进行了违法犯罪行为与智力落后之间关系的研究，提出了“低能犯罪说”，认为违法犯罪行为是行为人智力落后的结果。虽然，此观点已经为学界摒弃，但它激发了研究者对于犯罪行为与智能之间关系的注意。最具有代表性的研究是瑞士心理学家皮亚杰与美国心理学家柯尔伯格的研究。皮亚杰以间接故事法进行的研究提出了儿童道德认知发展的阶段理论；柯尔伯格则以此为基础，直接研究犯罪人道德认知与犯罪行为之间的关系，发现犯罪人的道德认知处于较低水平：大部分的青少年犯罪道德发展处于第一阶段或第二阶段（服从与惩罚定向或工具与相对主义定向阶段），而大部分非青少年犯罪人（75%）则处于第三阶段或第四阶段（好孩子定向或维护权威与社会秩序定向）。后续的相关研究也发现，青少年犯罪人会表现出道德发展延缓现象。

当前犯罪人认知与犯罪行为之间关系的研究集中于在犯罪动机–犯罪性人格的框架下探讨对犯罪行为具有重要决定力量的认知成分：犯罪目标价值、犯罪合理化、犯罪自我效能感与犯罪思维模式等。

从情绪的本质上来说，所有人类行为的目标（动机）是追求快乐或避免痛苦；犯罪行为所指向的终极目标也是追求快乐或避免痛苦。这种犯罪动机的追求快乐、避免痛苦倾向贯穿于犯罪活动的全部过程，体现于与之相联系的各需要层次之中：生存性犯罪动机、性犯罪动机、安全犯罪动机、归属犯罪动机、自尊犯罪动机、认知与审美犯罪动机及自我实现犯罪动机中都可能指向追求快乐，或避免痛苦，或两者结合。犯罪动机的快乐目标体现为追求归属感、自尊感、理智感、美感（原始野性的“犯罪美感”）与自我价值感等方面。犯罪动机的避免痛苦目标体现为逃避生存危机感、安全威胁感、焦虑感、愤怒感、抑郁感及失败感等方面。

由此可见，犯罪行为同时受到犯罪者相应的认知过程、认知水平与追求、逃避的情绪-情感的影响。它们各自在犯罪人选择与实施犯罪行为的过程中发挥着重要的、不可替代的作用，注重一方面而忽视另一方面不可能完全解释、预测控制犯罪心理与犯罪行为。而这正是当前犯罪心理学研究或观点中常常出现的偏差。对此，犯罪心理的认知-情感理论可以成为协调犯罪人认知与情感因素的一个参考理论。①也就是说，犯罪动机、犯罪性人格是犯罪性认知与犯罪性情感两大变量共同作用的产物。在犯罪选择过程中都必须包含着、伴随着犯罪性的情绪-情感，积极的情绪-情感促进、助长着犯罪性认知，而消极的情绪与情感阻挠、遏制着犯罪性认知。而在情感变量的演变过程中，也不断地对认知变量进行重新的权衡与评价，其结果持续地反作用于进行中的认知。同时，犯罪人的认知与情感变量还在与环境事件的情景与信息的互动中发挥作用。②

---

① 认知与情感人格理论是一套以认知为基础的、注重认知与情感协同作用的人格理论。该理论由美国心理学家米歇尔于二十世纪九十年代提出，现在已经成为颇有影响力的人格理论之一。

② 刘邦惠主编：《犯罪心理学》，科学出版社2004年版，第143页；[美]理查德·格里格、菲利普·津巴多著：《心理学与生活》，王垒、王甦等译，人民邮电出版社2003年版，第401页；杨士隆著：《犯罪心理学》，教育科学出版社2002年版，第93-94页。

关于犯罪意识与犯罪潜意识：潜意识犯罪动机的挣扎

在犯罪心理的研究中，基本上是在意识层面展开的，这也应该是犯罪心理研究的常态与主导方面。当然，也存在一些学者因为低估或否定潜意识心理的价值而忽视，甚至于排斥对犯罪人的非理性、潜意识心理的研究。这就产生了犯罪心理研究中理性对象与非理性对象选择及其观点的对抗。而犯罪现象中非理性、潜意识心理是否真切地存在、真实地发挥作用呢？

潜意识，指正在进行的心理过程与行为对个体而言是意识不到的、毫无自我觉知的状态。在犯罪心理中核心地表现为潜意识犯罪动机。

潜意识犯罪动机的支持者认为：潜意识犯罪动机典型地体现在青少年犯罪、过失犯罪、情绪型犯罪、变态型犯罪、群体犯罪等类型犯罪的行为动力中，它们与意识状态的犯罪动机共同构成了犯罪行为的动机力量。

青少年犯罪的潜意识动机包括多种成分，主要有本能动机（性本能与攻击本能动机）、罪恶情结动力、好奇心动机、逞强动机与逆反动机。其实质也是行为人生理、心理与行为（环境习得）因素协同作用的产物。

关于过失犯罪行为中的潜意识动机：犯罪虽然没有追求或

者放任危害结果发生的动机，但并非不存在行为动机与犯罪动机。过失犯罪动机的性质是多样而复杂的。其中既可能有某种程度的积极动机（如为了求得高产增效而冒险作业，或为制止犯罪而防卫过当等），也可能有中性动机（如为好奇、探究造成损失），但在更多的情况下则是产生于消极动机（如为争强好胜、谋求私利造成事故等）。[①]

情绪型犯罪本质上是由消极情绪动力导致的犯罪。由于情绪、情感本身的非理智性，在特定情况下，它对行为的激发、推动作用并不是行为主体所意识到的，因此，情绪型犯罪存在着潜意识犯罪动机的情形。潜意识动机存在的情绪型犯罪主要体现于激情犯罪、自卑感犯罪、消极心境犯罪、应激犯罪与情绪宣泄犯罪中。

变态型犯罪是在变态心理的支配下实施的犯罪行为，其犯罪动机具体表现为本能动机、宣泄动机、病理动机与防卫动机四个相对独立方面及其交互作用方面，它们都有潜意识与意识的成分。在其认知、情绪–情感、意志障碍的心理活动与人格障碍的前提下，它们具体表现于性变态犯罪、人格障碍犯罪与精神病犯罪类型中。

群体犯罪是行为人基于相同或者相似的犯罪目标而联合实

---

① 罗大华主编：《犯罪心理学》，中国政法大学出版社2007年版，第269页。

施的犯罪行为，其根本原因是犯罪人共同的心理状态（即群体犯罪心理）。在群体犯罪心理的动力系统中存在着部分潜意识的成分，它们表现于群体的压力效果（如攻击宣泄或过度犯罪）与特定的气氛效应（如集群犯罪行为）中。

由此可见，犯罪人的心理与行为都是理性与非理性心理的混合产物。而忽视或排斥潜意识动机、潜意识心理对于犯罪动机、犯罪行为的作用，必然会导致对于犯罪人内心世界特殊而重要层面的忽视、否定。这是任何科学的心理研究都需要避免的情形。

关于犯罪心理的差异性：犯罪者个性与文化趋同性

犯罪心理的研究目的是描述、测量犯罪人产生、实施犯罪行为的心理特征，并指向预测、控制与预防犯罪心理。犯罪个案中的犯罪心理研究（尤其是典型案件）具有必要性、重要性，但它对其他案件、其他类型案件的推论性参考价值并不尽相同。这种差异集中体现于以下两个方面。

其一，犯罪个案犯罪心理与类型化犯罪心理的差异。某一犯罪者的犯罪心理与其同一类型犯罪的其他犯罪人的心理必然存在差异。因而，犯罪心理研究中，不能必然地认为某一犯罪心理特点完全可以归类到类型化的特点中，或者会具有其同一类型犯罪中普遍的犯罪心理；普遍性的类型化特点也未必适应于某一个案。这在实际的研究推论与司法应用中往往容易被忽视或认为“理所当然”。

其二，犯罪心理的文化趋同性与差异性。犯罪心理研究及其观点与其文化背景具有相容性，而与其他文化背景就不一定具有较好的契合性。而我国现阶段的犯罪心理学体系架构基本上都是借鉴西方的心理学体系，其自身理论的特点和独特贡献并不突出，其应用技术虽然有了本土化发展，但其西方模式的印迹仍然明显。西方心理学及犯罪心理学的理论有其优势，但涉及自己国家的国情与犯罪人的情况，其契合性的考虑就需要伴随着犯罪心理研究的全过程，如中国文化的集体主义倾向（注重团体的归属性与人际关系的集体制约性）与西方个人主义倾向（强调个人内在特质的决定力与个性张扬）的差异，评价体系的朴素辩证思想（内外因素兼顾的、变化的、矛盾的综合评判原则）与西方分析思维（特定、明确而固定的评价）的差异。所以，在中国的犯罪人心理中就会有明显的人际关系取向的力量，如家庭亲情、友情之正向或负向影响力于犯罪心理的产生与抵消，在青少年犯罪人中具有强大影响力的封建帮会式“哥们儿义气”。也有了独特的注重自我品行与外部形象的自尊评价倾向，例如无论是在早期的情感剥夺，还是考试升学压力与不当的评价体系下学校、同伴的排斥及家长的忽视或放弃中，都能发现青少年犯罪人犯罪行为背后由于极度的自卑而通过极端方式寻求自尊补偿的潜在力量。同时，中国的犯罪心理还具有鲜明的时代特征，例如，于中国现阶段转型发展时期存在的、由于较大的贫富差异而导致的弱势群体（如农民工群体）的犯罪心理（因为心理失衡而为满足“一夜暴富”的暴力财产犯罪心理、仇富心理、犯罪合理化心理）；由于传统的极化官本位文化思想与现阶段权力监督不力而产生权钱交易、权色交易，因此出现的职务犯罪心理。

在我国犯罪心理研究中，不少有远见的学者早已注意到了这种文化差异导致的犯罪心理理论与技术在中国本土应用中的困惑，也进行了持续的努力，并取得了相应的代表性成果，如犯罪心理学理论上的“犯罪心理结构论”“聚合作用论”“犯罪心理特质因素论”“犯罪危险性人格说”等，犯罪心理应用技术上的犯罪心理测试技术、犯罪心理画像技术、罪犯行为改造技术、审讯心理对策技术、罪犯心理评估量表等的发展与应用。但其理论与技术的借鉴性明显，原创性与突破性不足，在国际上的影响与学术交流有限。另外，我国现阶段的科研人员评价体系不当（发表国际论文SCI、SSCI期刊与职称、奖励政策挂钩等），也可能导致中国犯罪心理研究开发创新本土化的理论与技术有额外负担（受到外文写作水平与西方对中国本土化成果的认可度影响）。换言之，如果在中国心理学界及犯罪心理学中的声望主要源自发表英文论文的质量，那么，要激励中国研究者在犯罪心理理论与应用技术上有开创性的本土化突破将会是比较困难的。反之，受到各自国情（历史的、当下的文化背景）与犯罪人情况差异的影响，中国本土化的犯罪心理理论与应用技术也未必能够完全或富有成效地适应于西方或其他的文化背景中。

因此，由于犯罪人情况与国情的差异，犯罪心理研究对象具有典型的个案个别差异、类型差异性与文化差异性。这是当今对犯罪人心理研究中普遍而客观存在的两对矛盾与冲突，这种困惑的平衡与解决正是犯罪心理研究者为取得研究成果及其本土文化应用富有成效而必须面对的关键课题之一。

关于犯罪心理的可控性：犯罪危险性评估与罪犯行为矫正的有效性

犯罪心理研究涉及犯罪心理的可预测性与犯罪行为、犯罪心理及其可塑性。而在犯罪心理研究与应用中，一直存在着犯罪心理可预测、罪犯心理可塑造与否的争论。其最为集中的代表是犯罪危险性评估与罪犯行为矫正的可信性的论题。

围绕着犯罪危险性评估问题的态度与策略，西方在过去的半个多世纪里发生了一次明显的变化，直到二十世纪九十年代才在确信危险性评估的价值基础上发展出了切实可行的评估工具，并在某种类型的犯罪危险性评估中获得了较为满意的结果（如针对精神病态暴力预测的暴力风险评估工具量表的预测结果与实际行为结果之间的相关系数达到0.45）。[①]

虽然再犯危险评估这种司法辅助措施源自西方国家，但可以达成共识的是，无论在我国还是西方国家，对罪犯再犯可能性进行评估的是矫正机构中的专业人员。相应地，再犯比率的高低也是评价矫正机构工作成果的主要标准之一。在国内外交流不断增加、国内社区服刑制度不断完善、国内监狱服刑罪犯矫正不断提高要求和目标的情况下，我国已有不少学者、专家开始了犯罪危险性评估与罪犯心理咨询、行为矫正实验的理论或实证研究。[②]但是，评估和管理犯罪人危险性的科学性与信心仍然需要进一步的努力来进行验证和提升。

犯罪心理可控性的另一主题是罪犯行为矫正的可信性问题。罪犯心理矫正有效性的历史争论来自二十世纪六十至八十年代在人们对传统的犯罪心理矫治抱有谨慎的乐观态度之后，马丁森发表了“矫正无效论”[③]：“除了少数孤立的研究外，罪

---

① 西方犯罪危险性评估自二十世纪八九十年代开始系统提出，主要包括预测因子与加权处理分析两个关键环节，其理论及应用工具经历了四个阶段：临床评估、精确的评估、基于证据的动态的评估与个案管理系统。

② 我国代表性的研究成果包括：浙江警官学院的黄兴瑞、孔一，南京大学的狄小华，华东政法大学的邬庆祥，中国政法大学的刘邦惠，以及全国范围内多数监狱的管理人员开展了关于重新犯罪评估、罪犯人身危险性评估、未成年犯再犯问题等多方面的探索和研究，也尝试编制了用于评估罪犯再犯风险的量表（工具），如刑释人员再犯风险评估量表（RRAI）。

③ Martinson R., What Work? Questions and Answers about Prison Reform, Public Interest, 10: 22–54, 1974.

犯矫正所付出的努力并没有对预防重新犯罪产生作用。”而反对“矫正无效论”的研究者则认为，马丁森的研究中有两个方面的问题影响到其研究的真实性：研究方法（只有少数的研究能够精确地解释）与矫正计划的执行情况（所检验的矫正计划并没有得到认真执行，而不能期望矫正计划对未来的犯罪行为产生效果）。而实际上，马丁森本人也于1979年改变了自己原先的“不客观”观点，提出：有证据表明一些矫正计划是有效果的。[①]

因而，自二十世纪八十年代后期，犯罪心理研究者面对的更为关键的问题不是“矫正有没有效果”，而是“什么矫正更有效果”。相应地，各国的监狱或改造场所的矫正计划如火如荼地展开：在犯罪心理是开放性、动态性结构、习得性以及高级神经系统的可塑性原理的支持下，矫正计划结合犯罪心理评估、罪犯心理健康教育、犯罪心理咨询、罪犯危机干预与行为改造而系统地进行；并以精神分析、行为疗法、合理情绪疗法为主导开发了针对性更强的类型犯罪人的矫正方案：暴力犯罪人的评估与治疗、性犯罪人的评估与治疗、纵火犯的评估与治疗、财产犯的评估与治疗、儿童侵害者的评估与治疗、人格障碍犯罪者的评估与治疗、严重精神障碍犯罪者的评估与治疗，

---

① ［英］霍林主编：《罪犯评估和治疗必备手册》，郑红丽译，中国轻工业出版社2006年版，第9–12页。

等等。其矫正的效果不仅受到学术研究者的检验，更得到矫正机构及社区矫正实务工作者的普遍接受与倾向性好评。

当然，在这一热烈的活动中，仍然持续存在着反对的声音，甚至于存在尖锐的对抗。例如，反对自二十世纪八十年代以来持续存在的以监狱“新兵训练营”为代表的行为主义矫正模式，因为其主张通过短期高强度的训练而使犯罪人放弃犯罪生涯的想法是无效的；支持政府将矫正的资金更多地投入情境犯罪预防中；在学术上也存在着对矫正研究学院派的强烈抨击等，表现出对犯罪人行为矫正的尖锐对抗。实际上，这种态势的出现也与犯罪心理本身的复杂性、内隐性、顽固性，以及监狱文化、刑事政策、家庭社会环境、矫正技术的成熟性等方面密切相关。

另外，此种困境还扩展表现为对犯罪心理的测评领域，如犯罪心理的测试技术、犯罪心理画像技术、犯罪人表情及微表情的识别技术、犯罪人心理审讯的有效性等领域。

可见，犯罪性人格具有稳定性，又有可重新塑造性。同时，关于犯罪心理可控性所引发的犯罪危险性评估与罪犯行为矫正的可信性困惑，必须在科学研究与持续不断的刑事司法实践中得到检验、修正与提升。

由此观之，犯罪心理是一个极为复杂的、与法律规则尖锐对抗的犯罪人主体状态，对以犯罪动机与犯罪性人格为核心的犯罪心理研究注定是一个艰难跋涉的过程，它将随着心理学及犯罪心理学的发展而渐渐展示出清晰的状态。当前，其面对的困境既有来自一般意义上的犯罪者人性善恶问题，也有犯罪心理的客观来源问题、犯罪性人格与犯罪行为的对应关系问题、认知与情绪－情感的力量对比问题、理性与非理性的对抗问题、犯罪危险性评估及犯罪心理矫正有效性问题，还有关于犯罪心理差异与文化本土化问题、犯罪者消极心理与积极心理共存问题，以及专业学术研究与社会、民众对应用性技术期待的差异等问题。这些困境、困惑的存在并不必然成为对犯罪心理研究的阻力，反而应该成为犯罪心理学研究者在孜孜不倦、上下求索的科学实证过程中执着的热情动力。

图书在版编目（CIP）数据

犯罪心理分析 ： 动机与人格 ／ 刘建清著． -- 北京 ： 中国法治出版社，2025．9．-- ISBN 978-7-5216-5193-5

Ⅰ．D917.2

中国国家版本馆CIP数据核字第20253W3E76号

策划编辑：刘冰清

责任编辑：刘冰清　　封面设计：汪要军

犯罪心理分析：动机与人格

FANZUI XINLI FENXI：DONGJI YU RENGE

著者 / 刘建清

经销 / 新华书店

印刷 / 三河市国英印务有限公司

开本 / 880毫米 ×1230毫米　32开　　印张 / 12.75　字数 / 242千

版次 / 2025年9月第1版　　2025年9月第1次印刷

中国法治出版社出版

书号ISBN 978-7-5216-5193-5　　定价：58.00元

北京市西城区西便门西里甲16号西便门办公区

邮政编码：100053　　传真：010-63141600

网址：http://www.zgfzs.com　　**编辑部电话：010-63141837**

市场营销部电话：010-63141612　　**印务部电话：010-63141606**

（如有印装质量问题，请与本社印务部联系。）